Máscaras e codinomes

Carlinhos Oliveira

Máscaras e codinomes

O espetáculo da política brasileira (1961-1984)

Seleção e organização de Jason Tércio

CIVILIZAÇÃO BRASILEIRA

Rio de Janeiro
2006

CAPA
Evelyn Grumach

PROJETO GRÁFICO
Evelyn Grumach e João de Souza Leite

CIP-BRASIL. CATALOGAÇÃO-NA-FONTE
SINDICATO NACIONAL DOS EDITORES DE LIVROS, RJ.

O47m

Oliveira, José Carlos, 1934-1986
Máscaras e codinomes: o espetáculo da política brasileira (1961-1984) / José Carlos Oliveira; seleção e organização de Jason Tércio. – Rio de Janeiro: Civilização Brasileira, 2006.
448p.

ISBN 85-200-0761-9

1. Oliveira, José Carlos, 1934-1986. 2. Brasil – Política e governo, 1961-1985. 3. Política internacional, 1955- . I. Tércio, Jason, 1949- . II. Título. III. Título: A ciranda política brasileira, 1961-1984.

06-3906

CDD – 869.98
CDU – 821.134.3(81)-8

Direitos desta tradução adquiridos pela
EDITORA CIVILIZAÇÃO BRASILEIRA
Um selo da
EDITORA RECORD LTDA.
Rua Argentina 171 – Rio de Janeiro, RJ – 20921-380 – Tel.: 2585-2000

PEDIDOS PELO REEMBOLSO POSTAL
Caixa Postal 23.052 – Rio de Janeiro, RJ – 20922-970

Impresso no Brasil
2006

"Entre nós a política se faz atrás do pano,
atrás do povo e por cima da opinião. Os gatunos,
os exploradores, os trapaceiros começam por corromper
as palavras, e o que ontem era esperança
surge hoje sob a espécie de fraude. Eles se apoderam
de tudo — até da nossa indignação. Apoderam-se
dos nossos sonhos e da nossa frustração."

(José Carlos Oliveira, 1962)

Sumário

POLÍTICA INTERNACIONAL

O cotidiano da história

JASON TÉRCIO

Pela primeira vez publicadas em livro, estas crônicas, ensaios, contos e poemas do escritor José Carlos (Carlinhos) Oliveira compõem um panorama do ciclo mais (in)tenso da história brasileira recente — da renúncia do presidente Jânio Quadros, que jogou o país na convulsão institucional, até a redemocratização, passando pelo tumultuado governo João Goulart e 21 anos de ditadura militar.

Aqui estão a agonia do populismo clássico, o conflito agrário, os meandros do poder, o velho e imortal clientelismo, as greves operárias, os embates ideológicos, os protestos estudantis, a repressão policial, a censura às artes, os dramas do exílio, a campanha pela anistia, a transição democrática e os novos partidos, as diretas-já, a Constituinte.

É uma evidente contribuição para a pesquisa histórica, por apresentar novos ângulos dos acontecimentos, o que é sempre bem-vindo num país com permanente amnésia. Mas os textos vão além, a começar pela prosa cintilante, que atinge momentos de epifania, e as posições firmes assumidas pelo autor — Carlinhos gostava de meter o dedo nas feridas da alma brasileira.

Nada escapou à percepção desse capixaba radicado no Rio de Janeiro, falecido em 1986, e que durante 23 anos ininterruptos manteve uma coluna no *Jornal do Brasil* (1961-1984), publicada quatro vezes por semana no Caderno B. Seu estilo nos textos curtos (também lançou quatro romances) ficou marcado por duas características essenciais: no conteúdo, uma abordagem interdisciplinar, mesclando história, literatura, sociologia, psicologia, filosofia; na linguagem, uma fusão de gêneros (jornalismo, ficção, poesia, memorialismo, ensaio, diário), não raro enveredando por fábulas satíricas e alegorias. Por isso, embora reputado como cronista, o melhor de sua vasta obra extrapola o molde da crônica convencional e o destaca de seus pares. "Não escrevo crônicas e nunca fui cronista! Escrevo críticas, panfletos, ensaios sobre Nietzsche, sobre a morte...", exclamou em 1976 numa entrevista de dez páginas ao *Pasquim*, a mais longa publicada pelo jornal.

Dentro dele conviviam duas personalidades aparentemente antagônicas: o boêmio hedonista, dedicado aos prazeres da vida mundana, e o intelectual preocupado com o destino do país, aturdido com as injustiças, a miséria social e moral. Escreveu sobre todos os assuntos, a política sendo um dos mais recorrentes, intervindo nos debates das grandes questões que mobilizaram a sociedade brasileira. Neste aspecto, foi a pessoa certa no lugar certo e no tempo certo — estreou no *JB* às vésperas da renúncia de Jânio, aos 26 anos. Mas bem antes disso, ainda adolescente, quando começou a trabalhar como jornalista e cronista em Vitória, sua cidade natal, já cutucava os poderosos com vara curta. É dessa fase o texto que abre este livro, "Greve", escrito quando ele tinha 17 anos.

No Rio, para onde se mudou seis meses depois, um de seus primeiros textos, "Mãos estendidas para o parlamento", faz uma mordaz descrição do clientelismo predominante na então capital federal durante o segundo governo Vargas. A política fervilhava no Centro, entre a Cinelândia e a Praça XV, trecho que concentrava o Senado, no palácio Monroe (burramente demolido), a Câmara dos Deputados, no Palácio Tiradentes, e a Câmara dos Vereadores, no mesmo lugar que hoje, palácio Pedro Ernesto, mais conhecida como "Gaiola de Ouro", pelas tramas e tramóias reinantes.

Nesses primeiros textos — sobre o governo Juscelino não há nada, porque naquele período Carlinhos trabalhou só como redator em jornais e revistas — já está bem nítido o ideário que nortearia toda a sua trajetória: autonomia de pensamento, inconformismo pontuado por um certo niilismo e questionamento das verdades tidas como absolutas. Portanto, não espere encontrar aqui opiniões politicamente corretas ou "imparciais", mas lucidez e paixão, sem rabo preso.

Em sua militância pela independência de idéias, ele não poupava nem a si próprio nem aos amigos, quando discordava de algum deles. Preferia polemizar correndo o risco de causar incompreensões e melindres a ser um hipócrita em cima do muro. Essa postura de franco-atirador até as últimas conseqüências lhe causou alguns dissabores (toda liberdade tem seu preço) e de certo modo foi responsável por colocá-lo à margem do *establishment* literário. Algo semelhante aconteceu com Lima Barreto, pelos mesmos motivos.

Era muito difícil ser antidogmático e ficar incólume no Brasil polarizado que Carlinhos Oliveira expõe aqui, a partir da renúncia de Jânio. De um lado da trincheira, a burguesia "entreguista" e o imperialismo, do outro, o combativo proletariado e as Ligas Camponesas, apoiados pelos estudantes que exigiam "o povo no poder", enquanto os comunistas acreditavam estar *prestes* a tomar o palácio de Inverno, quer dizer, do Planalto.

A crise foi manipulada e fomentada pelos grandes grupos industriais, agrários e multinacionais, juntamente com seus representantes no Legislativo, para desestabilizar as instituições e derrubar o governo Jango, acusado de ser fraco, incompetente e ambíguo. Mas se ele fosse um estadista do porte de um Juscelino, seria derrubado da mesma forma, naquelas circunstâncias — aliás, haviam tentado derrubar JK duas vezes, em conjuntura bem mais tranqüila. Infiltração em movimentos populares de provocadores e informantes a serviço da CIA e dos grupos conservadores, boicote empresarial à distribuição de produtos básicos para a população, propaganda alarmista via imprensa, irritação e pânico da classe média, e finalmente a "salvação" verde-oliva. Este foi o esquema tático de todas as conspirações golpistas de direita nas décadas de 60 e 70 na América Latina, patrocinadas pelos Estados Unidos, para evitar uma temida cubanização no subcontinente, ou "república sindicalista", no caso brasileiro.

Na verdade, o que aconteceu no governo Jango, em síntese, foram conflitos ideológicos naturais de um país democrático, numa etapa de amadurecimento político, modernização cultural e busca de reformas sociais necessárias para reduzir o subdesenvolvimento e a dependência externa. A famigerada "ameaça comunista" era tão real quanto as armas de destruição em massa de Saddam Hussein. A mentalidade atrasada de nossas oligarquias considerava reforma agrária coisa de comunista, esquecendo que os Estados Unidos e toda a Europa capitalista fizeram reforma agrária. (Essa mentalidade não mudou quase nada.) A interrupção daquele processo evolutivo trouxe conseqüências que sofremos até hoje, mais de 40 anos depois, quando somos rotulados pelas potências industriais de "país emergente", mas atolado num subcapitalismo periférico, ainda deslumbrado com a cultura do Primeiro Mundo (nove entre os dez livros de ficção mais vendidos são norte-americanos e europeus) e, em pleno século XXI, enfrentando problemas do século XIX europeu — p. ex., grandes bolsões de miséria e a crescente violência urbana, sem falar da corrupção generalizada.

Quando a suposta bolha pré-revolucionária estourou, em 31 de março de 1964, o discurso político ganhou novos vocábulos e siglas sinistras: subversão, passeata, cassação, gorilas, censura, repressão, tortura, IPM (Inquérito Policial-Militar), LSN (Lei de Segurança Nacional), SNI (Serviço Nacional de Informações). Até intelectuais e escritores democratas sinceros viram com simpatia a tomada do poder pelos militares e a escolha do marechal Castelo Branco para substituir Jango na presidência do país. Rubem Braga, para ficarmos num colega de Carlinhos, não gostava de Jango, apesar (ou por isso mesmo) de ter sido embaixador dele no Marrocos, e admitiu em sua coluna "Trivial Variado", no próprio *Jornal do Brasil*: "Acho que a Revolução foi um mal menor — não fui contra." (O eufemismo "Revolução", cruel ironia lançada pelo regime militar para qualificar a ditadura, foi assimilado pela sociedade.) Rubem Braga exprimiu uma opinião compartilhada por boa parte da classe média naqueles primeiros momentos pós-golpe. Que eu saiba, não foi patrulhado, inclusive porque logo passou para a oposição.

Carlinhos Oliveira nunca escreveu uma linha sequer a favor do golpe ou da ditadura (muito pelo contrário), mas recebeu um estigma. "Carlinhos era reacionário, basta ler os textos dele", disse-me certa vez um ex-esquerdista ortodoxo. Outro patrulheiro, mas da esquerda festiva: "Enquanto o pau quebrava na ditadura, Carlinhos ficava escrevendo sobre os bares de Montparnasse e do Quartier Latin." O leitor poderá tirar suas próprias conclusões ao final deste livro.

Alguns fatos são eloqüentes. Quando o Exército e todos os órgãos de repressão promoviam uma caçada implacável aos seqüestradores do embaixador Charles Elbrick, em setembro de 1969, Carlinhos escondeu no seu apartamento um dos procurados, o jornalista Chico Nelson. Chico não participara da ação em nenhum momento, mas era ligado ao pessoal do MR-8 e dono da kombi usada pelos seqüestradores, à sua revelia, para fazer o transbordo do embaixador. Seria, evidentemente, preso, torturado, condenado. E havia um risco a mais para Carlinhos: seu prédio, no Leblon, era ultravisado porque nele havia morado, até cair na clandestinidade, o procuradíssimo Fernando Gabeira, participante direto do seqüestro. Chico Nelson passou por outros esconderijos (entre os quais o apartamento de Leila Diniz) e conseguiu fugir para o exílio.

Quando o Exército invadiu o apartamento de Ferreira Gullar, Carlinhos escreveu um veemente protesto, embora tivesse divergências políticas com o poeta, então membro do Partido Comunista Brasileiro. Quando a atriz Norma Benguell foi seqüestrada em São Paulo pelo Comando de Caça aos Comunistas, ele exigiu a soltura dela e a punição dos culpados. "O negócio é pedra na mão e *spray* nos muros", escreveu.

Seu espírito era de libertário. Almejava um socialismo humanista e democrático, repudiava ditaduras de esquerda e de direita. "Sei muito bem que meu destino, no regime comunista, é o campo de concentração e o manicômio." Por criticar o regime liberticida soviético e seus vícios congênitos (burocratismo, aparelhismo, intolerância doutrinária, autoritarismo político e arrogância ideológica), atraiu a ira de esquerdistas que o viam no mínimo como um pequeno-burguês vacilão, propenso a desvios liberais. Hoje suas críticas são quase unanimidade.

Foi queimado e odiado (chegou a receber ameaça de morte) também por sua posição em relação ao Oriente Médio. Defendia a existência do Estado de Israel e ao mesmo tempo os direitos dos palestinos a uma pátria, repelindo com ardor a violência sanguinária dos dois lados.

Sua visão de mundo era dialética e metafísica, sem receio de parecer contraditório às vezes. Daí por que em seus textos a política é sobretudo um entrechoque de paixões humanas universais. Afinal, a roda da história não pára, mas a essência dos problemas se repete *ad eternum*. A substância do jogo político em qualquer país é sempre a mesma — intrigas, luta pelo poder, xavecos —, variando apenas de grau e de personagens. No Brasil só há um pouco mais de avacalhação.

O terrorismo, tão discutido por Carlinhos Oliveira nos anos 70, permanece ativo, sob novas formas. A União Soviética acabou, o muro de Berlim foi derrubado, mas os conflitos ideológicos estão aí. Ontem a ocupação do Vietnã, hoje a do Iraque; ontem a guerrilha urbana na América Latina e Europa, hoje a Al Qaeda no mundo; ontem a briga israelenses x palestinos, hoje idem; ontem as ditaduras militares, hoje a ditadura virtual do mercado financeiro; ontem as Ligas Camponesas, hoje o MST; ontem o comunismo desafiando o capitalismo, hoje o império global norte-americano desafiado pelo nacionalismo árabe, mais forte que o antigo marxismo, porque espiritualmente motivado por uma cultura religiosa ancestral, não por uma ideologia aprendida em manuais.

Alguns *insights* premonitórios reforçam a atualidade do livro. Em 1953 ele previu os problemas que Brasília (cuja construção só começaria quatro anos depois) enfrenta hoje — um cinturão de assentamentos sem infraestrutura, com desempregados, párias e violência — por causa da migração descontrolada, em vez da fixação das pessoas no campo. Dois anos antes do golpe militar ele escreveu: "O meu trabalho consiste em evitar que minha geração perca o dom de falar." Em 1968, antes do AI-5, diante das manifestações estudantis, ele pressentiu a onda guerrilheira que cobriria o país na década seguinte: "Que belo material humano estamos jogando na clandestinidade."

E é inevitável concordar com ele também quando escreveu, num texto publicado, por coincidência, no dia do seqüestro de Elbrick: "Quem quiser futuramente entender o Brasil de hoje, vai ter que dar uma olhada nos calhamaços não articulados do Carlinhos Oliveira."

P. S.: A seqüência dos textos nem sempre é rigorosamente cronológica, para favorecer uma confluência temática.

POLÍTICA NACIONAL

Greve

Todos temos nossos miseráveis particulares — aqueles infelizes prediletos a quem damos preferência quando queremos zangar com o mundo. Certo dia, lembrando os meus queridos desgraçados, resolvi fazer uma greve; ou alguém os amparava ou... eu danava a beber. Gosto de beber. E resolvi unir o útil ao agradável: tomar um porre dos melhores, e depois chegar a uma autoridade qualquer e berrar: "Doutor, meus pobres estão morrendo; um menino no morro da Fonte Grande não tem comida; uma viúva em Maruípe está com o corpo cheio de perebas, e não tem onde se tratar; oitenta famílias em Jucutuquara, doutor, famílias de operários e contínuos de repartição pública, chegam ao fim do mês com meio quilo de feijão, um quilo de farinha e nada mais: aquilo tem que dar até o dia do pagamento. É por causa disso que eu bebo. Se eles não forem auxiliados, não pararei nunca mais de beber. Beberei uísque, gim, champanhe, vinho, cerveja, cachaça, coquinho; beberei enquanto tiver bebida no mundo."

Eu diria assim e a autoridade balançaria complacentemente a cabeça, como quem diz: "Está certo, vamos ver o que se pode fazer" — mas acabaria não fazendo nada, meu Deus, só teria o cuidado de virar o rosto ao falar comigo, não suportando o meu bafo intenso de álcool e revolta. E eu, em vista disso, beberia desgostoso.

Solon é locutor. Também tem seus miseráveis prediletos. Seu coração se abala mais fortemente com a miséria de um grupo de tuberculosos que estão neste momento esperando a morte na Santa Casa. Solon tem pouca coisa de seu: o corpo e a barba que lhe cresce todos os dias. Antigamente, ele a raspava com gilete, era um rapaz bem-apessoado, com aquela coloração azul no lugar onde fora pêlo. Porém agora Solon não se barbeia mais; e para quem se lembra dele nos tempos em que vivia escanhoado e feliz, aquilo choca: a barba negra crescendo, crescendo.

Solon já foi a todos os lugares, sem resultado; em vista disso, deixa crescer a barba, faz questão de que a barba cresça mais, cresça sempre — e diz: "Eis aí, senhores. Minha barba está aumentando de tamanho e se emaranhando. Estou sofrendo cócegas e já não posso beijar minha senhora sem espetar o seu rosto. Mas eu prometo com todas as minhas forças, apesar de tudo, deixar minha barba grassar. Meus tísicos estão morrendo, senhores, meus amuados tísicos estão morrendo sem auxílios. Se vocês não cuidarem deles, não minorarem os sofrimentos dos meus tísicos, eu continuarei alheio à minha barba, e ela crescerá livremente. Senhores, olhem que minha barba está crescendo cada vez mais — salvem meus tuberculosos e eu a rasparei."

Solon, Solon, não adianta gritar; sua barba crescerá sem esperanças, Solon, irá descendo pelo seu peito, passará sua barriga, suas pernas, seus pés — Solon, Solon, as autoridades não ligarão para os seus tísicos, e um dia sua grossa barba negra se arrastará no chão, no sujo chão. Solon, Solon, só resta mesmo uma solução, e essa eu apresento aqui para pensarmos: nada resultará dos meus porres ou da sua barba crescendo, nada resultará da nossa greve particular e inofensiva — morramos todos ao mesmo tempo, Solon, eu, você, seus tísicos, meus pobres, minha viúva perebenta, os funcionários públicos, os choferes, os soldados, os católicos e os ateus, os pretos, os brancos, os amarelos, os vermelhos, os verdes e os castanhos — morramos todos no mesmo instante da mesma morte violenta — como se fizéssemos uma greve geral por um mundo melhor.

Folha do Povo, 26.3.52

Mãos estendidas para o parlamento

Naquela tarde o deputado Celso Peçanha deixou o plenário, em meio à sessão, e foi procurar uma pessoa que lhe queria falar *imediatamente*. Encontrou um sujeito todo afobado:

— Doutor, me desculpe, mas eu precisava falar com o senhor agora mesmo — e lhe encareceu que arranjasse urgentemente um hospital para um parente, tuberculoso em grau adiantado, que estava "lá fora" sem ter para onde ir. O deputado foi "lá fora" e deparou de fato com o tísico; e, depois de lhe ter conseguido leito num sanatório, retornou à sessão.

Coisas assim ocorrem diariamente no Senado, na Câmara dos Deputados e na Câmara dos Vereadores. Outro parlamentar, José Fontes Romero, viu-se há algumas semanas intrigado com o estranho pedido que lhe fez um mineiro de Jacutinga: era um velho lavrador cuja vida se gastara inteira no cuidado da terra e que, combalido pela idade (pois esses homens rudes só compreendem e aceitam o repouso na manhã em que se erguem para mais um dia de dura lida e — sem mágoa ou revolta, apenas um pouco espantados —, percebem que a sua arquitetura está por demais gasta e cansada para atender aos apelos da força motora), mais pobre do que jamais estivera em toda a sua existência, vinha pedir um pequeno favor ao deputado.

— E que deseja o senhor? — perguntou o parlamentar.

— Queria que o senhor me nomeasse aposentado.

O deputado soltou uma gargalhada e explicou que não era possível aposentar ninguém que não fosse contribuinte de institutos, muito menos quem nem sequer constava do fichário de nenhum ministério: em suma, para a "pátriamada" ele não era nem trabalhador. E lá se foi o pobre velho, todo triste, lá se foi ele roer sua velhice na mais miserável solidão — e era tão puro em sua ingenuidade que nem se lembrava de procurar um outro velho, no qual votara e em quem acreditava; talvez nem lhe passasse pela cabeça a possibilidade de procurar esse outro velhote, gordo e sorridente,[1] e lhe dizer sem insolência, mas também sem demasiada humildade:

"Eis aí, Excia.: passei minha vida cavucando a terra, e plantando, e colhendo, e enriquecendo o dono da terra que eu cuidava; e o dono vendia minhas colheitas e me pedia mais trabalho. A gente da cidade, que comia os legumes e cereais plantados por mim, é uma gente que não quer nada com o trabalho, quer mais é tomar seus banhos de chá e ir aos seus cinemas e ouvir os seus rádios. Enquanto eles assim faziam, eu trabalhava tenazmente, cavucava a terra negra e propunha meus milagres, com toda a humildade. E eis que, agora, cansado e velho, incapaz já de vibrar a enxada ou de sequer me ajoelhar e, como quem reza, acariciar o solo até o rebentar maravilhoso da vida vegetal, eis que agora, Excia., peço uma recompensa, um meio de caminhar sem vergonha para o descanso interminável — e o que acontece? Um bando de sujeitos com livros abertos me diz que não sou trabalhador. Será que ninguém vê os calos das minhas mãos e a crosta dura e seca dos meus pés?"

Mas, pensando bem, toda essa discurseira de nada adiantaria. O outro velho, certamente, abriria o seu sorriso aperfeiçoado em quinze anos de hipocrisia cotidiana e, chupando o charuto, pediria com certa firmeza que o velho se retirasse. Ele não estava ali para ouvir desaforos. Estava ali para governar.

Por qualquer motivo, a preferência dos que procuram auxílio nas câmaras se concentra quase que toda em determinados parlamentares. Os deputados mais procurados, por exemplo, são Lopo Coelho, Celso Peçanha, José Fontes Romero, Lutero Vargas e Breno da Silveira. Cada um desses recebe por dia mais de 500 pedidos. Assim também os senadores Rui Carneiro, Mozart Lago e Alencastro Guimarães, e os ve-

[1]Referência ao presidente Getúlio Vargas.

readores Lígia Lessa Bastos, Leite de Castro, Odilon Braga, Couto de Souza e Levi Neves.

O assunto do pedido, que é invariavelmente escondido, na papeleta que as três câmaras exigem que o sujeito preencha, sob a palavra "particular", apresenta em regra apenas três variações. Casa, passagem, emprego. Quem quer casa são pobres funcionários e operários, alguns residentes em favelas, e desejam que o parlamentar seja pistolão junto a funcionários dos institutos para os quais contribuem, no sentido de dar-lhes primazia na obtenção de moradas dos conjuntos residenciais. Os que querem passagens são os que voltam; os que pedem empregos são os que ainda não sabem que serão obrigados a voltar, a menos que aceitem uma vida de vexames e misérias em qualquer favela sórdida plantada na bainha dos morros cariocas.

Assim chegamos ao círculo vicioso: pois tudo provém do e vai dar ao — êxodo rural.

Mas antes, lembremos que o fato de ser atendido pelo legislador não indica absolutamente que o correligionário conseguirá o desejado. Algumas vezes, realmente, o consegue. Em geral, porém, ou recebe um "não" bem redondo, ou sai com esta frase, que é um perfeito retrato deste país de panelinhas, de familinhas:

— Você sabe: a gente, da oposição, não arranja nada... Procure o Brochado ou o Lutero...[2]

Tudo depende do atual prestígio do político subscritor da carta de recomendação.

Pelo gabinete de Café Filho, no 14º andar do Ministério do Trabalho, onde o vice-presidente dá audiência pública todas as manhãs, passaram desde o início do ano até o último dia de agosto, 26 mil pessoas. Setenta por cento delas, seguramente, eram provincianos que, tendo fracassado na luta pela sobrevivência aqui no Rio, pediam passagem de volta.

As filas sem fim de pessoas que procuram o vice-presidente da República são uma coisa triste. Homens humildes, velhos melancólicos, mulheres

[2]Deputados federais Brochado da Rocha, do Partido Social Democrático (governista), e Lutero Vargas, do Partido Trabalhista Brasileiro, filho do presidente Getúlio Vargas.

grávidas, crianças pálidas. É um desfile pungente de misérias, cada cara macerada é um libelo particular contra quem governa este país. Café Filho olha e não comenta: mas a gente imagina o que diria se comentasse, ele que nasceu canguleiro, ele que sentiu na própria carne o que é ser pobre nesta terra em que o sujeito ganha que dez contos de réis se considera rico. Eu vi um conterrâneo de João Café receber uma passagem de volta para Natal — de volta para as Rocas, de onde viera (e todos sabemos o que são as Rocas em Natal, principalmente Café Filho); e não havia naquela cara triangular, pelo menos visível, nenhuma tristeza, nenhum rancor contra esse mundo que o obrigava a retornar à miséria cega e horrível de que procurara fugir. Voltava para as Rocas, mas com resignação. No entanto, será que tem mesmo alguma dignidade esta nossa atitude eternamente resignada? Não seria mais heróico, mais de acordo com a natureza humana, uma reação desesperada ainda que sem fuzil na mão?

Eu vi também um caso pitoresco, posto que lamentável: o homem se aproximou e pediu sua transferência do Rio para Niterói, onde residia: era contínuo de um ministério. Alguma coisa nele alertou Café Filho, que levantou-se e jogou o rosto para a frente, deixando-o a um palmo do outro.

— Você bebeu? — perguntou, de maneira curta e seca.

— ...

— Me diga: bebeu?

O homem esboça um balançar de cabeça e, quando o freia, já está desmascarado.

— Não posso atendê-lo — diz o presidente do Senado.[3] — Corrija-se e volte. Não atendo bêbados.

Este foi o fato pitoresco. Mas eu vi sobretudo o que tinha visto no palácio Monroe e no palácio Tiradentes: milhares de vítimas do descaso governamental, soldados desse interminável, inglório exército que não pára de convergir para esta já saturada (e ilusória) metrópole, soldados armados apenas de uma teimosa vontade de sobreviver, e de muita ingenuidade, muita crença.

[3]Na época, o vice-presidente da República podia ser ao mesmo tempo presidente do Senado.

— A maior parte dos que me procuram — disse Café Filho — são pessoas que vieram parar no Rio em paus-de-arara, sabe Deus para quê.

Nos mais diversos meios de transporte vêm dar no Rio, diariamente, cerca de 1.200 desempregados. O êxodo rural é uma das nossas maiores calamidades e, segundo parece, atinge ora o seu auge: esses 1.200 infelizes aqui vêm parar por causa da miséria. Um dia fomos um país essencialmente agrícola: mas de tanto repetirem, demagogos vulgares, loas inúteis aos "trabalhadores do Brasil", como se estes fossem de fato a mola-mestra da nação — trabalhador tomado no sentido de *operário*, empregado industrial —, quando em verdade todos sabemos que se em alguma coisa podemos superar outros países é precisamente na agricultura — de tanto repetirem o "trabalhadores do Brasil" e de darem a estes uma assistência esmerada ao mesmo tempo em que se esquecia os homens do campo, acabamos acreditando e hoje eis-nos em ridícula situação: já não somos um povo agricultor e ainda não passamos de pobre esboço de povo industrial.

O trabalhismo de Getúlio Vargas tudo concede aos operários e nem ao menos supõe a existência de lavradores. O projeto de reforma agrária, apresentado por uma comissão do Serviço Social Rural, está até hoje engavetado no palacete conhecido por Senado Federal. Ninguém dá bola para o problema rural.

E o resultado é esse contingente humilhado e desiludido de homens do campo vindo dar na cidade, onde, às tontas, tentam viver. A propalada mudança do Distrito Federal é apenas uma maneira de culpar algo de vago, de inteiramente abstrato, por um erro cuja culpa cabe exclusivamente ao governo. Transferir a sede do governo para Goiás sem estabelecer uma legislação social que vise a amparar, financiar e reconhecer o lavrador como alavanca principal do nosso progresso será apenas uma mudança de clima e paisagem: Goiás seria o mesmo Distrito Federal, com suas favelas e seus párias, e a ela iriam ter os mesmíssimos desempregados que hoje, em pelotões de 1.200 guerreiros, aqui dão, de ponta-cabeça. O resto é demagogia barata.

Há um exército de cidadãos desamparados pegando trens e caminhões e vindo estender as mãos nesta desleal cidade. Há um pobre lavrador abandonando o ancinho e partindo de olhos úmidos — não por medo de virar estátua de sal, mas para evitar o longo soluço que lhe explodiria do peito quando pela última vez olhasse a terra — para não sucumbir à vontade de se estirar para sempre sobre a terra e, embora morto de fome, senti-la até o fim debaixo do peito — para não se deitar sobre o muito amado chão, tão fresco!, em cuja superfície tantas vezes se ajoelhara e cujo perfume forte tantas vezes aspirara, em noites de janelas abertas. Há milhares de homens abandonando o ancinho e partindo de olhos úmidos, sem nem sequer olhar para trás.

Há uma desleal cidade à espera desses homens. Aqui se perderão eles sob os monstruosos edifícios e somente sentirão debaixo dos pés nefandas pedras: nenhum deles compreenderá jamais a razão dessa sórdida massa negra que esconde e inutiliza a terra e que os animais da cidade amam como se realmente aquilo fosse capaz de gerir uma rosa, um pé de alface. Nem compreenderão por que é que tantos homens aqui se acotovelam, desprezando os vastos campos do interior, onde um homem é ainda um ser revestido de pureza, onde o silêncio crepuscular ainda se derrama, incorruptível.

Um dia — amanhã — sem arroz, sem feijão, sem dinheiro, poluídos como todos nós, morrerão conosco, encurralados perdidamente — entre o mar e o medo.

Revista *Manchete*, 14.11.53

Fala o povo na hora terrível

"A hora é grave e, sem hipérbole, terrível", disse uma vez o saudoso Mangabeira. Periodicamente, em agosto e novembro, as paixões políticas nos conduzem a um ponto no qual é preciso recordar essa frase. No dia 25, depois da renúncia de Jânio, vi o povo reunido na Cinelândia e esperei que algum líder, do alto da escadaria da Câmara de Vereadores, fizesse a proclamação esclarecedora: "Concidadãos: A hora é grave e, sem hipérbole, terrível!" Mas, antes que alguém resolvesse falar qualquer coisa, surgiu o coronel Ardovino com seus asseclas e fomos dispersados a golpes de cassetete e com bombas de gás lacrimogêneo.

Dizem que a situação melhorou. Outros dizem que piorou. Anotei observações, comentários e previsões (melhor seria dizer *profecias*) ouvidas pela cidade, em reuniões semiclandestinas, ou nos bares e nas ruas. Talvez sirvam para esclarecer não apenas o sentimento popular em face da crise, mas a própria crise em suas conseqüências ulteriores.

Um professor de ciência política, homem habitualmente ponderado, mostrava-se perplexo diante da renúncia de Jânio e atemorizado pela promulgação da emenda parlamentarista. Trata-se de um católico que se conduz como tal no plano político. "Pensei", disse ele, "que Jânio fosse um gênio, mas agora vejo que não passa de um imbecil." Compreendendo que este era um julgamento passional, porque ninguém pode cair de tão alto conceito para tão baixo, em tão pouco tempo, interroguei-o a respeito do que esperava para Jânio no futuro. "Ostracismo", disse o professor. Então, fazendo minhas as palavras de inúmeros janistas que havia inquirido no mesmo dia, opinei que, provavelmente, o ex-presidente planejava reconquistar o poder, mais cedo ou mais tarde, por meio de uma revolução. O professor de ciência política iluminou-se: aquele era o seu secreto e ardente desejo. Em seguida, confessou-me a sua maior preocupação naquele momento. "Foi com o parlamentarismo", disse, "que os comunistas tomaram o poder em toda parte." Percebi, imediatamente, que, para esse católico, o dilema brasileiro não era aquele do marechal Denys, *democracia ou comunismo*, porém, este, Jânio ou comunismo.

De modo geral, a população carioca considerava liquidado, politicamente, o governador Lacerda. Ouvi mães de família, inclusive, eleitoras do governador, opinarem abertamente que "aquele, só matando".

João Goulart, a acreditar no que ouvi pelas ruas, não significa nada pessoalmente. Ele foi o pretexto eventual do extraordinário ensaio de unificação popular, em torno da justiça e do direito, iniciado no Rio Grande do Sul, e que, sem dúvida, há de ser interpretado imediatamente pelos que não quiserem ser surpreendidos em futuro próximo. Conduzido assim à presidência, na crista de um motim pacífico que facilmente teria degenerado em conflito armado, Jango perdeu, logo depois, metade da confiança nele depositada, ao aceitar o parlamentarismo. Neste ponto, o governador Leonel Brizola demonstrou profunda compreensão e afinidade com a massa: sua proclamação contra a emenda parlamentarista significa uma censura indireta a Goulart.

Para o futuro, correntes compactas de opinião esperam o seguinte:

1. Enfraquecimento de Jango. Tensão cada vez maior nas Forças Armadas. Ondas sucessivas de gabinetes. Guerra civil, finalmente, e retorno de Jânio Quadros "para salvar o país".
2. Cuba será o grande teste para o presidente parlamentarista. Em torno de Cuba haverá outra polarização, agora no Congresso, com a direita rearticulada. As Forças Armadas entrarão novamente em cena para decidir a parada: e o povo compreenderá que a emenda parlamentarista visava a lhe tirar (ao povo) o poder das mãos.
3. Sérgio Magalhães será o primeiro-ministro na hora crucial (relacionada, provavelmente, com Cuba). Assim o desejam os comunistas. Os parlamentares nacionalistas ditarão a política externa.

4. Os conchavos, as conspirações, as negociações, o retorno dos privilégios, as negociatas etc. farão o país voltar à estaca zero! A corrupção campeará. O Jockey Club promoverá diversas corridas diariamente. O povo esquecerá que um dia se imaginou suficientemente poderoso para enfrentar o poder armado e restabelecer a legalidade no país...

Assim fala, deseja e prevê a população. Concordando unanimemente quanto a um detalhe — o presidente de direito deve ser empossado —, quase todos discordam quanto ao desfecho da crise. De qualquer modo, uma coisa continua sendo verdade: a hora é grave e terrível, sem hipérbole![1]

Jornal do Brasil, 6.9.61

[1]Daqui em diante todos os textos foram publicados originalmente neste jornal.

Mistério em agosto

Na crônica publicada ontem, procurei escapar à tirania da atualidade por meio de reminiscências. Mas não gostei. Estamos vivendo dias históricos e só nos resta participar, muito embora não se possa ainda ver claro nem decidir qual será nossa atitude no futuro. Acabo de ouvir a interpretação dos últimos acontecimentos através de pessoa ligada ao governador Brizola, e me parece interessante divulgá-la.

O governador Leonel Brizola participou da reunião final do presidente Jânio Quadros com os delegados brasileiros à Conferência de Punta del Este. Nessa ocasião, Jânio recomendou aos delegados que não aceitassem qualquer proposta dos Estados Unidos que já não fizesse parte do programa previsto. Qualquer tentativa norte-americana de modificar os rumos da conferência — disse ele — deveria ocasionar a retirada maciça da delegação brasileira. Assegurou que seis outras nações latino-americanas seguiriam o Brasil. E finalizou: "Estamos dispostos a enfrentá-los de igual para igual, e temos poder para banir os Estados Unidos não só do Brasil, mas de toda a América do Sul." O ministro Mariani tremia. O governador Brizola, entusiasmado, diria mais tarde que nunca mais poderá esquecer aquela dramática reunião.

Revelação bem mais grave é esta: um mês antes da renúncia de Jânio, Brizola previu a crise. Declarou a assessores do presidente que Jânio seria derrubado por excesso de grandeza. Disse que Jânio, empolgado por sua atuação no plano internacional, desprezava a luta política interna, estando à mercê das mesquinhas escaramuças de bastidores. Afirmou também que seria loucura subestimar a capacidade destruidora de Carlos Lacerda, que nessa altura iniciava sua campanha contra a política externa sem receber de Jânio, em resposta, senão desprezo.

Depois de esboçar no papel os fatores que lhe pareciam (como ficou comprovado) anteceder a grave crise, Brizola iniciou a sondagem da opinião no Rio Grande do Sul, tendo organizado a resistência muito antes da renúncia e conseqüente tentativa de impedimento de Jango Goulart.

Esses fatos serão provavelmente divulgados no momento oportuno pelo próprio governador gaúcho. A atitude de Jânio, que de tudo isso tivera conhecimento, torna-se assim ainda mais enigmática: falarei sobre isso amanhã ou depois. Limito-me a assinalar por enquanto que as revelações do amigo de Brizola não me espantaram. Quatro dias antes da renúncia, um artigo de Augusto Frederico Schmidt, publicado em *O Globo*, deixara-me bastante intrigado. Escrevendo a propósito do livro de memórias de Afonso Arinos, especialmente sobre a parte relativa ao suicídio de Getúlio Vargas, Schmidt fazia um paralelo entre as personalidades de Vargas e Jânio e vaticinava, veladamente, que a qualquer momento Jânio também se veria sozinho, no seu palácio, abandonado pelos amigos e acossado pelos inimigos.

Depois de ler esse artigo, não tendo qualquer indício concreto de que o governo Quadros estivesse inseguro, atribuí as insinuações de Schmidt ao seu secreto desejo de que se repetisse a tragédia de 24 de agosto... Valeriam as suas palavras como um indício do que se passava no segredo de certas consciências que subitamente resvalaram para a sombra dos acontecimentos, mercê da audaciosa atuação de Jânio no âmbito mundial.

Mas os fatos parecem demonstrar, hoje, que Schmidt não fazia insinuações. Excluindo a possibilidade de ter escrito aquele artigo depois de experimentar com intensidade a intuição do futuro próximo (ele é poeta...), só se pode pensar que ele estava perfeitamente informado sobre os rumos da conspiração que foi sem dúvida a mais estranha da nossa história, porque até hoje ninguém sabe quem conspirava nem contra quem. Lacerda, por exemplo, denunciou uma conspiração de Jânio, de que tomara conhecimento através de Pedroso Horta, e depois ficamos sabendo que Lacerda também conspirava, mas com outro objetivo.

Alinhemos os três indícios para que o leitor tire as suas próprias conclusões. Tenha ou não Jânio renunciado devido à pressão de "forças obscuras", o certo é que, bem antes do dia 25 de agosto, Lacerda anunciava que se tramava um golpe, Brizola organizava milícias para resistir a um golpe, e Schmidt advertia publicamente o presidente da República de que a qualquer momento poderia ver-se abandonado no seu palácio, nada lhe restando senão escrever uma carta e desfechar um tiro, no peito ou na República...

14.9.61

Jânio e os extremos

"Essa política extremamente distante dos extremos pareceu-lhe um verdadeiro achado", opinou domingo Tristão de Ataíde, referindo-se ao procedimento de Jânio Quadros no plano internacional. Felizmente uma autoridade insuspeita tem a coragem de falar, desta maneira, por todo o Brasil. O gesto alucinante de Jânio no dia 25 de agosto prossegue dominando as preocupações; e embora ele esteja ainda em silêncio, certas verdades afloram espontaneamente enquanto o país recupera a calma. Uma delas é essa política "extremamente distante dos extremos": pode explicar a sofreguidão com que tanto a extrema direita quanto a extrema esquerda se precipitaram, a primeira para impedir a posse de Jango, a segunda para garantir essa posse. Numa coisa as duas correntes pareciam concordar: o problema Quadros pertencia ao passado, a renúncia era irreversível. Assim também pensava o Congresso, que, ao receber a carta-renúncia, tomava também conhecimento de uma estranha informação atribuída aos assessores de Jânio, segundo os quais, pouco tempo antes, o ex-presidente já ameaçara abandonar o cargo porque não podia "governar com esse Congresso de canalhas". Jango, Jango, Jango! A nação durante alguns dias deixou de preocupar-se com o passageiro do *Uruguai Star*.

A extrema esquerda, apesar da proclamação de Prestes favorável à política externa de Jânio Quadros, temia ver surgir no Brasil um homem forte do tipo Nasser. A política externa do coronel Nasser agrada muito aos comunistas de Moscou; sua política interna se caracteriza pela violenta repressão a qualquer atividade comunista. Não é difícil apontar o hipócrita nesse jogo ambíguo: os comunistas se interessam muito pelos governantes de pequenos países que se afirmam enquanto vontade nacional autônoma, porém tão logo essa autonomia se transforma em doutrina pacífica, começam a lutar contra ela. Aliás, não fazem mais do que o seu dever, porque o movimento comunista é um movimento internacional.

Era natural que eles aplaudissem um Brasil falando de igual para igual com os Estados Unidos e flertando com a União Soviética, porém como poderiam acompanhar até o fim uma reforma brasileira, de tipo brasileiro, com objetivos brasileiros? Jango, Jango! Gritar assim era bem menos perigoso, se bem que Fidel Castro se mostrasse muito mais honesto e valente, ao solidarizar-se com Quadros no momento em que isso podia significar a perda definitiva da simpatia da facção que vencesse a crise.

Quanto à extrema direita, até hoje não estou convencido de que a objeção dos ministros militares a Jango não tenha sido inspirada pelos grupos interessados em transformar Jânio Quadros numa questão superada. A prova disso é que atualmente os direitistas promovem uma campanha de difamação contra Jânio, na forma costumeira: colunistas sociais acusam-no de bêbado, repórteres vão ouvir psiquiatras para que interpretem clinicamente a personalidade do ex-presidente... Cria-se a lenda de uma pessoa emocionalmente instável, um paranóico que não podia ser contrariado. Ninguém se lembra do aspecto decisivo do maior governo da nossa história, realizado em apenas sete meses: uma política externa que, mediante determinadas ações, pretende alcançar determinados objetivos: e, em sete meses apenas, alcança-os plenamente! Se é loucura realizar na prática um programa enunciado na campanha eleitoral, vamos abrir os hospícios e procurar neles outro líder.

20.9.61

Jânio e os excessos

Não sou contra Jânio, nem mesmo naquilo que os seus mais fiéis admiradores qualificam como excessos. Elevado ao mais alto poder num país que se vangloria de sua indisciplina, precisava ele criar a mística da autoridade. Assim, proibia brigas de galo, maiôs nos desfiles de beleza, corridas no hipódromo durante os dias úteis. Proibia coisas pequenas — "mesquinhas", disseram os prejudicados — porque, justamente, as grandes coisas passariam a ser permitidas. Há proibição maior neste país do que o restabelecimento de relações com a União Soviética? No entanto, isso, ele permitiria. Mas, se um país se rebela contra um bilhete impedindo a exibição da carne feminina (num regime capitalista tudo se transforma em mercadoria, dizia Marx), como poderia suportar a queda de uma gigantesca mistificação, como essa que nos separa até hoje da União Soviética? Outro aspecto positivo naqueles excessos: durante uma semana o país inteiro tomou posições a favor ou contra as brigas de galo. Sub-repticiamente, Jânio acostumava a nação a um governo plebiscitário, no qual os menores e os maiores atos emanados da cúpula se tornavam imediatamente objeto de polêmica. Foi assim que vimos a consciência brasileira despertando para os procedimentos políticos e mostrando cada vez mais a sua presença. Era um novo peso na balança, e vimos durante a crise que a opinião do povo prevaleceu. A posse de Jango se deve diretamente e totalmente ao estilo e aos atos do governo Quadros.

A objeção mais importante: por que teria ele condecorado a missão da boa vontade da União Soviética e o ministro de Economia cubano? O episódio Che Guevara, principalmente, conduziu à histeria a nossa já desesperada extrema direita. Essa pequena e acirrada minoria cometera um erro supremo, no qual ainda persiste, considerar Jânio um farsante. Não tendo como apoiar o marechal Lott, cujo programa (contra relações com a União Soviética, contra Cuba, contra a reforma agrária...) era precisamente o da extrema direita, porém estava apoiado pelos comunistas, a extrema direita correu para Jânio, justificando sua adesão com a mais ingênua das esperanças. As promessas do candidato, promessas de candidato atraído pela esquerda, não seriam cumpridas; eram demagogia. Porém o próprio Kruschev reconheceria mais tarde que o nosso presidente era um dos poucos estadistas que cumpriam no governo a palavra empenhada durante a campanha eleitoral.

À luz de todos esses fatos, só nos é lícito interpretar a condecoração de Che Guevara como a prova final da valentia e firmeza de princípios de Jânio Quadros. Estando já os bastidores políticos fervilhando de pequenas intrigas, armando os diversos grupos os seus projetos para a tomada do poder, fez ele um gesto cujo significado só pode ser este: "Quando vocês pensam que estou mentindo, estou falando a verdade. Quando pensam que não creio naquilo em que creio, estou firmemente agarrado às minhas crenças. Quando supõem que me chamo Frondizi, e que farei toda sorte de concessões para conservar o poder, digo-lhes que meu nome é Jânio Quadros e que não transijo."

Em seguida, o gesto supremo, digno de um passional: a renúncia. Mas não temos nós entre nossos maiores motivos de orgulho o de sermos latinos, pertencendo a uma raça que não vê diferença entre o que sugere a cabeça e o que nos sopra o coração? Simplesmente estávamos afastados da verdade, movidos por uma cúpula partidária que sobrevive a todas as crises e da qual nos livraremos quando for nosso sincero desejo o de levar avante as reformas que consideramos urgentes. O que Jânio propôs com a renúncia foi que modificássemos a nossa linguagem. Falemos claro, como observou um amigo meu outro dia: como se pode viver tranqüilo num país onde um homem que teve cinco milhões de votos acaba num modesto hotel londrino, olhando de longe o grotesco espetáculo da luta pelo poder que, tão grande é esse homem, se faz em seu nome e em nome dos seus princípios?

Uma sombra imensa paira sobre o Brasil.

21.9.61

Depois da greve

Dois dias depois da greve, ao meio-dia, numa tasca do Arpoador, os motoristas chegaram com suas marmitas e suas fomes. Mandaram abrir garrafas de cerveja preta enquanto contemplavam a odorante bóia. Ao meu lado, Caio Mourão ficou um instante pensativo; sua pequena e graciosa filha desembrulhava uma bala de mel.

Os raros fura-greves, vestidos de mulher, tinham sido obrigados a dançar com os grevistas na sede do sindicato. E agora aqueles vitoriosos recordavam a batalha, e nós de bom grado participávamos de sua alegria. Para que falar no ardil pelo qual a vitória fora obtida? Os trabalhadores se limitaram a exigir um aumento de tantos por cento, e este foi concedido. A condição imposta pelos demais interessados, de que ao mesmo tempo se aumentassem as tarifas, é problema que diz respeito à classe média. Quero dizer, fiquei um pouco mais pobre: mas as refeições cujo perfume inundava a tasca me apeteciam como se eu fosse também um proletário.

Escrevi uma vez uma página que me é muito querida ainda hoje, na qual evocava o tempo em que, sem necessidade, seja dito de passagem, participei alegremente na construção de uma casa. Era parente do construtor e tinha 12 anos; tornei-me então pequeno mestre pedreiro, incluindo um módico ordenado que dissipei nas sessões do seriado *Flash Gordon no planeta Marte*. Incluindo a camisa rasgada nas costas e suja de cimento, os tamancos, o banho das quatro horas em que se lavavam a cabeça, as mãos e os pés, numa torneira ao ar livre sobre pedras lisas; e naturalmente o meio-dia, em torno do fogareiro improvisado com dois tijolos e duas achas de lenha, no qual eram aquecidas as marmitas.

No Arpoador, depois da manhã quente e de uma cor ácida, recordo em silêncio aqueles belos dias.

Os motoristas abriram dois botões em suas camisas, sob as gravatas de laços folgados, e arregaçaram as mangas. Quando abriram as marmitas seus olhos brilharam: aquelas fomes haviam sido bem trabalhadas nas idas e vindas de Ipanema à Estrada de Ferro. E a comida cheirava tão bem, e o dia estava tão belo, embora ácido... Além disso, haviam arriscado a bóia, que é tão difícil garantir, numa greve que felizmente terminara bem. Assim, comer naquele instante se afigurava o sentido mesmo de suas vidas e a eventual consagração de seus esforços, na luta pela sobrevivência. Quando se ganha uma greve, os alimentos ficam mais saborosos e o futuro menos sombrio. Não só porque nossa fome não nos parece, em dias assim, um crime ou um castigo; saciá-la é nosso direito e a greve nos lembra isso. Também porque, objetivamente, há um novo ingrediente na comida: a ternura e satisfação da patroa que determinou o cardápio e preparou-o. Depois da tensão, nesses dias em que não se sabe se o marido está bem, se foi preso, se vai perder o emprego e tantas outras dúvidas, ei-la a pensar aliviada nos dias que virão, talvez encomendando ao armazém um pouco mais de mantimentos do que o marido pode pagar, até sonhando um vestido novo, um sapato longamente almejado — até mesmo essas frivolidades dos ricos, quem sabe um perfume francês para ficar cheirosa aos domingos. Dois ovos estrelados em vez de um; ou polenta, ou frango ao molho pardo que ele tanto aprecia — qualquer coisa na marmita há de estar significando sua participação na alegria da classe a que pertence o seu amor ao seu homem, e justificando esse olhar brilhante, essas narinas cujo imperceptível tremor apreciei na hora de abrir a marmita.

Fomos à praia, vamos embora. No caminho, reparando em Caio, que segura a mão de Paulinha, fiquei pensando em um trabalhador chegando vitorioso e suado a uma pequena casa suburbana e numa criança um pouco maior que esta, correndo para a cozinha e inundando a casa de emoção com este grito: "Mamãe, papai ganhou a greve!"

17.10.61

A beleza no poder

Digam o que disserem do atual governo, ninguém pode negar que pelo menos em matéria de primeira-dama estamos indo muito bem. É bom haver Maria Teresa: o público observa com orgulho que os fotógrafos internacionais começam a interessar-se pelo Brasil, e Jacqueline Kennedy, quando consulta seu espelhinho mágico pela manhã, já não está certa de ouvir seu nome em resposta à pergunta sobre qual é a mais linda primeira-dama no mundo.

"Maria Teresa é realmente bela, mas Jackie tem mais classe" — afirmam certas pessoas. Mas a nação conhece de sobra essa espécie de gente, tendo já, inclusive, cunhado um epíteto pejorativo para designá-la: são os entreguistas, ou seja, pessoas que, sob as mais variadas atividades ostensivas, ocultam o secreto desígnio de perpetuar o domínio de poderosos grupos econômicos alienígenas, em prejuízo do heróico esforço do país no caminho de sua verdadeira independência. Tais senhores e tais senhoras deviam pegar um jato da Varig e sumir daqui. Querem Jacqueline? Pois que se transfiram para Washington, onde o que não falta é Jacqueline. Maria Teresa reinará desta forma, exclusivamente sobre os patriotas autênticos, que não se deixam fascinar, quais serpentes, pela insidiosa melodia dos dólares executada em Wall Street.

Além disso, Jackie não tem mais classe coisa nenhuma. É realmente linda e elegante, mas tem uma espécie de afetação que não agrada ao temperamento brasileiro. Um pouco esnobe e um pouco altiva demais, Jacqueline é o retrato perfeito do povo que representa: às vezes dá a impressão de que, na realidade, se acredita rainha da Inglaterra... Esta imponência pode agradar, e de fato agrada aos norte-americanos, mas um latino-americano se sente ligeiramente humilhado: ela parece pensar que é superior a nós.

Maria Teresa, ao contrário, faz questão de ser franzina e de não prestar atenção aos olhares cheios de ternura dos seus concidadãos. Está sempre pensando em outra coisa, nunca em si mesma. É meiga, de traços suaves, quase uma criança, e qualquer família do povo, contemplando seu retrato no jornal, pode muito bem imaginar que aquela moça bonita e simpática aceitaria de bom grado um convite de pobre, por exemplo:

— Dona Maria Teresa, domingo vai haver feijãozinho com arroz e carne-seca com abóbora lá em casa. A patroa mandou dizer que se a senhora quisesse dar a honra de aparecer...

Garanto que ela aparece, desde que não haja um programa oficial a cumprir. Seus traços, sua simplicidade de gestos, seu olhar meigo não mentem: ela é dos nossos, e nunca seria primeira-dama soberba.

Espero que o Carlos Lemos, editor do Caderno B, enfeite esta crônica com um retrato dela. Devo confessar que só escrevi na esperança de vê-la ainda uma vez. Faço parte da legião de jornalistas que vive torcendo para que Maria Teresa compareça diariamente à Legião Brasileira de Assistência, batize um navio ou participe de qualquer outra cerimônia relacionada com a posição que ocupa no atual governo. Assim teremos um novo pretexto para estampar seu rosto na primeira página; e no dia seguinte, nós que fizemos o jornal, somos os primeiros a procurá-lo nas bancas. As notícias pode ser que as publiquemos para governo dos leitores; mas Maria Teresa é para nosso próprio governo. E se é preciso escolher entre o dom da beleza e as reformas de base que a nação reclama, não tenhamos pejo em proclamá-lo:

— Viva Maria Teresa! Abaixo a Reforma Agrária!

7.11.61

Para onde vamos?

Conversamos sobre o momento crucial que o Brasil está vivendo. Incapazes de antecipar o futuro próximo, para o qual avançamos às cegas, silenciamos; ninguém quer falar mais nada, todo mundo está sombrio. "Para onde vamos?" Esta velha pergunta nos desafia e aflige. Mas é sábado, meia-noite, e aqui estamos reunidos para uma festa. Para distrair os meus companheiros, relato o seguinte incidente ocorrido poucos dias atrás:

— Minha amiga Teresa, que vocês conhecem, aderiu à esquerda. Só pensa em revolução. No princípio, sua disposição revolucionária era rígida e parecia levar ao fanatismo; preocupei-me com isso, antevendo a perda de sua espontaneidade e senso de humor. Entretanto, na semana passada, encontrei-a completamente diferente e bastante agradável. Estávamos sentados, comemorando o aniversário de um amigo comum, quando ela me chamou a atenção para uma senhora que dançava com o marido. Mostrando-me a mulher loura, muito elegante num vestido preto que lhe deixava à mostra os ombros, Teresa observou: "Veja como os vestidos pretos ficam bem nas mulheres louras." Concordei, e ela prosseguiu: "Depois da revolução, vocês vão ver! Depois da revolução, eu vou ser uma mulher loura de vestido preto!" O riso nos reaproximou. Teresa escapara ao ressentimento e podia almejar a felicidade, pois seu espírito maneja com desenvoltura as idéias com que atualmente se identifica.

Sábado à meia-noite, essa anedota provocou risos, mas ninguém entendeu aonde eu queria chegar. Lembrei, então, que o motivo de nossa preocupação era a pergunta fatal: "Para onde vamos?", e esclareci que naquele instante não seria capaz de oferecer resposta satisfatória, mas que, no dia seguinte, domingo, às cinco e meia da tarde, saberia perfeitamente onde estaríamos e para onde iríamos. Alguém me desafiou a antecipar essa resposta, e não me fiz de rogado. Ei-la:

— Domingo, às cinco e meia da tarde, Millôr Fernandes está telefonando para Leon Eliachar e combinando uma partida de pôquer em casa de João Bethencourt. Fernando Sabino está marcando encontro com Hélio Pellegrino às sete horas, diante da igreja onde vão à missa. Otto Lara Resende está encerrando o passeio de automóvel com os filhos, pela orla marítima. Paulo Mendes Campos, Murilo Melo Filho, Jacinto de Tormes e outros acabaram de jogar futebol e, provavelmente, vão tomar um chope gelado na Taberna Atlântica. Armando Nogueira está telefonando para Luís Carlos Barreto para, mais uma vez, vaticinar que a seleção brasileira de futebol vai mal com o critério atual dos treinadores. Lúcio Rangel comeu muito, chegou em casa sonolento e botou na vitrola aquele samba que diz assim: "Maria, o teu nome principia na palma da minha mão." Antônio Carlos Jobim escreveu mais um pouco de música e está circulando de automóvel, com ar fatigado e ausente, Vinícius de Morais, não sei. Antônio Maria sentiu calor, abriu a janela e ficou vendo um trecho da Lagoa. Nelson Rodrigues está tentando telefonar para Hélio Pellegrino, mas o telefone está ocupado. Lúcio Cardoso passou a tarde bebendo vinho diante do Arpoador e agora vai para o Jangadeiro, na praça General Osório. Ferreira Gullar atravessa a rua para visitar Mário Pedrosa e discutir política. Luciano Martins está lendo *L'Express*. Ligia Clark está ouvindo a rádio Ministério da Educação e tricotando uma blusa para um bebê que nasceu há poucos dias. Leo Vítor, com sua barba, está indo para a casa de Reynaldo Jardim. Paulo Francis, provavelmente, aderirá à roda de pôquer *chez* João Bethencourt, e Bené Nunes, provavelmente, também. Joel Silveira e Carlos Thiré estão morrendo de rir com as últimas anedotas colhidas na rua. Borjalo está em casa e não vai sair. Marco Aurélio Moura Matos está reunindo amigos para uma sessão de piano. José Auto estará em Jacarepaguá? Homero Homem e Fernando Lobo estão em plena pescaria e, neste exato momento, lamentam não ter trazido Raimundo Nogueira, o qual, por sua vez, em seu apartamento de Ipanema, fica triste por não ter ido pescar com um dia tão lindo.

(Como vocês vêem, acabo de justificar, exaustivamente, a minha despreocupação. O futuro imediato não me parece ameaçador, desde que estejamos num domingo e sejam cinco e meia da tarde.)

8.5.62

Operário comendo

Nós, da classe média, bebemos cerveja branca. O proletário, cerveja preta. Mas sosseguem que isto aqui não é poema com mensagem revolucionária. Estou contando o que vi. Éramos três amigos bebendo cerveja, ao meio-dia, no Leblon, quando apareceu o operário. Era um homem de pele escura, de quarenta e poucos anos, estatura rude e rosto sorridente. Muito simpático. Trajava calças *blue-jeans* e camisa de meia. Chamou o garçom e pediu o prato do dia. "Traga também" — disse ele — "uma barrigudinha." Isto é — cerveja preta.

O prato do dia era maravilhosamente trivial. Feijão, arroz, macarrão e carne moída. E que cheiro bom! E com que áspera fome o operário contemplava o prato, dando a entender que a saliva já lhe umedecia os cantos da boca! Ele encheu o copo de cerveja e bebeu. Passou a língua nos lábios para tirar a espuma morena. Depois, com requintada paciência, empunhando o garfo, começou a misturar a comida. Misturou o feijão e o arroz e o macarrão, deixando intato o pequeno monte de carne fumegante. Misturou devagar, olhando com doçura a comida, resistindo ao desejo de comer. Oh! Eu queria tanto ter trabalhado rudemente durante toda a manhã! Porque só a severa faina nos faz merecer uma fome tão concreta e clara.

E o operário começou a comer. Empunhava o garfo com uma elegância apropriada à natureza de seu ofício (seria pedreiro?), uma elegância diante da qual os freqüentadores do Sacha's, por exemplo, se curvariam respeitosos. Uma elegância masculina. O garfo bem seguro na mão fechada. A mão profundamente interessada naquela atividade. O corpo inteiro interessado naquela atividade. Não poderia ser de outra forma, pois ele trabalha para comer. E se as classes sociais não estivessem, hoje em dia, separadas por um ressentimento ao qual se confere, freqüentemente, o valor de um instinto, eu me teria aproximado para sugerir ao operário que lançasse sobre aquela comida um generoso sol de um ovo estrelado. Aquela fome, em meu entender, estava sendo imperfeitamente satisfeita; faltava ali um ovo estrelado, bem macio, com pouco sal. Seria lindo, operário, quando o garfo ferisse a gema, fazendo escorrer o rubro e suculento caldo.

Ele comia e bebia cerveja preta. Nós, da classe média, bebendo cerveja branca, sentíamos inveja da sua fome.

31.5.62

Declaração de amor

Quando Jânio Quadros tentou esclarecer as razões de sua renúncia, o meu desgosto foi enorme. Fiquei na situação do marido morbidamente ciumento que atormenta a esposa com perguntas eivadas de armadilhas, e que, no entanto, ao obter a confissão tranqüila do adultério por ela praticado, compreende que teria sido mil vezes preferível permanecer na ignorância. Mas o tempo passou e, ainda que Adhemar de Barros vença as eleições em São Paulo, quero declarar que já perdoei a traição... que sinto saudades... que não consegui esquecer...

Minha atenção está voltada para as eleições paulistas. Não tenho qualquer motivo ideológico para desejar a vitória de Jânio: não tenho qualquer motivo para modificar minha opinião sobre a renúncia — ainda acho que foi provocada por uma desastrosa fraqueza moral. Mas, no fundo do coração, estou torcendo pela volta ao poder desse homem magnético, misterioso, trapaceiro, brilhante, demoníaco. Alguém será capaz de esquecer aqueles sete meses carregados de emoções, durante os quais a política se inoculava em todas as coisas — na diplomacia como nas corridas de cavalos, na distribuição de condecorações como nas rinhas onde os galos se dilaceram? Dias maravilhosos! Viver, nesse tempo, era altamente emocionante; uns diziam que o Brasil ia para a esquerda, outros anteviam a nossa rendição incondicional ao Fundo Monetário Internacional: ninguém ficava indiferente, e todos queriam saber o que era que *aquele homem* estava planejando...

Naturalmente, nem todos concordarão comigo; dirão que estou exagerando. Tenho pensado constantemente no assunto e acho, sinceramente, que não se justifica esse entusiasmo e esta saudade — mas que posso fazer se entusiasmo e saudade me inebriam? Aquele marido ciumento que citei como exemplo lá em cima, mais cedo ou mais tarde, acaba implorando à adúltera que volte ao lar. Os amigos dizem: "Você está louco; aquela mulher é leviana por natureza; a sua vida será um inferno." Mas ele responde com firmeza, citando literalmente o verso de um samba do Monsueto: "Tudo isto é verdade — mas eu quero essa mulher assim mesmo."

Sim, meus leitores, a triste verdade é esta mesma: continuo apaixonado pelo Jânio. É um caso de amor; deixemos a razão de lado.

9.10.62

O escritor participante

Falava eu da minha solidão. É assim: "Eles querem que sejas moderno, de vanguarda, objetivo ou dedicado à causa revolucionária. Muito bem. Mas eles começam assassinando o teu ofício. Eles torcem as frases, mutilam as palavras ou aderem aos slogans onde a palavra fome e a palavra ódio têm tanto valor quanto a palavra dentifrício. O comportamento intelectual do propagandista é essencialmente servil. É preciso divulgar aquilo que todos já sabem. Portanto, o propagandista da esquerda é um cadáver que todas as manhãs se ergue com dificuldade do sepulcro no qual se deixou enterrar. Tu, no entanto, não és nada disso. Tu vieste ao mundo para reabilitar o ponto-e-vírgula e és o melhor amigo dos pronomes. Todos atualmente começam a escrever assim: — *Entrou em casa, fechou a porta* etc. Tu escreves: *Ele* entrou em casa, por isso os pronomes te admiram. Tu não tens medo de ser contraditório (eles, que não são contraditórios, são incoerentes) e não tens medo de ser infantil e não tens medo de errar, e depois mordes o dedo até sair sangue, e tudo isso é registrado fielmente, fielmente relatado."

"Vejam a rosa. A rosa é bela com suas pétalas, e perfumada; a rosa não serve para nada. Muito bem. No entanto, vives encantado com as rosas. O fato de que não servem para nada e que tenham vindo ao mundo apenasmente para serem rosas, eis o que te encanta. E quando dizes isso és logo acusado de alienado... Tu não sabes que a rosa é capitalista? A rosa não trabalha, não produz... A rosa é a rosa, como dizia (mais ou menos) Gertrud Stein e Vinícius de Morais plagiou num momento de genial inocência. Oh! Eles não entendem, quando dizes que és um romancista frustrado, que reivindicas para o fracasso um valor existencial idêntico ao do êxito. Assim procuras redimir cada consciência que se sente culpada. Assim, tu ajudas o teu semelhante. Quando tu dizes: hoje estou desesperado, aquele que estiver desesperado e que ouvir o que tu disseste não sentirá mais a singularidade do desespero, pois que há uma parcela de tormento em toda experiência humana. Esta é a forma pela qual manifestas solidariedade com o outro. Por isso, hoje, estou muito contente contigo."

23.11.62

O governador inquietante

Alguns mendigos são assassinados e atirados a um rio; entre eles, uma mulher, que consegue escapar da morte, mas enlouquece. Os assassinos são policiais, e justificaram o crime com impressionante honestidade, parecendo vangloriar-se de uma boa ação. Pois bem: o governador Carlos Lacerda vai à televisão e diz que o escândalo armado pela imprensa em torno do assunto tem objetivos políticos, insinuando assim que não há razão para tantas manchetes, o que coincide com o comentário de um dos criminosos: "*Eles* (os mendigos) não eram esses santinhos que os jornais estão dizendo." Assim, os assassinos e o governador falam a mesma linguagem. Alega ainda Carlos Lacerda que está isento de responsabilidade porque os homens que, em sua administração, assim agiam, foram nomeados antes de sua posse. Quer dizer que um comissário de polícia, com mais tempo de serviço do que o período lacerdista de governo, tem o direito de matar? Quer dizer que o governador só tem autoridade e só responde pelos atos daqueles que ele próprio colocou no serviço público? Neste caso, não há governador na Guanabara.

Anote-se ainda que Carlos Lacerda, cuja carreira política está ligada ao exercício do jornalismo, não se cansa de sustentar que a imprensa mente sistematicamente para prejudicá-lo. Pergunto eu então: com quantas mentiras se compeliu um presidente da República a suicidar-se? Quantas mentiras são necessárias para alguém eleger-se governador da Guanabara?

A fala de Carlos Lacerda é inquietante. Confirma a impressão que se tem, com freqüência, de que ele é hoje um homem moralmente perturbado. Como pensar de outra maneira, quando o vemos considerar satisfatória a prisão de quatro dementes, como se o restante do aparelho policial fosse constituído de anjinhos? Quem nos garante que neste momento, na Invernada de Olaria e em outras câmaras de tortura, não se esteja infligindo a morte a outras pessoas? A verdade é que, com exceção daqueles que a imprensa denunciou, e que vão responder por seus crimes, os assassinos continuam nas delegacias, penitenciárias e distritos, mas do lado de fora das grades. E agora o governador decidiu custodiá-los.

31.1.63

Jânio continua o mesmo?

Do último encontro de Otto Lara Resende com Jânio Quadros resultou um documento perturbador, que está publicado em *O Cruzeiro* desta semana. O relato é imparcial, imperturbável, dedicado a fixar minúcias de comportamento, excentricidades vocais e incidentes sem importância ocorridos numa noite qualquer, em São Paulo. Contudo, a presença magnética de Jânio contamina todas as palavras. Ei-lo novamente, íntegro, essa presença gutural que parece provir do que há de mais escuro, e potencialmente maligno na consciência coletiva. Aquilo que em Miguel Arraes, por exemplo, são verdades rudes mas confiantes — assim como é rude, mas cheio de saudável confiança, o gesto do marceneiro empunhando o martelo — aqui, em Jânio Quadros, é turvo, ameaçador, ressentido, profético e trágico. Esta é a grandeza dele, mas não estou entre aqueles que desejam *morrer sua consciência* para viver o sonho de um outro, e a pergunta que me ocorre, em meio à inquietação que me domina, é justamente esta: até que ponto a alma nacional está hoje carente de irracionalismo? Jânio Quadros, como De Gaulle, ou como Hitler, engrandece e envenena um simples quarto calorento no coração de uma grande cidade. Oráculo de um sonho obstinadamente preservado das manchas e modificações a que o tempo insiste em submetê-lo, ele anuncia fatalidades e, apelando para o que há de mais frágil em nós — o desejo carnal do aniquilamento, a nostalgia da servidão —, pretende de nós uma fidelidade de Sancho Pança. Sua disponibilidade atual, que insiste em frisar, é patética; não é a todo momento que se pode ver um furacão a serviço de calmarias...

Ele promete influir decisivamente em 1965. Mas influir a favor de quem? Sua mensagem, unida à de Brizola, pulverizaria a jovial disposição destruidora deste último ao lado de Magalhães Pinto, estaria irremediavelmente enlaçada ao otimismo triunfante e nada pressago da nova geração burguesa. Restaria Miguel Arraes (para antecipar apenas os dados tranqüilos da atualidade). Mas na Terra do Sol, onde as palavras têm um som muito claro e a esperança não é uma espera — ali, no Nordeste, onde tudo está numa altura nítida, à espera do trabalho, da perseverança e da fé diurna, como poderia vingar a promessa do amanhecer além das brumas e das paixões do momento? Ou muito me engano, e gostaria de estar enganado, ou Jânio Quadros está mais próximo do que nunca de Carlos Lacerda: ambos pregam confusamente o estabelecimento de uma ordem cujo código só eles próprios conhecem.

26.3.63

Nós e a revolução

De vez em quando a gente fica imaginando como seria a revolução brasileira, tão apregoada pelos que têm medo dela. Meu amigo Hélio Pellegrino acha que a derrocada das instituições não teria efeitos assustadores: tudo continuaria no ritmo brasileiro, bondoso, improvisado, malandro, sob o signo de Macunaíma, o herói sem nenhum caráter. Eu também penso assim, embora às vezes a capacidade nacional de resolver tudo da maneira mais pacífica me pareça como uma atitude ditada pelo instinto de sobrevivência. Se os brasileiros se deixassem levar pelas paixões irracionais, provavelmente veríamos o maior banho de sangue na história dos povos, com a agravante de que nunca mais a nossa consciência se livraria do ódio: penso sobretudo nessas brigas de família, habituais no Nordeste, que sobrevivem a gerações e até mesmo à memória do agravo inicial. Mas é bem possível que, depois da revolução, um jornal que vocês bem podem imaginar qual seja inserisse em sua primeira página um editorial intitulado: "Agora, é reconstruir!" — e naturalmente o articulista seria o nosso conhecido Augusto Frederico Schmidt... E se tudo se passasse assim, o meu futuro estaria garantido — um futuro à moda brasileira. O governo me nomearia Comissário do Povo para os Assuntos do Coração, com a incumbência de responder a cartas assinadas por pseudônimos assim: "Guerrilheira atormentada", "Camponesa desiludida"...

* * *

A avó de uma amiga minha já tem mais de oitenta anos. A neta, outro dia, disse: "Vovó, precisamos vender a nossa fazenda. Nós não cuidamos dela mesmo, a terra está abandonada, e agora me ofereceram trinta milhões à vista." A velha disse que não vendia: prometera ao filho (já falecido) que não venderia, e cumpriria a promessa. "Mas, vovó", argumentou a neta, "daqui a pouco a reforma agrária vem aí e nós perdemos tudo!" Respondeu a avó: "Não tem perigo, minha filhinha. Está tudo cercado, tudo muito cercadinho, não tem perigo!"

* * *

Ênio Silveira estava engraxando os sapatos. O engraxate era um preto quase de veludo. Ênio resolveu puxar conversa e, por mera distração, comentou: "Então, crioulo, o comunismo vem aí, hein?" O engraxate abriu um sorriso de um dente só e exclamou:

— Deixa vir, doutor, que *nóis avacalha ele*.

7.6.63

Nos bastidores da crise

Os principais episódios da crise:

— Às 17 horas, o general Osvino pediu um cafezinho. Cinco minutos depois, o general Kruel também pediu um cafezinho, mas em outro lugar. Interferindo nos acontecimentos, Pablo Neruda falou: "Puedo escribir los versos más tristes esta noche." Bilac: "Pois só quem ama pode ter ouvido." O Almino, o Albino, o Arinos, o Justino (Martins), o Adolfo (Bloch), o Alberto (Dines), o menino, o ferido, o felino, o Filinto; o Zarur e o Balbino, todos em coro, finalizaram: "...capaz de ouvir e de entender estrelas." O coronel Peralta tem medo do Otávio Malta. O Adhemar, o Oromar, o Lausimar, os Dantas — San Tiago, João e Pedro (ou Prudentinho) — e ainda o Gilmar, Bellini e Nilton Santos, Garrincha e Pelé, Pelé e Garrincha, Garrincha e Pepe, Pepe e Didi, Didi e Zagalo, Zagalo e Guiomar, Guiomar e Elza Soares, todos esses estão errados, a Lua é dos namorados.

— Às 21h36 (GMT), o Balbino, o Justino, o vespertino, o matutino, o Silvino, o sibilino e o neutro foram consultados pelo telex e também concordaram em que assim como estava não era possível prosseguir. O neutro aventou a hipótese de irmos todos para a praia. O Jango desabotoou o colarinho; o Brizola passou a mão na gola do paletó; está fazendo muito calor. Mônica Vitti, contudo, é muito alta e fina! Até parece uma garrafa de Morandi! Esdras do Nascimento publicou *Solidão em família*, um romance que comecei a ler às 17h45 (hora de Brasília). Pedrinho Müller foi tomar um copo de leite (1 COPO DE L-E-I-T-E) e lhe cobraram Cr$ 6.000,00 (seis mil cruzeiros). Por isso é que eu sempre digo que leite faz mal à saúde.

— Às 22h23 (GMT outra vez) ficamos pensando no Hermano Alves e no Carlos Castelo Branco: quantos tanques cada um possuiria a essa altura? Quantas tropas *dans la rue*? Só o tempo dirá. (Heráclito Sales, o moderado, estava tranqüilo.) Antigamente a gente dizia que já estava cansado de *ismos*. Comunismo, concretismo, surrealismo... Hoje devemos dizer: "Ora! Mas já basta de tantos *inos*." Lacerdino, Brizolino, Afonso (Almino e Arino) Vilarinho, vinho, Aymoré Moreira, Feola, e agora deu para aparecer cabeleireiro por aqui, todos querendo vender peruca às nossas distintas. Assim também é demais.

Enfim, como a confusão já está me amolando, vou descansar em Buenos Aires. Lá, ao menos, os militares estão quietos. Todos alegres, a dançar a doença de São Guido...

10.4.63

Um sonhador na política

Às vezes sinto, forte, o apelo da política. Um astrólogo vaticinou, certa vez, que serei senador aos 48 anos; em represália, deliberei morrer aos 47. Mas, fora de brincadeira, em certas ocasiões penso que o meu destino está errado e que, mais cedo ou mais tarde, vou acabar entrando num partido. Em política, as palavras precedem a ação e freqüentemente valem, em si, por um ato. Assim a vida ganha sentido. Admiro esses homens que se elevam sobre as multidões mediante uma sucessão de mentiras, ou verdades relativas; homens que estão sempre pensando em deslocar os demais das posições que ocupam. Um pedreiro é um pedreiro, está intimamente ligado à utilidade do martelo e à necessidade que o tijolo tem de se tornar parede. Um alfaiate é um alfaiate, imagem de pura harmonia quando entretido com a agulha, a tesoura e a linha. Mas um político não é coisa alguma: trata-se de um desempregado nato. Sua atividade inicial consiste em fazer crer a todos, principalmente poderosos, que possui a virtude mágica de construir o futuro. Faz-se necessário, adula, manda flores às mulheres dos maiorais, escreve cartinhas malévolas, insere notas nos jornais, comparece a toda parte, tudo para obter um emprego que não seja duradouro, e que lhe parece tanto melhor quanto mais for invisível.

O Jango, por exemplo: o emprego dele é invisível. Não se relaciona com a tesoura, nem com o martelo, nem com o tijolo, nem com a linha. Sua atividade principal consiste em botar a mão no peito quando a banda de música toca o Hino Nacional. Kennedy também vive nessa base; Kruschev também. Eles viajam nos aviões que nós compramos, moram nos palácios que nós construímos, manipulam o nosso dinheiro conforme lhes parece melhor. E nós, em vez de reclamar, aplaudimos! Quando você põe o seu voto na urna é para isso mesmo. Todo mundo reconhece a necessidade da política; logo, é preciso haver um cidadão que se intitule político e que tome conta da política para nós. Estamos tão preocupados em trabalhar que não temos tempo de pensar em política.

Outro aspecto curioso, ligado a este assunto, é que um político raramente seria capaz de transformar-se num pedreiro, enquanto nada impede que um pedreiro se transforme em político. Porque para entrar na política basta desejar e querer. Basta ter idéias, sonhos, e vontade para disseminá-las. Os grandes políticos pegam a multidão desalentada, falam meia dúzia de palavras, e a multidão se põe a sonhar.

* * *

Eu fazia essas considerações primárias depois de ler algumas páginas de um livro chamado *A Segunda Guerra Mundial*, quando meu amigo Newton Carlos comentou: "Pois é, Hitler começou numa cervejaria de Munique. Você é visto seguidamente numa cervejaria de Ipanema. Portanto, não há nada que impeça você de empolgar as massas."

Sosseguem: não pretendo largar a caneca de chope para incendiar o Reichstag. Mas que podia, podia. Ah! Isso eu bem que podia! Bastava agarrar a insensatez pela gola e dizer-lhe: "Teu nome é sublime! Tua utilidade é evidente! És o princípio da glória, do poder, da felicidade! Em teu nome esfregarei um futuro glorioso na cara das multidões!"

Mas continuei bebendo minha cerveja, como um Napoleão adolescente que imaginasse vir a ser botânico...

3.5.63

A ocupação do Catete

— Se *eles* quisessem de fato o poder — disse alguém —, a esta hora estaríamos governados pelos sargentos.

E, para mostrar como é fácil modificar os quadros constitucionais vigentes, Valdomiro contou o seguinte episódio:

— O general Lott decidira impedir Café Filho. Entre as providências cabíveis, foi designado um major para tomar conta do palácio do Catete. O major chegou ao palácio em seu próprio automóvel; desceu e se encaminhou ao sentinela postado na entrada.

— Tenho ordens para não deixar ninguém entrar — disse o sentinela.

— Eu sou o major Fulano de Tal e vim ocupar o palácio por ordem do ministro da Guerra.

— Tenho ordens para não deixar ninguém entrar — balbuciou o sentinela.

— Vá chamar o capitão — ordenou o major.

O sentinela encostou o fuzil na parede e foi chamar o capitão. O capitão chegou e a primeira coisa que fez, ao ver o major, foi bater continência. Disse o major:

— Venho do Ministério da Guerra com ordens para ocupar o palácio. Doravante, o senhor e seus comandados obedecerão ao meu comando. Por enquanto, quero que todos continuem nos postos.

O capitão obedeceu. O major entrou no palácio, procurou a telefonista e disse:

— Minha senhora, a situação é grave. O palácio está nas mãos da minha tropa. Para evitar derramamento de sangue, não faça nenhuma ligação para fora sem minha ordem expressa.

Em seguida, dirigiu-se ao salão onde estavam os generais.

— Por ordem do ministro da Guerra, considerem-se detidos.

Os generais quase desmaiaram. Um deles, porém, encontrou forças para dizer:

— Mas é impossível! Isto é um absurdo! Um major não pode prender um general! Não posso crer que o Lott tenha autorizado esse crime contra a hierarquia...

— Quanto a isso, dou-lhe a minha palavra de militar — disse o major.

— E além do mais — disse um segundo general, também refeito do choque —, não creio que o ministro da Guerra tenha as tropas na mão para apoiá-lo nessa empresa tão pouco democrática...

O major, tranqüilo, esperava. Os generais confabularam entre si e decidiram que a medida mais simples que deviam tomar era telefonar ao próprio ministro da Guerra. O primeiro general pegou o telefone e disse à telefonista:

— Ligue para o gabinete do ministro da Guerra.

— Queira desculpar — disse a telefonista —, mas tenho ordens superiores para não fazer qualquer ligação que não seja autorizada pelo major Fulano de Tal.

O general, encabulado, desligou o aparelho e falou:

— Estamos incomunicáveis, meus senhores...

— Com licença — disse o major. Pegou o telefone e disse: — Telefonista, aqui fala o major Fulano de Tal. Ligue imediatamente para o ministro da Guerra...

O general Lott estava do outro lado da linha:

— General — disse o major —, o palácio já está nas minhas mãos. Nenhuma dificuldade. O problema é que os generais resistem à voz de prisão. Dizem eles que um major não pode prender um general.

Dois segundos depois, o major disse ao telefone:

— Perfeitamente, meu general.

Desligou o aparelho, voltou-se vivamente satisfeito para os generais, e disse:

— O ministro da Guerra mandará o marechal Mascarenhas de Morais para prender os senhores.

Os generais se entreolharam. Finalmente, disseram em coro:

— Bem... Marechal pode.

17.9.63

A noite de Jango

Seja qual for a sua inclinação política, creio que você contemplou com simpatia a imagem do nosso presidente de rosto abatido e com mais alguns cabelos brancos. Jango, dizem, está dormindo apenas duas horas por dia. Um jovem amigo meu, que os Goulart viram crescer, foi convidado na semana passada para ver alguns filmes no palácio Laranjeiras. Estavam na sala de projeção a sra. Maria Teresa Goulart e duas amigas. A primeira-dama não gostou do primeiro filme: *Gente muito importante*, cuja exibição foi interrompida para dar lugar a uma película com Sofia Loren e Anthony Perkins. Às duas horas da manhã, entrou na sala o presidente João Goulart. Ficou sentado no fundo. Alguém lhe trouxe um copo de cerveja que ele bebeu devagar, sempre acompanhando o filme e em silêncio. Foi chamado ao telefone diversas vezes. Em dado momento, o mordomo anunciou que o jantar estava servido. Maria Teresa Goulart acompanhou o marido à sala de jantar, onde ele se alimentaria pela primeira vez naquela noite (eram três horas da madrugada). Meia hora depois, o casal retornou à sala de projeção para ver o final do filme, cuja exibição fora também interrompida durante o jantar. Ainda estava o filme na tela quando o presidente se levantou e saiu. Eram quatro horas da manhã e, segundo parece, tinha que conferenciar com um general. No dia seguinte, às dez horas da manhã, estaria na Fábrica Nacional de Motores, ocasião em que se verificou estarem as suas feições abatidas.

Não é homem que se deve admirar? Talvez o futuro dê razão a esse estadista de estilo tão diferente, que consegue sair das piores crises sem, aparentemente, tomar qualquer posição a favor ou contra nenhuma das correntes em choque. Embora com novos cabelos brancos.

1.10.63

A casa dividida

Psicologicamente, estamos em guerra civil. Um amigo meu que chegou há pouco do estrangeiro comentava: "A confusão é tal que você não pode elogiar alguém sem estar, indiretamente, falando mal de alguém." Duas opiniões discordantes, trocadas com alguma veemência, entre duas pessoas que se conhecem há anos, servem de estopim para que a desconfiança se generalize no recinto. Quero dizer: você está num bar, batendo papo sobre política, e de repente se vê compelido a olhar para todos os lados. Como no poema de Drummond: "O espião janta conosco." O ressentimento é o estado de espírito dominante, e todos sentem confusamente que alguma coisa pode explodir a qualquer momento. A política envenena os menores prazeres da vida, os mais essenciais e inofensivos.

Há um modo esquerdista de colher uma rosa, e um modo direitista. Já nos telefonam com vozes ansiosas para comunicar-nos, simplesmente, que pretendem ir ao cinema. Aqueles que, como nós, são sensíveis como animais, sofrem esse dilaceramento invisível como um cavalo relincha diante do mistério noturno que o cavaleiro está longe de discernir.

Aquele homem teve uma crise de nervos e foi encontrado em estado deplorável. Acabara de matar um inimigo político. O sangue da vítima ainda estava quente quando o assassino voltou a si: "Matei o meu amigo", disse ele. Tentara matar uma idéia que eventualmente se colocava no seu caminho, ameaçando o seu futuro. Assim pensava. Mas debaixo da idéia estava a carne do homem, debaixo da opinião estava o peito do amigo. Naquela mesma hora, a nação inteira parecia estar perdendo a razão. Estaremos condenados a chorar sobre as vítimas que nós próprios sacrificaremos? Esta pergunta se coloca, hoje em dia, diante de qualquer pessoa sensata. A hora é de discórdia e exasperação. Mas, enfim, é a história que se está escrevendo, e suas palavras são traçadas em linhas demasiado amplas para que uma simples consciência individual se sinta autorizada a ler o que ela nos reserva. Portanto, esta é também a hora da impaciência impotente. Hora em que a pessoa parece relegada a segundo plano.

9.10.63

Amigos desavindos

Creio que foi no bar do Hotel Georges V, em Paris, um ambiente americano cujo *barman* funciona entre um balcão de couro com tamboretes e uma prateleira na qual os cristais e vidros de bebidas se multiplicam num espelho alto quase até o teto. No salão, turistas endinheirados reunidos em pequenas mesas redondas. Nesse entardecer de princípios de março de 1964, o *barman* mal consegue disfarçar sua inquietação. É que numa das mesas estão três brasileiros, um dos quais antigo freguês da casa, escritor longamente viajado e formoso por sua doçura, sua conduta impecável de *gentleman*. Mas os outros dois — que lástima! Estimulados pelo uísque, travam uma discussão furibunda que não apenas destoa do ambiente como pode degenerar a qualquer momento em feia pancadaria. O mais veemente vive há uns cinco anos na Rive Gauche, onde conseguiu um modesto emprego de comerciário e onde se divide, estudioso, entre suas duas paixões de intelectual: cinema e literatura. O outro *sauvage* sou eu.

— Você está enganado — digo. — Cheguei do Rio há poucos meses e portanto trago notícias frescas. Volto a qualquer momento, por causa de uma mulher que de lá me telefona toda madrugada, indiferente aos fusos horários e à intratável personalidade da minha *concièrge*. Gostaria de ir ficando mais algum tempo por aqui; na verdade, não tenho a menor vontade de regressar ao Brasil nos próximos dois anos. Mas a maldita e adorável mulher telefona, telefona...

— Pois eu gostaria de estar lá na hora da confrontação, que não tarda — e, dizendo isso, o jovem nem-cineasta-nem-escritor (finalmente escolheria o cinema, e teria êxito nessa atividade), depois de rodar as pedrinhas de gelo com o dedo, lançava na boca um gole de uísque daqueles compridos, que permitem uma degustação demorada, a qual traz em si a promessa de breve fuga da realidade. (São devaneios esses que não foram produzidos na destilaria, mas sem os quais o uísque estaria entre as bebidas exclusivamente embrutecedoras.) Ele gostaria de estar no Brasil na hora da "confrontação", que a seu juízo consolidaria o poder da esquerda. Era leitor do *Le Monde*, como eu; e também do *L'Humanité*. Mas eu insistia:

— Você está enganado, Rodrigo. Você e seus *copains*, radicais *de gauche*, marcham desatinados para a derrota, iludidos pela demagogia e tangidos por um erro de cálculo de conseqüências imprevisíveis. A grande burguesia estará por trás dos militares legalistas, e estes vão esmagar o supostamente invencível dispositivo militar de Jango... Não ando a lhe servir uma previsão, muito menos uma profecia. São fatos.

Na verdade eu gostaria que ele estivesse certo. Mas como poderia um observador marginal de minha laia embarcar numa canoa furada, apenas porque todos os esquerdistas de sangue quente estão embarcando nela? A discussão exacerba-se. O *barman* veio gentilmente indagar o que se passava, pois um europeu custa a crer que dois homens possam alcançar tal paroxismo de violência verbal sem que, bruscamente, um deles puxe o revólver e comece o tiroteio. Ignorava a psicologia brasileira. O escritor amável, freguês antigo da casa, explicou-lhe em francês que tivesse paciência, dentro em pouco nos cansaríamos: depois, em português calmo e sábio, encareceu que acabássemos com o bate-boca. Foi o que fizemos e nos despedimos sem mágoa um do outro. Mais tarde, no La Coupole, jantando com uma carioca que ali estava de passagem num *tour* milionário, referi a confusão no George V e lhe assegurei que, ao menos no plano dos espíritos, a guerra civil brasileira já havia começado.

Alguns dias mais tarde, me encontrava num sítio em Friburgo. A coisa estava pegando fogo em Brasília, Minas, Rio de Janeiro, Pernambuco e Rio Grande do Sul. Ao meia-dia e meia e às seis e meia da tarde, de tamanco e bermuda, largava tudo o que estivesse fazendo (na verdade era sempre a mesma coisa: lendo e escrevendo) e ia tomar umas e outras numa tasca de estrada onde o rádio estava constantemente ligado no noticiário político. Foi lá que escutei o desmoronamento das instituições, no dia 1º de abril — uma data popularmente dedicada à mentira, razão pela qual a "Revolução" haveria de dar um passo atrás, fechando um ciclo e abrindo outro na véspera, 31 de março, conforme é do conhecimento geral.

23.1.78

O alienado

Carlinhos Oliveira fala de si mesmo como se fosse outra pessoa; e na verdade é. No dia 31 de março de 1964, ele está malocado em Friburgo, no sítio de um amigo, fugindo às conseqüências imaginárias de um desenlace amoroso. Ele a amava; ela o amava. Ele estava em Paris, ela, no Rio. Ela me telefonou: "Tudo resolvido. Estou livre e sou tua. Venha." Carlinhos largou tudo em Paris e veio. Era mentira dela. Carlinhos tantas fez que o outro entrou em cena.

Então Carlinhos está em Friburgo, só, cozinhando sua própria comida (ele que mal sabe fazer um ovo cozido), maldizendo as mulheres e, de noite, deixando entrar na sala uns sapos, que lhe fazem companhia silenciosa, asquerosa, algo hilariante, enquanto ele escreve um romance. Quando se cansa de escrever besteira, já que Carlinhos é romancista frustrado pela graça de Deus — condenado por Deus ao gesto gratuito, fragmentário, incrédulo — quando se cansa, passa ao Diário, onde deixa anotado o seu fracasso:

"Trabalhei hoje o dia inteiro e tudo corre bem. Nada do que havia planejado deu certo: os personagens fazem o que querem. Não tenho a menor idéia de para onde vai Miguel Tristão, o protagonista. Hoje, por exemplo, ele tomou um pileque do qual só tomei conhecimento quando o vi cair e depois vomitar. Agora sou obrigado a descrever o pileque, sob pena de passar por inverossímil."

O medo do que vão pensar, eis o problema do Carlinhos. Ele queria ser verossímil, mas sua própria vida não tem a mínima verossimilhança, e assim... a mulher amada insiste em procurá-lo:

"Ela telefonou ao meio-dia. Não pode vir. Virá quinta-feira, com o motorista do outro. Acho um tanto arriscado, mas em todo caso ficarei feliz. Gostaria imensamente de continuar aqui mais algum tempo, digamos um mês. Penso que em dois meses termino o meu romance."

Oh, Carlinhos, não terminarás coisa nenhuma... Mas vale, como literatura instantânea, a última frase da seção do teu Diário a que nos estamos referindo:

"Nesta noite, neste vale, cercado pelas árvores, ouvindo a voz de um rio e os gritos dos insetos, solitário nesta casa cheia de portas e janelas, tenho medo."

No dia 1º de abril, uma quarta-feira, ele finalmente toma conhecimento de que lá fora o Brasil se acha em convulsão:

"Dia nervosíssimo, em pé no armazém do Arnaldo, ouvindo o rádio. Magalhães Pinto, Lacerda e Adhemar rebelados contra Jango. Nada de jornais em Friburgo. Ao anoitecer, soubemos que Jango fugiu, Arraes foi deposto (Badger Silveira também) e Amaury Kruel, com o II Exército, ocupou a Guanabara. A esquerda parece ter cometido um erro de cálculo. Não sei o que haverá amanhã; a única coisa certa, talvez, é que a minha amada não poderá vir."

O mais alienado dos brasileiros, Carlinhos continua sua tarefa solitária, diante de um público imóvel de sapos amarelos:

"Amanhã infelizmente tenho que esperar minha amada, pois ela pode acabar vindo de qualquer maneira. Gostaria de ir ao Rio para trocar alguns dólares e comprar todos os jornais. Hoje estive quase descendo ao encontro da Revolução. Não havia ônibus e ninguém me deu carona. Parece que Jango fugiu do país e Mazzilli assumiu a presidência. O homem forte é Lacerda; ou Kruel passará por cima dele? Coincidência: tanto na renúncia de Jânio quanto na deposição de Jango, eu voltava de uma longa viagem e não sabia o que fazer da vida."

9.4.75

Abril, 1964

Sexta-Feira da Paixão, quando cheguei ao Rio de Janeiro, a tensão era grande. Sentindo que o pessoal ia brigar, fui direto a uma estação rodoviária e me mandei para o interior. Fiquei muitos dias trabalhando num livro, em completa solidão. Quando quis voltar, não havia condução: disseram-me que a coisa estava feia, os operários em greve geral e tropas em movimento por toda parte. Então continuei refugiado, escrevendo, fazendo eu próprio a minha comida e esperando. Uma vez, não faz muito tempo, um amigo dissera que eu não devia me preocupar com as conseqüências de qualquer modificação violenta na sociedade brasileira.[1] "Pessoas inteligentes feito nós", disse ele, "sobrevivem em qualquer situação." Dois dias depois, aliás, esse meu amigo explodiu a bordo de um avião; não sobrou nada: nem osso, nem dente, nem passaporte, nem sequer um punhado de cinza que eu pudesse designar com segurança: *isto* é um amigo meu. Mas as suas últimas palavras estão comigo até hoje e se afiguram um talismã nos momentos mais difíceis, quando os canhões da história decidem falar. De modo que fiquei no meu refúgio, escrevendo e esperando.

Finalmente os ônibus puderam partir, e vim ver o Rio de Janeiro. No meio do caminho, o ônibus parou e entrou um policial. Trazia um grande revólver na cintura e se pôs a fitar atentamente cada passageiro. Infelizmente nenhuma das caras lhe agradou: ele fez um gesto aborrecido e desceu. A viagem prosseguiu com os passageiros comentando esse breve incidente. Lá atrás, no último banco, alguém trazia um rádio portátil, e

[1]Trata-se do poeta Mário Faustino.

penso ter ouvido duas ou três vezes uma voz dramática dizer coisas assim: "a revolução", o "comando revolucionário", "os chefes da revolução vitoriosa". Pensei, simultaneamente, nas palavras do meu amigo pulverizado e naquele poema de Murilo Mendes que conta a história de um militar — digamos um capitão, não estou certo —, portanto um capitão que saiu de casa para fazer uma revolução, no meio do caminho encontrou um boteco, entrou e tomou um pileque dos diabos, e quando acordou a revolução já tinha sido feita e ele já era coronel. E enquanto o ônibus rolava eu me perguntava qual seria, àquela altura, a minha patente.

Já no Rio, entrei noutro ônibus e rumei para Ipanema. Uma passageira, uma senhora bem vestida, embora com poucos dentes na boca, virou-se de repente para o trocador e disse: "Eu paguei a passagem e você esqueceu de me dar a ficha." O trocador disse: "Se a senhora não está com a ficha, é porque não pagou." A mulher, furiosa: "Eu paguei sim, seu malcriado. Paguei, e você não me deu a ficha. E fique sabendo de uma coisa: daqui a pouco vou descer sem ficha e você não vai dizer nada. Entendeu?" O trocador respondeu: "Entendi." A mulher resmungou ainda um pouco e finalmente sentenciou para todo o ônibus: "O CGT já acabou há muito tempo!"

Naquela hora, fiquei pálido: se o Comando Geral dos Trabalhadores acabou, e se uma velha desdentada atemorizava um trocador de ônibus, a situação devia estar muito mais complicada do que eu pensava. Desci, comprei os jornais e fiquei absolutamente perplexo. Muitos amigos meus estavam presos, muitos outros foragidos. Por toda parte havia militares fardados e armados, e no ar havia uma certa opressão. Em outras palavras, sucedera comigo algo semelhante ao caso do capitão: a revolução já tinha sido feita e eu já era comunista... Se um humilde trocador de ônibus ousava pôr em dúvida a palavra de uma senhora idosa, porém banguela, as novas autoridades simplesmente deveriam levá-lo para uma prisão qualquer, pois estavam diante de um extremista de alta periculosidade.

Naquela tarde Ipanema estava radiosa, porém só encontrei consciências sombrias.

14.4.64

Notas sobre a hora

Um homem pode guiar um automóvel sem ter a mínima idéia de como aquilo funciona. Aprendeu determinados gestos: sabe quando deve apertar determinado pedal e quando é preciso procurar um posto de gasolina. Contudo, quando o motor falha, ele fica desamparado. Perde a intimidade com a máquina. Era ele quem conduzia o carro, mas o motor que possibilitava esse movimento obedecia a um comando anterior. A falha só poderia ser corrigida pelo comandante ou, então, pelo seu imediato, o mecânico.

É muito difícil partir desta imagem para tentar lançar alguma luz na atualidade política, mas vou tentar. Os nossos profissionais da política parecem aquele motorista. Fazem o carro funcionar por puro milagre e só quando o carro enguiça é que se lembram que debaixo do capô existe um mecanismo. Quando Jânio Quadros renunciou, alegando, entre outras coisas, que não desejava ver derramado o sangue brasileiro, o diretor do *L'Express*, em Paris, manifestou seu espanto: a juventude, disse ele, está ansiosa para morrer por um ideal. É que Jânio não tinha convicção alguma. Julgava que a Nação, ou a República, ou a Democracia, era algo que sempre havia existido. No cenário imutável, só cabia ao homem surgir, triunfar (ou ser derrotado) e desaparecer. A nação seria um pano de fundo para o drama dos indivíduos, exatamente como um automóvel obedece aos movimentos do motorista. Na hora da pane, caberia chamar o mecânico ou abandonar o veículo na estrada. O volante (o comando) passaria a quem o desejasse. Mas uma nação se fabrica com o sangue e o espírito: uma nação é um automóvel com sentimentos — um automóvel que sofre quando o motorista decide abandoná-lo.

O gesto de Jânio Quadros se repete no gesto de João Goulart, encontra um inesperado momento de verdade completa na atitude de Badger Silveira — este, pelo menos, teve a dignidade de cair de quatro! Este não sofismou: caiu de quatro diante de todo o povo — e reaparece, cheio de nuanças, na carta que Leonel Brizola enviou ao *Correio da Manhã*, para conhecimento geral.

Diz Brizola que "Deus não permitiu que medrasse o ódio no meu coração". Mas o que é que Deus tem a ver com isso? Deus não está interessado na política brasileira, de modo que não adianta responsabilizá-lo. Observe-se a semelhança das duas hipocrisias: Jânio não queria ver derramado o generoso sangue da juventude, isto é, supunha estar a juventude disposta a morrer por Jânio, e não por uma coisa mais alta cujo nome eventual seria a honra da nação; e Brizola diz que, se não guarda ódio, isto ocorre por deferência especial do bom Deus. Um verdadeiro líder falaria como um homem deve falar: *Eu não permito* que o ódio medre no meu coração. Qualquer pessoa sabe que é depois de sucumbir à paixão que se vai pedir desculpas a Deus: antes disso, o nosso livre-arbítrio tem a palavra.

Diz Brizola: "Ninguém nos impedirá de servir ao nosso povo, de defender seus sagrados direitos e de libertar nossa pátria da espoliação internacional. Seguirei proximamente para o Uruguai, onde me reunirei com minha família." Depois da bravata, a contradição. Ninguém pode impedi-lo de lutar pelo povo... de modo que, se ele vai para o Uruguai, para o ostracismo, é por livre e espontânea vontade!

O general Assis Brasil foi com Jango ao Uruguai e voltou para entregar-se aos militares vitoriosos. Acima da sua segurança pessoal, acima dos seus interesses pessoais, estavam os seus deveres para com a corporação a que pertence. O sentimento de pertencer ao Exército, em nossos militares, é mais forte do que o sentimento que têm os nossos políticos de pertencer à nação. Os militares respondem pelos seus atos, enquanto os políticos debandam, quando não oferecem em espetáculo a sua espantosa covardia.

Paradoxo trágico: nossos políticos falam muito em Deus, justamente porque não crêem em nada.

5.5.64

Carta aberta — 1

Estimado Mariano:

Você reclama, com razão, as notícias que prometi enviar regularmente ao voltar da Europa. Entretanto, mal cheguei, os governos caíram, novas leis foram promulgadas, os vencidos tiveram que escolher entre a prisão e o exílio. Fiquei paralisado. Quem está à margem de uma luta desta ordem, na qual o destino da coletividade se vê diante de duas objeções extremas, sofre uma das mais abjetas emoções de que o espírito é capaz. Aquilo parece vergonha, mas se você analisa já lhe parece medo, depois o nome é covardia. Aquilo é você se sentir culpado por não ter cometido crime algum. Para exorcizar essa desagradável impressão, você se agarra ao tempo em que a esquerda, em triunfo, lhe negava a mão — naquele tempo em que também a direita (isto, em todo caso, lhe agradava) lhe negava a mão. Discutimos este problema em Paris. Nossa amizade, recente, se fortaleceu na compreensão idêntica do drama no qual, por orgulho, nem você nem eu desejava participar. Formados ambos na escola da existência, as vicissitudes da hora brasileira nos apareciam na forma do resultado trágico de um brinquedo de crianças. Nenhum pensamento emergia sobre as escaramuças cegas do ódio. E, o que é pior, os inimigos nem sequer se conheciam. As idéias, cuja emergência basta para purificar as paixões de que são oriundas, jaziam ainda nessas regiões escuras de que emanam os gestos insensatos. No Brasil, uma embriaguez dionisíaca acometeu a esquerda — a mesma embriaguez que neste momento perturba os sentidos da direita vitoriosa. Ninguém viu a luz, apenas a cegueira mudou de dono. (Basta citar, como exemplo válido para os iniciados, o esforço que a direita faz para se livrar desse rótulo; da mesma forma, os da esquerda renegam a palavra *comunismo* com veemência só comparável à daqueles que, afinal, viriam a ganhar a guerra branca que se travou aqui.) Ainda estamos no plano da superstição: há palavras destruidoras, palavras mágicas que conferem poder a quem as pronuncia em primeiro lugar. Chamar alguém de comunista é suficiente para transformá-lo num enigmático demônio asqueroso, pertença ou não esse alguém ao Partido Comunista, à Ação Católica, ao IBAD, ao Santos Futebol Clube... Da mesma forma, alguns meses antes, alguém que fosse chamado de reacionário se sentiria inexplicavelmente atrelado aos interesses do serviço secreto norte-americano. Eis um clima capaz de entontecer qualquer espírito em busca de equilíbrio e de conciliação. Um clima que afeta a mente do homem e que, em conseqüência, aproveita unicamente aqueles que têm a consciência naturalmente turva.

Penso que alguém encontrará material de reflexão nestes apontamentos. É esta a razão pela qual lhe escrevo uma carta aberta, que prosseguirei amanhã.

13.5.64

Carta aberta — 2

Prossigo, Mariano. Certa vez, um homem magoado com outro fez a seguinte declaração: "Ele para mim deixou de existir." Caim poderia ter dito a mesma coisa com relação a Abel, mas isto não vem ao caso. No Brasil, os adversários em choque precisavam da destruição do contrário para sobreviver. Houve uma rápida escaramuça; agora, os vitoriosos dominam, os vencidos estão na prisão ou a caminho do exílio. Porém não houve purificação. A linguagem dos vitoriosos torna-se dia a dia mais irracional; dir-se-ia que o apetite deles é bem maior do que eles próprios suspeitavam. Vêem inimigos dentro dos livros, inimigos dentro das cabeças. Vêem nuanças nas convicções particulares. Fulano é católico; Beltrano se diz católico, mas deve ser comunista. Chamemos a isso a dialética do apetite: um deputado escapa ao primeiro expurgo e o segundo o encontra dialeticamente expurgável; pessoas há que escaparam a três expurgos ou mais, porém a qualquer momento podem entrar na lista; e há até a promessa de reconsideração: devolveram a liberdade ao livreiro preso por engano, talvez mais tarde devolvam a liberdade a outras pessoas presas por engano. Paira no ar a esperança de que algum dia se venha a meditar sobre se um homem como Celso Furtado pode viver em paz ou não. Tudo é relativamente provável, como é relativamente provável que determinada casa se mantenha de pé quando um terremoto estremece os seus alicerces. Tudo depende de já estarem ou não saciados os apetites que se conjugam; ou melhor, tudo depende de ser a justiça recolocada no seu lugar. O processo mais adequado para forçar a restauração da justiça consiste na denúncia pura e simples da dialética dos vencedores. Devemos recusar a nuança que nos coloca a todos à mercê de um veredicto implacável. Se o castigo se abate sobre comunistas e corruptos, que nome merecem aqueles que fizeram o castigo desabar sobre um homem como Celso Furtado, por exemplo, ou sobre um homem como José Aparecido de Oliveira, ou sobre um homem como Anísio Teixeira? Merecem um entre dois nomes, a escolher: ou são hipócritas ou são injustos; para falar claro, são hipócritas na injustiça.

Perco a serenidade, estimado Mariano. Na verdade, a dialética vigorante perturba o meu espírito. Aliás, o que gostaria de lhe dizer já foi escrito, com extraordinária clareza e dignidade, por Tristão de Ataíde, em artigo que recortei para que você o leia aí em Paris. Pensei, apenas, que seria útil definir os atos de justiça da revolução de abril (cassações, prisões, suspensão dos direitos políticos) como a manifestação de uma determinada atitude dialética, intolerável, ao primeiro exame, e altamente perigosa, pois tem o dom de transformar em delinqüentes políticos todos aqueles que, a seu capricho, merecem um quinhão do castigo que hoje se distribui a torto e a direito.

14.5.64

A visitante

Tocaram a campainha. Mandei ver quem era e me disseram que era a Política. Mandei dizer que fosse embora, porque não sou amigo da Política. A Política insistiu que precisava muito falar comigo. Abri-lhe a porta e nada lhe ofereci que se pudesse beber ou comer nem lhe permiti sentar-se, pois esta simples cortesia seria por ela recebida como um gesto de adesão. Disse ela:

— Aqui estou porque sei que você me namora de longe. Sei que a sua solidão, longe de mim, lhe é bastante pesada, tendo um nome duro: egoísmo. Aqui estou para livrá-lo desse peso.

— Não quero nada com você, Política — respondi. — Já tenho muitas dificuldades particulares, nascidas do conflito entre os meus sonhos e os obstáculos que não os deixam consumar-se, de modo que não vou perder o meu tempo a pensar em Política.

— Mas eu sou justamente o intermediário entre o sonho e o obstáculo — disse ela. — Eu sou a alavanca que abre o caminho. Penso que um convívio maior comigo lhe ensinaria a avaliar com clareza as dificuldades. Sem Política, nada se faz; e se você ainda pode sonhar, isto é uma concessão política.

— Não! — exclamei, fechando os olhos para a claridade que inundava a sala. — Não, definitivamente, não. Uma criança faminta é uma vítima da Política, e no entanto as crianças famintas sonham. Eu sou capaz de sonhar no deserto, e aliás não tenho feito outra coisa.

— As crianças famintas sonham com comida. Você examina os sonhos delas e lá estarão os símbolos evidentes da fome. A fome desorienta, envenena os sonhos. Só a Política pode estabelecer o clima no qual eles floresçam límpidos, ansiosos de eternidade.

— Mas que Política você é? — perguntei, sabendo que ela não teria argumentos para retrucar. — Afinal de contas, que espécie de Política é você? Pois me disseram que há muitas espécies de Política: umas bonitas, outras feias; umas a favor, outras contra.

— Eu sou a Política propriamente dita, isto é, a filha dileta da Liberdade. Eu sou o seu direito de falar e a sua obrigação de não ficar em silêncio. Eu sou o seu protesto contra a força, e a alegria do seu combate. Eu amenizo o seu exílio, a sua derrota: eu lhe inoculo reflexões prudentes, para esses momentos em que a vitória efêmera ameaça obliterar o seu discernimento. O meu verdadeiro nome, Justiça, parece designar algo imperscrutável e inatingível, como o próprio nome de Deus.

— Está bem, está bem. Pouco a pouco você me convenceu. Mas, sendo assim, que devo fazer? Não tenho forças, não tenho tropas, nem cargo público, nem vocação nem prática. Que devo fazer?

— Protesta! — disse ela e desapareceu.

A Política é realmente uma pessoa complicada. Onde foi ela buscar essa suposição extravagante de que eu tenha meios para protestar?

10.6.64

A mosca azul[1]

Maldita, Antônio Callado, maldita inspiração essa que o levou a indicar meu nome para a presidência da República! Pois agora estou com a mosca azul. Já não durmo, rolo na cama a sonhar com o poder. Será que o povo me aceita? E, se o povo não me quiser, será que os militares me conduzirão triunfalmente na garupa de um tanque? Não tenho preconceitos legalistas: tanto faz que o país me seja entregue na lei ou na marra, desde que fique à minha disposição.

Uma vez cingido pela faixa presidencial, tomarei duas providências iniciais. Em primeiro lugar, mudarei a capital para Brasília, pois dizem que ali há casas muito bonitas, e o clima é bom. Segunda providência: ficarei proibido, por lei, de ir a Brasília. Eu, hem. Comigo não. Quem quiser que vá. Eu por mim ficarei zanzando por aqui mesmo, inspecionando as mulheres bonitas e passeando de helicóptero. Em Brasília deixarei os meus condestáveis. Direi ao Carlos: "Você não andava doido para morar no palácio da Alvorada? Pois fique lá o tempo que quiser. Aliás, isso fará muito bem ao Rio — quer dizer, ao Rio que eu amo..."

Mandarei buscar o Juscelino, pois acho um tanto cacete viver num país que não conta com um Juscelino sequer para consumo próprio. Mandarei buscá-lo e lhe direi: "Fique aí juscelinando, ó Juscelino!"

No meu governo ninguém vai andar mexendo na casa dos outros. Se alguém, por exemplo, quiser saber o que há nas gavetas do Ênio Silveira,

[1]Resposta a texto do escritor Antônio Callado, "Lagosta e Lacerda", no qual afirmou: "Instabilidade por instabilidade, eu, por uma questão de preferência estilística, lanço a candidatura do meu caro poeta-cronista José Carlos Oliveira."

eu lhe direi que não estou no governo para andar bisbilhotando a casa alheia. Pois aprendi, na infância, que é falta de educação mexer nas coisas dos outros. No meu governo, muita gente que hoje está presa seria solta, e muita gente que hoje está solta... Bom, não continuarei esta frase. Não quero tumultuar.

Comigo a reforma agrária vem mesmo, e haverá uma festa nacional da roça, com todo mundo comendo milho, bebendo quentão e dançando quadrilha. Eu quero ver o pessoal do campo alegre, quero muitas vacas nos currais da pobreza, quero crianças saudáveis e atléticas sob o sol do meu Brasil. Quem me chamar de comunista vai preso.

Assim será, seria.

Se quiserem que eu renuncie, faço queixa na ONU. Se os Estados Unidos não me derem os dólares que pedi, ficarei muito zangado. Se a Rússia quiser se imiscuir nos nossos negócios internos, mandarei *O Globo* fazer um editorial bacana contra essa interferência. Título: "Deixa disso, ó Nikita." E se os Estados Unidos estiverem preocupados com a minha política econômica, mandarei a *Ultima Hora* publicar outro editorial: "Vamos com calma, Mr. Johnson."

Haverá eleições de semana em semana. Todo mundo será eleito: os escoteiros, os papa-defuntos, os mestres-de-cerimônia, as 10 mais lindas, as 10 mais elegantes etc. E quando todos estiverem cansadíssimos por causa do *rush* eleitoral, digo ao povo que fico. Fico aqui mesmo. Com a faixa. O cetro. No trono. Soberano. Vocês não viram que eleição cansa?

11.8.64

Agosto, 1964

Debaixo da chuva, numa noite, os três homens falavam ao povo. Numa noite, debaixo da chuva, de pé os três homens no palanque, na praça. Vestiam fardas cinzentas, os três homens, três soldados da loucura. O povo que ali estava para ouvi-los eram mulatas — cozinheiras e babás — e morenos nordestinos empregados na construção civil. Eram quinze pessoas, o povo, quinze pessoas dessas que se encontram nas praças, a uma certa hora da noite, e que manobram em silêncio e que, pelo visto, não podem ir ao cinema e não têm casa para ver televisão: ficam mesmo ali na praça, na chuva ou debaixo das estrelas, em silêncio, pensando com paciência nas dificuldades da vida. São pessoas que se agrupam quando chega o orador protestante, ou o camelô, ou o louco manso que pretende, com sandálias nos pés e um olho azul fuzilante, regenerar a humanidade. Pessoas que gostam de ver e ouvir seja lá o que for que se exiba e fale na praça.

Então chegaram os três homens e subiram ao palanque, ligaram os alto-falantes e chamaram aquele povo de quinze pessoas para ouvir a palavra nova. As quinze pessoas se agruparam debaixo da chuva, pacientes, tranqüilas, debaixo da chuva. Em seus uniformes cinzentos, os três homens foram falando, um de cada vez — falando as suas furiosas verdades. E aquilo que diziam, combinado com os uniformes que ostentavam, ocasionava uma espécie de mudança alucinante no cenário: já as três figuras não se projetavam contra um fundo de chuva e noite, e sim contra uma paisagem de ódio e loucura, judeus tangidos para os campos de concentração, canhões troando sobre colinas fumegantes, e faixas e faixas e faixas brandindo no ar convulsionado as palavras guerra, ódio, matança, destruição, destruição, triunfo e destruição. Estandartes com águias e suásticas tremulavam atrás dos três homens, atrás da chuva e da noite, como fantasmas desesperados que eles, com suas palavras, fustigassem e obrigassem a aparecer na praça, ali ficando suspensos sobre os três homens e diante das quinze pessoas que se encontram em qualquer praça a uma certa hora da noite.

"Guerra ao comunismo! Fome! Fome! Guerra ao comunismo! O povo não pode mais suportar tanta fome! Guerra ao comunismo! Fome! Fome! O povo não pode mais suportar tanta fome! Guerra ao comunismo! Fome! Fome! O povo não pode mais suportar tanta fome!"

Assim falavam os três homens, na praça, uma noite. Debaixo da chuva serena, pareciam estar sob a tempestade. Os uniformes que ostentavam, as bandeiras que jaziam murchas no palanque e as palavras que proferiam — tudo isso, combinado, produzia uma espécie de tempestade. Relâmpagos invisíveis clareavam carnificinas, fornos, crematórios, sofrimento, perseguição, injustiça, martírio e loucura. O espírito de Hitler bailava e gargalhava contra o pano de fundo de loucura e tempestade que as palavras dos três homens extraíam da escuridão chuvosa e tranqüila de uma praça, em Copacabana, Rio de Janeiro, uma noite em agosto, 1964.

26.8.64

Têmpera dura

Caiu a temperatura.
A linha dura do verão não dura dois dias.[1]
Caiu a têmpera dura de Kã.
A esperança renasce no Vietnã.
Tudo o que é duro dura menos do que aquilo que é direito.
Caindo a temperatura,
cairão as têmperas duras.
Rataplã, rataplã — no Vietnã e aqui.
Mas se cai a temperatura,
por que não cairia a linha dura?

O Camponês — Ó vida misteriosa
que não nos deixa viver!

O Marechal — Ó vida misteriosa
que me ensina a aprender!
Que, quando eu quis prender,
me obrigou a aprender.
meu filho não pode entrar na lista:
é idealista.
No entanto, já que nos tempos que correm
um prende e outro solta, e outro prende
[e outro solta,

[1]"Linha dura" era como se dominava a extrema-direita militar.

tendo em vista as divergências internas,
a vida não deixa meu filho viver.
Contudo, ele não podia entrar na lista:
é um idealista.

Seixas Dória — Fiquei preso muitos dias
e fui solto por um dia.
Na mão direita eles trouxeram a liberdade.
Na esquerda a algema.
Como se a liberdade e a algema fossem
iguais a um ovo e à sua gema.
Fui degredado
libertado
seqüestrado
e agora estou em destino ignorado."

Camponês — Ó vida misteriosa
Que não nos deixa viver!

Miguel Arraes — Quem chora não tem mais hora. Quem chora fica de fora. Ninguém lamente o meu exílio, longe dos filhos, porque há uma lei (não escrita) proibindo emoções fortes. Proibindo que os fortes pareçam humanos. Daqui de onde estou, desta ilha de Noronha — rodeado de coronhas — desconheço o que se passa no meu país. Só sei que agora é proibido chorar no meu país. *Eles* usaram as mesmas palavras minhas para fazer a nova lei. Porque eu disse a um filho homem, que chorava ao ver o pai, durante o casamento da irmã: "Meu filho, homem não chora." E eles então disseram: "Soldado também não chora." Ninguém chora, embora esta não seja uma boa hora.

O artista, procurando fugir à realidade que o cerca, pensa em materiais longínquos, recomeçando então a sua balada supostamente alienada:

Caiu a temperatura.
A linha dura do verão não dura dois dias.
Caiu a têmpera dura de Kã.
A esperança renasce no Vietnã.
Rataplã, rataplã — no Vietnã e aqui.
Mas se cai a temperatura,
por que não cairia a linha dura?

(Assim dita: dura)

27.8.64

Impaciência

Escrevo numa sexta-feira cinzenta, enquanto a temperatura cai violentamente. Estou gripado; dói-me a garganta. Mas é a minha consciência que sofre; alguma coisa está errada; alguma coisa está podre e o fedor envenena a minha consciência. Oficiais e soldados do Exército invadiram algumas residências, entre elas a do meu amigo Ferreira Gullar. Algum dia escreverei, talvez, um livro sobre esta amizade sujeita a chuvas e trovoadas, desde que nos conhecemos, há 12 anos, numa pobre pensão do Catete. Estamos ligados, Gullar e eu, por uma série de divergências irreconciliáveis. Creio que nunca, nesses 12 anos, pudemos trocar idéias ou simplesmente ficar em silêncio em torno de uma dose de uísque. Sempre foi necessário que os meus pensamentos entrassem em choque com os dele; foi sempre imperioso abrir o jogo. E, quando ele entrou na política, embora concordasse com os seus objetivos — será preciso esconder, nesta hora sombria, que simpatizo irresistivelmente com a causa socialista? — discordava em determinados pontos bastante controvertidos, como por exemplo: o direito que o indivíduo tem de ficar à margem, o lugar da arte, a beleza do nada... Desde 1961 os nossos contatos se tornaram raros; e, quando nos encontrávamos, não nos reconhecíamos. Cada um se batizara à sua própria semelhança; cada um era um outro. Minha admiração, contudo, continua intacta — pela inteligência genuína, a aguda sensibilidade, a honestidade erguida a uma altura quase brutal, que fazem de Ferreira Gullar uma das mais fortes personalidades que me foi dado conhecer.

De modo que recebo como uma bofetada a notícia da invasão de seu lar. Sua mulher, essa maravilhosa Teresa, não estava; ele também não estava. Penso então nos meus três sobrinhos, Luciana, Paulinho e Marcos, no momento em que vêem entrar pela casa adentro os emissários do tenente-coronel Andrada Serpa. A casa é revistada, alguns objetos se quebram. As crianças ali estão, atônitas, amedrontadas, temendo certamente pela sorte dos pais — como diria um psicólogo: vivenciando o abandono dos pais, como se estes houvessem renunciado a protegê-los. Isto, em Ipanema, à luz do dia e perante a consciência brasileira.

Francamente, é demais. Não posso assistir indiferente a essas indignidades. Se há torturas, e aqueles que delas são informados protestam, fico quieto, apreciando o desenrolar dos acontecimentos; paralelamente continuam em discussão os problemas individuais, morais e sentimentais da classe média, da qual desejo ser intérprete neste cantinho de jornal. Tenho uma ligação profundamente dramática com a maioria dos meus leitores. Pelas cartas que escrevem, tomo conhecimento dos problemas que os afligem — o problema da solidão, o encontro do homem com a mulher, a existência pessoal enfim — e, na medida do possível, examino apenas esses problemas.

Mas estou perdendo a paciência. Vejo que se produzem fatos constrangedores, todos os dias, e me pergunto se não será por covardia que silencio sobre eles.

20.9.64

A polícia careca

Leio que anda às voltas com a polícia política um jovem escritor de São Paulo, Jorge Mautner. Parece que ele publicou um romance intitulado *O vigarista Jorge*, e cometeu a temeridade de ser prefaciado, desta vez, pelo professor Mário Schemberg. Ora, o professor Mário Schemberg saiu há pouco do cárcere, para onde o levaram devido às suas idéias; logo, qualquer livro por ele prefaciado é um livro subversivo. Apreenda-se *O vigarista Jorge*: a ordem foi logo cumprida, e o livro, depois de examinado pelos peritos em literatura da ordem social vigente, ganhou mais um rótulo: é pornográfico.

Jorge Mautner é quase um menino. Sua literatura é justamente do tipo quase-menino, esse ranger de dentes e ausência de pontuação civilizada, esses gritos, um ódio desenfreado e, de certo modo, encantador. Assim surgiu ele aos 20 anos com *O deus da chuva e da morte*, escrito num momento de êxtase e impaciência, como quem diz: "Tenho 20 anos, sou jovem, vou morrer, li alguma coisa sobre zen-budismo e admiro James Dean e os *beatniks* e a *beat generation*, Truman Capote etc. e tal, e, e, e..." Depois disso ele veio para o Rio, a fim de ser gênio aqui, tentou trabalhar em jornal e não deu certo. Voltou para as rodinhas de São Paulo, a turma do João Sebastião Bar, juntou-se aos jovens poetas cuja referência imediata é Evtuchenko, e tudo o mais. Trata-se, pois, de um menino zangado: se lhe dessem duas bombas atômicas, ele provavelmente jogaria uma em Moscou e outra em Washington.

Quanto ao professor Mário Schemberg, pelo menos no que diz respeito à literatura e arte, é um deslumbrado. Quando os poetas e artistas plásticos do Rio e de São Paulo começaram a agitar problemas no Suplemento Dominical do *Jornal do Brasil*, eis que ele pega um avião e começa a aparecer por aqui, para trocar idéias, para seguir as experiências desde o nascimento, para ficar literalmente fascinado, por exemplo, pelas esculturas de Lígia Clark. Lígia fazia a obra e ele inseria num lugar qualquer dos seus conhecimentos científicos: ela trabalhava e ele catalogava, e eis essa nossa querida amiga, por sua vez, entontecida com tanta coincidência, espantada de ser tão inteligente, ela que é puro instinto!

São dois generosos espíritos, plenos de curiosidade. De um lado, o sábio que adere a tudo o que é novo e original, do outro lado um rapaz que se esforça por fazer algo novo e original. Que se encontrassem, era inevitável. Que o mais velho e mais sábio prefaciasse o mais novo e ainda titubeante, era louvável.

Quanto à polícia política, entrou no assunto como a cantora careca na peça de Ionesco: não tinha nada a fazer lá, e sua presença só serviu para mostrar o quanto são grotescos os seus funcionários.

17.5.65

Os americanos

Então ali estavam aqueles americanos tranqüilos, sentados em mesas de calçada, num pequeno hotel do Leblon. As duas mulheres e o homem esperavam a comida. Na outra mesa, as crianças embebiam o pão na Coca-Cola antes de comê-lo. Fiquei olhando para o homem, esse americano alto, forte, belo e sereno, e pensei que não devia mais imaginá-lo na Filadélfia, jogando beisebol no quintal, e sim numa das regiões conturbadas deste planeta. Muitos homens iguais a ele, assim saudáveis, assim bem casados com uma bela moça parecida com Doris Day, e assim tendo por filhos duas ou três lindas crianças, muitos homens iguais a ele estavam naquele instante enfrentando a floresta, o fogo, o ódio e a morte no Vietnã. Lá estavam eles, esses homens, os mais ricos do nosso planeta, e os mais saudáveis, de certo modo os mais inocentes (pois não há nada tão ingênuo quanto o conceito norte-americano de felicidade), lá estavam eles lutando ao lado de pequeninos e furiosos asiáticos de cabelos escorridos, e miseráveis, e obstinados. De um lado, um batalhão de asiáticos furiosos e do outro, um batalhão semelhante; e no meio deles, isto é, no meio de um dos grupos, esses homens altos e louros e ricos que, para estar ali, diante da ferocidade asiática, haviam renunciado às boas partidas de beisebol e aos piqueniques à beira de magníficos lagos. Por quê? Porque eram americanos. Justamente: por serem ricos, saudáveis; por terem nascido nos Estados Unidos.

Eu estava assim, olhando para ele, sem desprezo, ódio, estima ou indiferença — apenas olhando e refletindo — quando surgiram os dois meninos negros. Surgiram vindos da praia e se encaminhavam, e evidentemente, para aquela pocilga que há ali perto e onde dormem sobre o chão batido. Eles iam para aquele lugar onde há uma ladeira que escorrega quando chove, e pelo qual descem as fezes da comunidade negra. Aquele lugar que um poeta norte-americano definiu assim (não me lembro com exatidão): "Lar é um lugar que a gente anda, anda, mas acaba sempre voltando para lá." Então estavam os meninos negros voltando para o lar — a pocilga — quando viram aqueles três meninos e aquela menina, todos lindos. Os dois meninos negros não usavam camisa. Estavam descalços. Um deles tinha um rombo na calça, na parte de trás, e o outro, que pelo fato de comer pouco adquiria uma enorme barriga, fazia rolar na direção da pocilga um pneu furado de automóvel. Era o seu brinquedo: um pneu furado de automóvel. E eles então viram aquelas crianças lindas e ficaram lá olhando, com os olhos bem arregalados, fascinados, cheios de curiosidade, cheios de amor. O menino ao qual a fome conferira um ventre de guloso ficou sentado em cima do seu pneu furado. E os dois ficaram olhando. E as quatro lindas crianças norte-americanas corresponderam ao olhar, mas em seus olhos havia algo que ficava entre o medo e o constrangimento. Era ao mesmo tempo medo e solidariedade. Não estavam mais achando graça em molhar o pão na Coca-Cola. E, na outra mesa, o bonito animal masculino e as duas belas mulheres ficaram durante algum tempo contemplando a cena, todos sérios, todos constrangidos. E depois, finalmente, os meninos negros foram embora. Apenas viram, mostraram-se e foram embora. O da barriga grande logo se esqueceu do que vira, e começou a rolar alegremente o seu pneu furado na direção do seu lar-pocilga. E as crianças americanas voltaram a molhar o pão na Coca-Cola, escondendo bem no fundo da alma aquilo que acabavam de ver.

E eu pensei: "Daqui a 20 anos, se tudo continua como está, aqueles dois meninos negros poderão surgir diante daqueles três meninos brancos. Um deles talvez traga um punhal, e o outro talvez traga uma bonita granada. E os três meninos brancos talvez estejam também com armas na mão — armas mais modernas, apropriadas para os ricos. E talvez os brancos e os negros, os miseráveis e os ricos, os opilados e os saudáveis, todos aqueles que um dia foram crianças e que um dia se contemplaram nos olhos, atônitos ante a distância que separa as pessoas neste mundo, talvez todos eles acabem uns por cima dos outros, todos com os ventres furados pela faca e pela bala. Em nome de uma antiga Coca-Cola e de um antigo pneu furado! Em nome de uma camisa e de uma falta de camisa." Aconteceu domingo no Leblon. Se tudo continua como está, que é que pode acontecer domingo no Leblon daqui a 20 anos?

30.6.65

Um brinde

Então, depois de um longo dia de trabalho, eu estava bebendo alguns chopes para descansar o miolo. Estava feliz como todo animal que colocou sua força em exercício. Extenuado, no meu vocabulário, quer dizer feliz. Então uns colegas meus, jornalistas, chegaram do trabalho. Jornalista cedo em bar quer dizer que não aconteceu nada. Eles aproveitam que saíram cedo e vão todos para o convívio do bar. As respectivas famílias nunca esperam que cheguem tão cedo. Mas, então, eu disse: "Qual foi a manchete de vocês?" E um deles respondeu: "Tropas da Marinha garantem a Convenção do PTB." Tropas, Marinha, Convenção, PTB, garantia! Era um coquetel de palavras lindas na minha cabeça. Fiquei pensando no Millôr Fernandes, aquele sátiro, digo, satírico, que devagarinho vai virando profeta. É que, pouco a pouco, estamos caindo numa democracia.

Democracia! Que é afinal a democracia? Creio que é você estar bebendo no seu bar, depois de um longo dia de trabalho, e os jornalistas chegarem cedo. As tropas garantem a democracia; os tribunais eleitorais interferem quando é necessário; as pessoas mais humildes passeiam e ouvem no rádio de pilha o que se passa nas convenções. Há muitos modos de cair, como, por exemplo, ser projetado de um avião, em pleno vôo, sem pára-quedas. Mas, quando se cai de mansinho, e principalmente quando, de mansinho, se cai na democracia, então, que vivam todas as tendências em conflito! Eu não tenho palavras para explicar que este é o meu clima; desculpem, mas é a pura verdade: eu me sinto meio criança quando, de mansinho, caímos na democracia. É um processo irreversível, incontrolável, aberto ao julgamento de todos. Basta alguém tirar um trunfo do colarinho e todos, mas absolutamente todos, verão que o jogo está sendo roubado. Não se cai impunemente numa democracia.

Uma vez, o embaixador Lincoln Gordon disse uma coisa inteligente. Anotei por ser coisa rara: "Os brasileiros são tão politizados", disse ele, "que até no futebol eles fazem política." É a pura verdade. Se o Bonsucesso anuncia que pretende vender um jogador para o Inter, da Itália, as opiniões se dividem. Ninguém nunca ouviu falar no tal jogador, e muitos nem sequer ouviram falar no Inter. Mas cada qual dá o seu palpite, pelos jornais, nos botequins, nas esquinas, nos escritórios. "Que absurdo, vender o Telesco!" Ao que o vizinho retruca: "Mas é que o Bonsucesso precisa construir uma nova quadra de basquete..." E quando elegem Miss Brasil e o povo discorda do veredicto, o assunto se alça sobre todas as tragédias cotidianas.

Quantas palavras que já não se usavam: democracia, politização, eleição, opinião, povo... Aqui, nesta hora, diante do oceano Atlântico, ergo o meu copo de cerveja e faço um brinde ao fato de que os jornalistas saíram cedo do jornal.

4.8.65

Humberto está feliz[1]

Um dos meus diletos amigos, Humberto, sempre teve uma queda especial pelos hipopótamos. Lembro-me que, na noite de 29 de março de 1964, encontrei-o afobado em sua casa em Ipanema. Folheava nervosamente um livro, mascava chicletes e balançava desoladamente a cabeça.

— Que é isso, Humberto? — disse eu. — Você não me parece nada bom dos nervos.

— E é para menos? — respondeu ele. — Veja — e me estendeu o livro. Era um álbum com fotografias de hipopótamos de todos os tamanhos, idades e temperamentos. Fiquei olhando as fotos sem compreender, até que Humberto esclareceu, numa voz trêmula de emoção: — É assustador, absurdo, vergonhoso! Eu, na minha idade, ainda não possuo um hipopótamo! Temos que fazer alguma coisa!

Dois dias depois, como se sabe, ele derrubou o governo, provando mais uma vez que, na raiz de toda convulsão histórica, se encontra a insatisfação singular de um único indivíduo. E, logo depois, botava Roberto no Ministério do Planejamento, o que, em minha opinião, não tem nada a ver com o caso dos hipopótamos.

De vez em quando, essa frustração de Betinho me deixava preocupado. Afinal de contas, eu era também cidadão, o homem estava no poder e a qualquer momento poderia tomar uma decisão espalhafatosa que prejudicasse a minha própria vida, bem como aos milhões de patrícios nossos. Mas, felizmente para o país, acabo de resolver o problema de Humberto.

[1]Sátira ao presidente-marechal Humberto Castelo Branco. Cita Roberto Campos e o marechal Artur da Costa e Silva, futuro sucessor de Humberto.

Fui ontem a uma casa do ramo e, com parte das minhas economias — cinco milhões de cruzeiros, para ser exato —, comprei o hipopótamo Yong, que se encontra atualmente perto da fronteira sul do país. Feita a transação, telegrafei para Brasília:

"Betinho, palácio do Governo. Acabo adquirir prezado amigo magnífico exemplar hipopótamo apelido Yong. Favor seguir para o sul a fim de conhecê-lo. Espero ver amigo finalmente feliz."

Quatro horas depois disso, recebi por minha vez o seguinte telegrama:

"Prezado Carlinhos. Confesso amigo que hoje é maior dia minha vida. Estou seguindo para a fronteira, enfim realizado. Deixo palácio com Artur, para dedicar o resto dos meus dias a Yong. Muito obrigado presente magnífico."

Como se vê, uma parte do problema está resolvida. A outra parte, inesperada, se refere ao Artur que ele deixou com o palácio. Infelizmente, não conheço, mas sei que desde criança sonhava em ganhar, algum dia, um autêntico unicórnio. Como vocês sabem, o unicórnio é um bicho mitológico...

P.S.: A crônica de hoje é dedicada ao 1º de abril, dia universal da mentira.

1.4.66

O falso dilema

O desafio, filme de Paulo César Saraceni, é uma demonstração de revolta inautêntica e de inexperiência vaidosa de si. Vemos ao mesmo tempo um artista barroco fortemente influenciado por Luchino Visconti, um investigador das longas seqüências silenciosas apanhadas na obra de Antonioni, um Jean-Luc Godard canhoto e desajeitado, confundindo informação com discurso e impotência sexual com tomada de posição política.

Acontece que derrubaram o governo em abril de 1964 e um jovem intelectual procura encarnar em si o drama todo. O drama existe, a frustração é legítima, e quem não foi cassado nem perseguido se sente realmente um tanto canalha. Mas daí a recusar o corpo da nossa bela namorada, por sinal casada com um rico industrial...

Ela se aproxima do rapaz, os dois buscam o estreitamento de antes, mas o marechal Castelo Branco se interpõe entre eles. O rapaz lamenta: acreditava no "processo revolucionário brasileiro", hoje está decepcionado; a namorada dele é "burguesa", o amor é impossível. Alguém no meio do caminho grita que chegou a hora da "conscientização", e coisa e loisa.

Saraceni crê estar contando a história de um homem que avança resolutamente na direção de uma atitude clara e honrada. Na verdade, ele nos descreve o mecanismo pelo qual aquele que julga odiar, ama; aquele que pretende afastar-se da direita, na realidade anda fascinado por ela.

Mas a vida é tão simples, Paulo César! Não creia que seja possível salvar o mundo com uma seriedade implacável, nem que dizer "sou contra" seja suficiente para nos convencer da sua sinceridade. Na verdade, a julgar pelo seu filme, você não é contra coisa nenhuma, você não viveu drama algum. Mas está na moda assumir uma posição de esquerda, e você adere. Acho louvável a sua atitude, mas creio que no momento estamos falando de cinema...

Compreenda: paguei para ver um filme e você me ofereceu duas horas de má propaganda. Julguei estar entrando num cinema, mas não: era um comício carregado de bestialógico. Já critiquei rudemente o dramaturgo Dias Gomes por causa disso — qualquer hora vão me chamar de reacionário —, e hoje, mais uma vez, denuncio a má consciência dos intelectuais *soi-disant* esquerdistas.

É uma pressão, reconheço, uma pressão imperiosa, à qual sucumbiu até mesmo Joaquim Pedro de Andrade, em *A moça e o padre*, um filme que tinha tudo para ser uma obra-prima, não fora a intrusão da má-fé, segundo a qual um padre não é um padre, e sim um revoltado que se desconhece, e uma moça não é uma moça, e sim uma ânsia de libertação que se debate cegamente no meio da maior miséria. Para que fazer um filme sobre moça e padre, quando nos tortura outra preocupação? Ou, ao contrário, para que fingir que andamos torturados por um problema verdadeiramente angustiante, quando na verdade só desejamos fazer um filme bonito sobre o padre que encontra a moça e foge com a moça?

Hoje em dia é necessária uma quantidade incrível de coragem para ser sincero. De modo que, Paulo César, eis o nome de sua indignação: covardia.

1.5.66

Se correr etc.

Alguns amigos ligados ao Cinema Novo ficaram escandalizados com o artigo que publiquei domingo passado. Uns acharam que Paulo César Saraceni merecia um tratamento rude por causa de *O desafio*, mas que Joaquim Pedro de Andrade (diretor de *O padre e a moça*) não tinha nada com a história; outros disseram justamente o contrário. Todos, de qualquer modo, ficaram chocados com algumas expressões que usei: "má-fé", "má consciência", "covardia" etc. Antes de voltar ao assunto, esclareço que faz pouco tempo deliberei o seguinte: toda vez que um cara vier com Sartre para cima de mim, eu irei com o jargão sartriano para cima dele.

Dito isto, lembremos a advertência que Jean Genet fez aos intérpretes de sua primeira peça: "Atenção. Vamos representar tragicamente — mas vamos representar." O espetáculo é o principal. Glauber Rocha em *Deus e o diabo*, por exemplo, coloca o espetáculo acima de tudo. O resultado é um filme feérico, equilibrado entre a justa indignação e a mais adolescente alegria; um filme que Don Juan assinaria. Revolta, meus senhores, não é ressentimento; desespero não é burrice; um angustiado sincero é sempre interessante, enquanto aquele que chafurda na própria fossa não passa de um chato. E não esqueçamos o outro lado da questão: a julgar pela coesão monótona, coerência superficial e obstinação mágica dos jovens cineastas dir-se-ia que estamos vivendo sob uma ditadura de esquerda... Que é que significa "obstinação mágica"? Resposta: basta o camarada dizer "sou contra" para uma cambada de bobos achar que o filme dele é bom. Isso nada tem a ver com o módulo que orienta os filmes de Nélson Pereira dos Santos, que tem na compaixão o seu motor e o seu tempero, de tal modo que chamar *Vidas secas* de filme cristão é render-lhe uma justa homenagem, seja qual for a crença de Nélson.

Enquanto isso, no Grupo Opinião, Ferreira Gullar e Oduvaldo Viana Filho criam um espetáculo magnífico, no qual em momento algum a propaganda marca pontos contra a espontaneidade criadora. *Se correr o bicho pega, se ficar o bicho come*, é o Nordeste visto pelos intelectuais que nunca saíram de Ipanema, ou que conhecem perfeitamente a simultaneidade de experiências que faz do Brasil um país complexo. Assim é bom estar contra. A literatura e o teatro não saem humilhados, após esse mergulho resoluto no drama de que temos a má consciência. Não nos esqueçamos de que os slogans dos políticos de esquerda são a todo instante assimilados pelos da direita (exemplo: Carlos Lacerda), sem ganharem ou perderem coisa alguma. Slogan é coisa de papagaios. Todo papagaio, por definição, é honesto, mas nenhum jamais conseguiu ser sincero.

3.5.66

Assim também não

Segunda-feira à noite, no Teatro Santa Rosa, reuniram-se alguns cineastas e falaram à juventude. Contaram-me que o espetáculo era muito bonito: rapazes e moças da nova geração (mais de 300), ávidos de informação. Um deles perguntou a Paulo César Saraceni como recebera as críticas desfavoráveis ao seu filme *O desafio*. Resposta:

— A crítica mais contundente foi feita pelo Carlinhos Oliveira. Mas ele não é reacionário. Acontece que, naquela época, ele vivia uma experiência semelhante à do meu personagem, e a solução que ele deu a esse problema foi bem diferente daquela que eu apresento no meu filme. Foi por este motivo que ele não gostou de *O desafio*.

A coisa que mais me dá medo é ser mal interpretado pelos jovens. Não exijo que me apreciem, mas faço questão de que me compreendam. A restrição principal que fiz a *O desafio* foi esta: não era um filme, era um comício. Quando Paulo César me absolve publicamente, dizendo que não sou um reacionário pelo fato de não ter gostado da sua película, comprova que eu tinha razão. Ele pede para *O desafio* uma apreciação política: eu fiz um comentário cinematográfico; ele então conclui (e o diz diante de 300 jovens) que ali havia qualquer coisa relacionada com alguma aventura minha na vida real.

De modo algum me incomoda que a minha vida pessoal seja exposta num teatro e ali mesmo julgada. Creio que ainda haverá praças em que os cidadãos confessarão todos os seus pecados, erros e temores. Mas é preciso contar a verdade por inteiro. *O desafio* descreveria inicialmente a vida de Neide Lopes, a chamada Fera da Penha. Esse título: *O desafio*, tinha sido apanhado no meu livro, *Os olhos dourados do ódio*, no qual a personalidade de Neide Lopes é analisada dramaticamente, num texto de que me orgulho e que se intitula "O desafio das moças". Paulo César Saraceni pretendia nada mais, nada menos do que roubar a minha idéia, mas em tal inocência que até me deu conhecimento dessa intenção. Desistiu porque, naquele mesmo instante, outro cineasta construía uma película sobre o assassinato da pequena Tânia Maria. Mas o título *O desafio* já havia sido registrado e recebera financiamento governamental. Foi então mantido, embora o filme passasse a girar sobre uma experiência bastante diferente. Lembram-se? O intelectual pobre se apaixona pela mulher rica, a mulher rica topa a parada. *O amante de Lady Chaterley* num país subdesenvolvido. No fim, o rapaz desce uma escadaria, alguém canta uma canção e o espectador é convidado a imaginar que o herói escolheu a esperança, a luta contra a injustiça social e possivelmente a Mariazinha, garçonete pobre, mas destinada um dia a tomar o poder. Tudo no mais perfeito padrão cultural do stalinismo. Tudo cheio de mensagens, telegramas, slogans. Moral: não se deve amar mulher rica a partir do dia 1º de abril de 1964.

Mas que é que eu tenho com isso? Sempre amei mulheres pobres e lhes dei iates, castelos, cavalos de raça, colares de pérolas. Dei o Corcovado, a Lua e o Pão de Açúcar a Isabel; dei Niterói a Teresa, a ilha de Paquetá a Sônia. E sobretudo nunca vi ninguém tomando cachaça em botequim vazio, com a garrafa na mesa, nem me consta que quando querem seduzir um homem as mulheres comecem descobrindo os seios, conforme acontece no filme de Paulo César — tudo isso para dar a entender nos festivais internacionais que, no Rio de Janeiro, em 1964, os jornalistas são impotentes sexuais, suas mulheres depravadas, e a miséria em que vivem é tamanha que se afogam na mais barata cachaça que houver, no mais sórdido dos botequins.

Não estou zangado com Paulo César Saraceni; creio que tem talento e que ainda fará um filme à altura do que dele sempre esperei. Mas estou aqui bebendo um excelente Johnny Walker, com minha noiva, e espero que ele não nos ponha os dois em mais um desafio do Cinema Novo.

28.7.66

Outro país

Para nós, aqui da Zona Sul, tudo se passa por assim dizer em outro país. Temos da coisa apenas a experiência estatística: sete mortos na Baixada Fluminense. Mas ouçamos esta senhora, copeira em casa de um amigo meu, no momento em que ela pede para folgar no dia seguinte:

— Sabe, eu tenho que levar minha mãe ao hospital... Ela vai ser operada... Para chegar lá, tenho que passar por São João de Meriti... Tenho que andar um bocado... Aquilo lá anda muito perigoso... Todo dia surge um cadáver... Não posso ir para lá de noite, tenho medo...

Assim, é possível compreender os sentimentos de um operário que, após longo dia de trabalho, vê-se forçado a marchar para casa na escuridão, num lugar assombrado pela aparição de cadáveres crivados de balas e sem documentos. Alguém está matando pessoas sem nome. Por que a próxima vítima não seria ele, operário?

* * *

Enquanto isso, noutro país, há generais brigando por motivos desconhecidos. Fala-se muito em coisas que não querem dizer nada: domicílio eleitoral, convenção de não sei o quê, solidariedade a camaradas de armas... Os homens de abril arrancaram a política do coração dramático da vida. Não posso ser considerado um observador desqualificado; no entanto, o noticiário político dos jornais me parece perfeitamente incompreensível. São dramas sem carne, crises sem consistência, iras abstratas... Correrei o risco: ninguém provavelmente entenderá o que vou dizer. O mal do Brasil é que estamos dominados por uma geração que leu Anatole France. São todos racionalistas pálidos, filhos das abstrações edificantes. No fundo, o que eles precisam mesmo é de uma paulada na testa. Esta é a única fórmula universalmente recomendada para acordar os dorminhocos obstinados. Mesmo quando o general Justino Alves Bastos declara, com todas as letras, que os pobres estão cada vez mais pobres, a gente sente que os pobres a que se refere são uma quantidade qualquer de números escritos num livro necrosado por um burocrata que já nasceu morto. Falta sinceridade, eis tudo. Se eles tivessem passado pelo crivo do surrealismo — se ao menos tivessem lido com atenção os discursos de Kennedy ou as encíclicas de João XXIII, então colocariam um pouco de lama, sangue ou delírio em suas palavras. Estamos precisando de uma tragédia, mas no palco só há atores especializados em pantomimas.

20.5.66

Nara perigosíssima

O presidente da República recusa diante da nação a evidência de que há presos políticos. Motivo: dois senadores norte-americanos falaram em ditadura e prisões políticas no Brasil. Ao mesmo tempo, o Ministério da Guerra processa uma jovem cantora pelo fato de ter dito o que pensa a respeito do Exército. Nos dois casos, fica provado que os homens de abril têm medo da opinião alheia — um medo irracional capaz de conferir a cada palavra do adversário o valor de um tiro de canhão.

Sustento que o Pão de Açúcar deve ser demolido. Meu vizinho, que não gosta de mim, telefona à Polícia: "Aqui há um camarada que está querendo demolir o Pão de Açúcar." Dois minutos depois, o aparelho da Justiça se movimenta na minha direção. Ninguém se deu ao trabalho de refletir que eu havia apenas emitido uma opinião, que pode ou não corresponder à minha convicção profunda, mas que de qualquer modo não terá nenhum efeito prático, pois para demolir o Pão de Açúcar eu precisaria de uma pequena bomba atômica: ora, uma bomba atômica custa caro, e eu ganho muito pouco.

O marechal Castelo Branco não gosta que digam que vivemos numa ditadura. O presidente Lyndon Johnson vive numa democracia: a cantora Joan Baez, em espetáculo para milhares de universitários, compara o presidente Lyndon Johnson a Adolf Hitler; ninguém incomoda Joan Baez. Na União Soviética, dois escritores investem contra as instituições, zombam dos grandes escritores do passado (transformados em ídolos oficiais) e são, em conseqüência, condenados a pesadas penas. O simples fato de serem processados já era indício veemente de que não há liberdade de opinião na União Soviética. No Brasil, a cantora Nara Leão prega a supressão do Exército e por isso o Ministério da Guerra se sente ameaçado em sua segurança. Quem movimentou o processo contra Nara Leão é capaz de crer que eu sou capaz de demolir o Pão de Açúcar.

27.5.66

O presidente está jantando

Anteontem à noite, alguns policiais fardados fecharam um quarteirão em Copacabana. Estava chovendo e um amigo meu ia levar em casa sua sogra, que mora nesse quarteirão. Um soldado da PM fez o automóvel parar e declarou, visivelmente constrangido:

— Infelizmente, não posso deixar passar.

— Por quê? Aconteceu alguma coisa?

— Bem... É que o presidente está jantando no apartamento de um amigo.

— Ah... Nesta rua mora um amigo do presidente?

— Mora.

— E o presidente está jantando lá?

— Está.

— E o serviço foi fornecido pela embaixada americana?

— Foi.

— E as pratas da família foram polidas durante uma semana?

— Foram.

— Mas o que é que eu tenho com isso?

— Não creio que o senhor tenha alguma coisa a ver com isso, mas a verdade é que não pode passar.

— Raciocinemos. Está chovendo e esta senhora é minha sogra. Ela não traz a sombrinha. O senhor acha justo que eu faça marcha a ré e abandone minha sogra no meio da rua, debaixo da chuva?

— Não, não acho justo. Mas não pode passar.

— Veja esta carteirinha, por favor. Sou jornalista. Se eu passar, não haverá problema algum.

— Não haverá problema algum para o senhor, mas poderá haver para mim.

— Está bem, está bem. Em todo caso, diga ao presidente que eu lhe desejo bom apetite.

— Obrigado. Não por mim, é claro, mas pelo presidente.

Esta é uma história absolutamente verídica, apenas enfeitada com algumas informações colhidas nas colunas sociais. Diz o meu amigo que conseguiu afinal atravessar a rua com a sogra, e que pelo caminho, meditando nas medidas de segurança que envolvem os jantares do presidente, só lhe ocorreu este pensamento: "Vai ser popular assim no inferno!"

18.8.66

Irreflexão feita

Encarcerada, espancada, humilhada, violentada, engravidada, em seguida informada de que não era culpada de coisa alguma e convidada a trabalhar para o Dops como alcagüete policial, para que outras pessoas pudessem continuar sendo encarceradas, espancadas, humilhadas, violentadas... Em Porto Alegre, depois da revolução que nos livrou das ideologias exóticas, do materialismo ateu, do sistema que separa os filhos dos pais. Provavelmente não há nada mais cristão e ocidental do que encarcerar, espancar, humilhar, violentar, engravidar e tentar subornar a vítima para transformá-la em carrasco. E certamente um governo federal capaz de cassar o mandato de um vereador de Tribobó não poderia tomar conhecimento desse fato, ocorrido a 1.390 quilômetros de distância, na cidade de Porto Alegre, situada num ponto qualquer do Cinturão de Van Allen. Era tão longe que o governo federal podia, em sã consciência, afirmar à nação que não existia um só prisioneiro político em território brasileiro. O governo é inocente; pois a verdade é que não se pode acusá-lo de comunismo, único crime que existe na face da Terra.

No Rio Grande do Sul, apareceu um cadáver boiando e foi preciso dar uma explicação qualquer para isso. Mas quantos outros cadáveres desapareceram sem deixar vestígio? Quantas vítimas sobreviveram e se calaram? Quantas foram silenciadas pela chantagem? Quantas ainda continuam encarceradas? Quantas, moralmente destruídas, se passaram para o lado dos torturadores? Será que o ministro Roberto Campos não compreende que o programa de controle da natalidade fracassará redondamente se os carrascos continuarem fazendo filhos em suas vítimas? Não seria o caso de municiar os homens do Dops com pílulas anticoncepcionais?

Creio que, aqui neste canto, alguns poucos leitores procuram um minuto diário de convívio com outra pessoa, singular e inconseqüente. É o caderno das diversões, dos filmes, do humorismo. Mas às vezes a sátira nasce negra e veemente, às vezes imagino que, em vez de estar aqui brincando num jogo que nem sempre me faz feliz, como nem sempre o palhaço é feliz no picadeiro, seria melhor empunhar uma metralhadora, convocar alguns desesperados e introduzir uma perturbação irreparável nos acontecimentos. Isto me ocorre a mim, que sou pacífico por natureza e que alimento a minha alegria no núcleo do meu ser desesperado e incrédulo. Tentei inutilmente construir uma couraça que me defendesse da cordialidade e da paciência, inutilmente busquei refúgio na indignação. Parece que quase todos os brasileiros são assim. Contudo, de vez em quando me pergunto se ser brasileiro não será uma espécie de covardia.

21.9.66

Carta aberta

Zoé:

— As coisas aqui andam assim, assim. Quando faz muito calor, o serviço de meteorologia manda buscar uma massa fria na Patagônia; e quando chove e faz frio, mandam buscar massas quentes. Tudo, evidentemente, pago por nós. O governo anda distribuindo pacotinhos de feijão mexicano, com o qual, embora não se obtenha uma boa feijoada, conseguem-se fazer chicletes. Mastiga-se, cospe-se, e a vida continua.

A você que lamentava não estarmos numa democracia, tenho o prazer de anunciar que atualmente contamos com nada menos de dois presidentes, um no poder e outro esperando a vez. O primeiro foi eleito na força bruta, como você recorda, e o segundo, a pedido do primeiro, eleito pelo Congresso. Em novembro teremos eleições parlamentares diretas. Votarei em Mário Martins para senador e em Mário Pedrosa para deputado federal. Creio que é todo o estoque de Mários de que dispomos, tanto que não apresentamos um terceiro para deputado estadual.

Por causa do Mário Pedrosa, fiquei numa situação engraçada. Imagine que comprei um aparelho de televisão especialmente para vê-lo descer a ripa na situação. Toda vez que se anuncia um telecomício desse nosso velho amigo, ligo a televisão, ele aparece, fala um pouco e, antes que acabe a sua mensagem, um homenzinho ordena que o tirem do vídeo. Gastei meu dinheiro à toa, conforme você vê.

Ontem, aconteceu um fato curioso. No lado ímpar da avenida Rio Branco, um gari deixou cair a vassoura, agachou-se e se encostou numa árvore. Estava suando frio e pedia pelo amor de Deus que o levassem para casa. Descobriu-se então que esse homem ganha 102 mil cruzeiros por mês,[1] é casado, sai de casa às 3h30 para pegar o trem, trabalha 12 horas e em seguida come na marmita a comida que a mulher preparou na véspera. A comida naturalmente é pouca, está fria e em geral estragada, depois de tanto tempo guardada na marmita. Ele então come e desfalece. Não é curioso? E é ou não é uma razão, entre mil, para votar em Mário Martins e Mário Pedrosa?

13.10.66

[1]Nessa época, 1966, o salário mínimo era 84 mil cruzeiros.

Psicologia de um voto

Parecia outro país, outra gente: todos sérios, quase tristes, silenciosos, em longas filas. Chovia sem parar. Era quase palpável o sentimento que os irmanava. Viviam todos um momento solene, talvez o mais solene de suas vidas, e disso estavam compenetrados. Dizem que o povo não sabe escolher seus dirigentes; pois então cá estamos nós todos, e vamos provar o contrário. Dizem que alguns candidatos terão seus direitos políticos suspensos, caso tenham o mau gosto de vencer; problema dos poderosos: aqui estamos para exercer o nosso direito. Contra um cabeça-dura, aqui estão enfileirados 80 milhões de cabeças-duras.

Entre nós há muitos homens vividos e sem grandes ilusões. No fundo, toda política é insatisfatória. A verdade é que seria necessário reformar os homens para que estes fossem capazes de reformar o mundo. A verdade é que está tudo errado em toda a parte. Não importa: um voto é uma pedrinha; daqui a mil anos a catedral estará erguida...

Continua chovendo. O sentimento de ser brasileiro, a idéia de que ser brasileiro é apenas um desejo, uma articulação irracional na direção de um ponto qualquer existente em alguma esquina do infinito — eis aquilo que nos esmaga e nos inebria. Nos bares não há bebidas alcoólicas, mas estamos embriagados. Ah, se não tivéssemos medo do governo, que festa faríamos hoje! Se o governo não fosse tão carrancudo, e se aqueles homens do Dops sorrissem para nós apenas por um momento — agora —, choveria confete, haveria música, dança, alegria...

Quando entramos na cabina indevassável, sós com a nossa consciência e tendo em mente unicamente a idéia que fazemos do Brasil — esse país que só as gerações futuras conhecerão —, então nos invade uma emoção estranha, adulta, grave, maravilhosa. Como é bela a democracia! Como serão lindos os dias de sol, no próximo verão!

Não se pode negar que nesse turbilhão de sentimentos, de vez em quando, como o brilho azinhavrado de uma moeda enferrujada, o ressentimento faísca. Claro que estamos ressentidos. Mas é claro! Pois não estamos sendo magoados todos os dias? Não estamos rejeitados? Não há no ar uma nuvem sombria, formada à semelhança de um pai tirânico, cuja vontade é lei — um pai de antigamente, anterior a Freud? Creio que qualquer movimento humano envolve a realidade em todos os planos, os mais altos e os mais primitivos. De modo que não será exagero sugerir que na cabina indevassável — em todas elas — só havia uma pessoa: Édipo...

17.11.66

A triste verdade

A menina Senhorinha está dormindo ao relento. Ela e seus irmãos. Foram expulsos de casa pelo Instituto Brasileiro de Reforma Agrária. Todos vimos as fotos, todos lemos os fatos. Eu estava bebendo uísque escocês legítimo quando um amigo me perguntou: "Como é? Vais escrever sobre a Senhorinha?" Respondi: "Eu? Mas eu? Escrever uma crônica? Mais uma? Emocionar alguém? Ganhar dinheiro à custa de Senhorinha e seus irmãos? Não. Não." Diante desta situação extraio uma velha e sinistra verdade, formulada pelo argentino Ernesto Sábato ao saber que durante a Segunda Guerra Mundial alguém reclamou que estava com fome, e lhe deram para comer um rato — mas um rato vivo. Sábato então escreveu: "O mundo é horrível."

O espetáculo desta injustiça, mais esta em meio a tantas, o espetáculo desta injustiça particularmente abominável nos fala de algo bem maior que nós, pior que a loucura e a crueldade. Estamos em face do próprio Mal, com maiúscula. Através do Instituto Brasileiro de Reforma Agrária, é o Mal que se manifesta. Temos diante de nós a figura de Lúcifer, estas ações são demoníacas em sua origem. Aqui não se trata de política — nenhuma paixão, por mais torva que seja, justifica que Senhorinha seja expulsa de sua própria casa. Estamos presenciando algo parecido com alguém obrigar outra pessoa a comer um rato vivo. Expulsaram Senhorinha de casa e instalaram em sua casa alguns policiais. Nenhuma crônica pode ser escrita em torno desta alucinante injustiça. O Sol vai parar. As constelações vão perder o desenho em que se movimentam há milhões de anos. O Brasil caminha inexoravelmente para a destruição. Isto é o Apocalipse, meus senhores. Quando o Mal se manifesta em sua essência, quando a essência do Mal se manifesta com palavras compreensíveis a todos, sente-se que a peste já nos sitiou, nos contaminou, nos corrompeu. Enojados, afastamos os olhos do jornal. A compaixão é inócua, a indignação não tem por onde se expressar. Em Duque de Caxias, alguém ordenou:

— Tirem tudo que estiver em torno da casa. Panelas, camas, tudo, e joguem no meio da rua.

São palavras claras, claríssimas, articuladas pela voz de um ser humano. "O mundo é horrível." Sinto que me obrigam a comer um rato vivo. Sinto esta situação em escala planetária, cósmica. Estou sujo. Sinto um cansaço moral semelhante ao que levou Nietzsche ao doce refúgio da loucura. Ah! Como é doce não fazer nada, não dizer nada, esquecer, esquecer! Indiferença absoluta, absoluto cansaço moral. *Le vent se lève; il faut tenter de vivre...* Não obstante, o mundo é horrível, e me proponho saborear longamente esta constatação.

2.12.66

O inimigo hipotético

Em Santos, no momento da explosão do gasômetro, um cabo da Polícia Marítima, pensando estar diante de um ataque de terroristas, correu para a casa das armas, disposto a defender o quartel. Pois bem: ainda que a hipótese de sabotagem seja confirmada, o pensamento e a ação desse soldado autorizam uma reflexão demorada. Há consciências intranqüilas nos quartéis, em Santos como em todo o país. E a conduta do governo reflete a mesma preocupação. O marechal Castelo Branco se movimenta no cenário político com urgência e ansiedade, forjando instrumentos com os quais o seu sucessor possa lutar contra aqueles que, *seguramente*, pretenderão atacá-lo, mais cedo ou mais tarde. Em março e abril de 1964, assistimos apenas ao primeiro ato de um drama cujos lances mais importantes ainda estão por vir. Não tem outro sentido a remessa ao Congresso da nova Constituição e da nova Lei de Imprensa. Somos todos inimigos do governo, cuja filosofia — ou melhor (digo, pior), cuja psicologia é militar. Serei mais claro: não é objetivamente que o governo nos considera inimigos, mas teoricamente. Como inimigos teóricos, somos uma hipótese de trabalho. E, como a melhor defesa é o ataque, ao ver um clarão esverdeado no horizonte — que tanto pode ser a cor da catástrofe como o primeiro sinal de que a esperança triunfou —, lá se precipita o governo na direção da casa das armas. Reflexo tipicamente militar: antes de pensar em socorrer o sentinela projetado a 20 metros de distância, o cabo se orienta no sentido de defender-se de um ataque, para ele mais provável e mais real do que o fato concreto: a explosão do gasômetro.

As novas leis emanam da mesma fonte psicológica, e não creio que o marechal Costa e Silva pense de outra maneira. Isto quer dizer que a ditadura, ou que nome mais suave pretenda ter, prosseguirá rigorosa como até agora, ou ainda mais, enquanto o tema da reconciliação continuar constituindo um tabu. A mesquinharia, o ressentimento iniludível que transpira da nova Lei de Imprensa escondem um sentimento simultâneo e ainda mais perigoso. O governo tem medo. O espectro da revanche não o deixa dormir direito. Neste sentido, um homem como Leonel Brizola poderia facilmente ser enquadrado na definição de criminoso de guerra, segundo Kant. Foi este o erro gravíssimo que a esquerda cometeu, erro cuja magnitude, não faz muito tempo, considerei literalmente aterrorizado. A esquerda tornou quase impossível uma reconciliação ulterior. Esta é a nossa culpa, a qual engendrou outras culpas cuja responsabilidade o marechal Castelo Branco decidiu assumir. Também neste sentido, devemos louvar a lucidez de Carlos Lacerda ao lançar a semente da reconciliação. A alternativa, segundo penso, é simplesmente a guerra civil.

11.1.67

A volta de JK

Os jornais de vez em quando criam mistérios inexistentes. Por exemplo: Juscelino Kubitschek pegou um avião em Houston, saltou em Miami, ali entrou em outro avião e veio parar no Rio. Os jornalistas assinalam: o presidente da República e os serviços de segurança do governo não tiveram conhecimento prévio dessa chegada. Essa notícia contém a suspeita de que os nossos contra-espiões não estejam funcionando a contento. No entanto, Juscelino teoricamente não estava impedido de voltar ao Brasil. Costa e Silva nada mais fez do que dar sentido prático a essa evidência: "Se ele quiser voltar, pode vir; só não pode é falar demais." Seria dispendioso, desnecessário e ridículo vigiar os aeroportos norte-americanos a fim de telegrafar (em código, naturalmente) ao chefe do governo, no momento oportuno: "O homem já está indo." O criador de Brasília não se chama Perón; a pressão nojenta a que o submeteram, da primeira vez, forçando-o assim a regressar ao exílio, emanou de espíritos perturbados pelo medo; pelo excesso de zelo revolucionário e até mesmo pela inveja. Ficavam zangados porque Juscelino era aplaudido onde quer que aparecesse; eles que cultivavam a mística da impopularidade não podiam suportar o espetáculo da alegria popular envolvendo um reles civil, ainda por cima ex-presidente, sem falar no fato de ter sido ele o construtor daquela cidade incômoda, ainda hoje atravessada na garganta daqueles para os quais Brasília nada mais é que um glorioso desperdício de dinheiro — esse dinheiro que a administração anterior amassava cuidadosamente dentro de sacos supostamente destinados a guardar farinha de trigo, à espera do momento em que seria necessário transportá-lo em caminhões para o banco mais próximo, a fim de trocá-lo por moeda nova e igualmente estéril.

Já o presidente Costa e Silva e seus auxiliares diretos são homens... Eu ia continuar a frase, mas creio que fica melhor assim: são homens. Um homem de verdade não pode ficar tranqüilo enquanto houver um seu patrício amargurado nos lugares em que há neve, e não sol — sem feijão, sem Minas, sem tempo certo para voltar ao feijão e a Minas. Aliás, de abril de 1964 para cá, sempre me pareceu estranho que não se registrasse um único caso de consciência na equipe revolucionária. Era como se o homem cordial subitamente resolvesse mostrar sua verdadeira face: a de um oportunista em disponibilidade. Como se a ocasião tivesse bastado para fazer o ladrão.

Agora cá está Juscelino. Vamos deixá-lo em paz, enquanto esperamos pelos outros.

12.4.67

Lago em transe

"Subversão, propaganda subliminar do marxismo." Dizem que foi isso que o censor-em-chefe, Romero Lago, encontrou no filme *Terra em transe* de Glauber Rocha. Em conseqüência, o filme não será exibido no Brasil.

Vocês sabem o que é propaganda subliminar. A gente vê, por exemplo, uma paisagem, e atrás dela está escrito: *beba Coca-Cola*. Ninguém repara conscientemente nesse anúncio, mas ele se intromete nos crânios com tamanha violência que, quando o filme acaba, todo mundo sai correndo para o botequim mais próximo a fim de beber Coca-Cola. No caso de *Terra em transe*, devemos chamar a atenção das mais altas autoridades federais para os aspectos fundamentais do problema, que são:

1. Glauber Rocha tem apenas 28 anos, mas é um comunista histórico. Foi ele o único menino que participou do ataque ao Quartel de Moncada, e foi também visto e fotografado no colo de Fidel Castro, quando este entrou triunfalmente em Havana. O livrinho vermelho de Mao Tse-Tung tem esta dedicatória elucidativa: "A Glauber Rocha, inspirador da grande revolução cultural."
2. José Lewgoy, que tem importante desempenho em *Terra em transe*, não é o verdadeiro José Lewgoy. Em 1958, ou 9, o popular Lewgoy foi raptado, em Paris, por uma quadrilha internacional especializada em livre espionagem, extorsão, chantagem e homicídio. Levaram-no para algum lugar da Checoslováquia, e lá o trocaram por um falso José Lewgoy, fisicamente igualzinho ao original, porém moralmente corrompido pela ideologia marxista. Glauber

Rocha teve ciência disso, em tempo oportuno, razão pela qual colocou o farsante no elenco de seu filme.

3. Danuza Leão, estrela de *Terra em transe*, é inegavelmente socialista, tanto que vive aparecendo em colunas sociais. Dizem mesmo que foi ela quem ofereceu aos nossos subversivos o barco a bordo do qual deverão desembarcar em nossas praias, com a intenção de violar as nossas mulheres, assassinar as nossas crianças e estabelecer aqui um regime exótico. Esse barco está ancorado há algum tempo na praça Serzedelo Correia: chama-se *Le Bateau*. Além disso, Danuza prefere usar minissaias vermelhas. A cor define bem a sua inclinação política.
4. Ronaldo Bôscoli e Luís Carlos Mièle não trabalham em *Terra em transe*, o que é realmente estranho.
5. Dana de Tefé até hoje não apareceu.
6. O Botafogo emprestou Parada ao Bangu, vejam só.
7. O único brasileiro que viu o filme de Glauber Rocha é confessadamente o sr. Romero Lago, chefe do Serviço de Censura Federal. Ele próprio anunciou que o filme contém "propaganda subliminar do marxismo". Portanto, o sr. Romero Lago se acha contaminado por essa propaganda. Constitui um perigo a sua permanência na chefia de tão importante repartição. Tiremos o lago da Censura para jogá-lo, se possível, no lago de Brasília!

20.4.67

Glauber em transe

Estou seguramente informado de que os funcionários do Dops carioca ficaram enciumados quando souberam que os censores federais haviam descoberto um filme comunista. Sentiram-se expostos ao ridículo ante as diversas polícias de nossa pátria; chegaram a pensar na suspensão do funcionário encarregado de se infiltrar nos meios cinematográficos. Esse homem, sinceramente aborrecido, propôs uma reparação moral:

— O autor da fita — disse ele — neste exato momento está arrumando os papéis que lhe permitirão viajar para a França. Se vocês quiserem, eu posso interrogá-lo.

— Excelente idéia — respondeu o chefão. — Mas eu quero um interrogatório completo, longo e malicioso. Não podemos deixar os comunistas à mercê da censura, que proíbe mas não prende.

Dez minutos depois, Glauber Rocha começou a ser interrogado. A coisa durou três horas. Mais tarde, o próprio autor de *Terra em transe* reuniria alguns amigos para contar como foi o negócio. Disse ele que o policial fez questão de lhe dar o tratamento de doutor.

— Dr. Glauber, não se assuste... Isto aqui é uma repartição do Dops, mas nós não espancamos, não torturamos ninguém. Essas histórias de tortura são intrigas da oposição... Nosso problema é unicamente estabelecer a verdadeira identidade das pessoas, descobrir o que pensam e de que modo pretendem destruir a ordem vigente. Então, dr. Glauber, eu gostaria de saber: "*Terra em transe* é realmente um filme comunista?"

— Bem — disse Glauber. — Os censores lá em Brasília acharam que é. Eu acho que não é. Lá em Brasília eles disseram que o meu filme faz propaganda subliminar do comunismo. Então eu fico imaginando onde é que eles foram descobrir isso. E chego à seguinte conclusão: como Danuza não diz uma só palavra durante todo o filme, é possível que o silêncio dela signifique uma palavra de ordem subversiva. Qualquer coisa como "proletários do mundo inteiro, uni-vos!", Mas em silêncio, entende? Subliminarmente...

— Cuidado com as ironias, dr. Glauber. Aqui, só quem tem direito de fazer ironia somos nós. Eu estou interessado em saber quem é que financia os seus filmes.

— Bom, temos o produtor, que é quem dá o dinheiro.

— Mas quem é que dá o dinheiro ao produtor? Moscou? Pequim? Havana? Mao Tse-Tung assinaria *Terra em transe*? Ou repudiaria, por ser uma fita muito soviética? Hem?

— Mao Tse-Tung eu acho que não assinaria, porque é um filme brasileiro a respeito de um país imaginário. Uma obra de arte, entende?

— Entender, eu entendo. Mas acontece que isto aqui se chama Dops. Tenho que descobrir quem é comunista, do contrário perco o meu ganha-pão.

Depois disso, Glauber Rocha foi deixado em paz. Pegou um avião, desceu em Paris e já telefonou avisando que vai ficar pelo menos um ano por lá. Vocês não podem imaginar como é bela a França!

25.4.67

O Itamaraty e eu

No comentário que fiz sobre o banquete em homenagem a Gilberto Amado, anotei minha impressão pessoal (excelente) sobre o presidente Costa e Silva. Tanto bastou para que Hélio Fernandes, entre sincero e sarcástico, sugerisse a minha nomeação ao cargo de adido cultural em algum país de língua inglesa ou francesa. Por coincidência, eu já havia combinado comparecer ao encontro do chanceler Magalhães Pinto com cronistas da cidade, dentro do programa de aproximação do Itamaraty com o povo.

Tanto bastou para que amigos sinceros, e outros nem tanto, ligassem as duas coisas e concluíssem, em primeiro lugar, que tinha fundamento a informação de Hélio Fernandes sobre meu súbito prestígio na presidência, e em seguida que o encontro com o chanceler seria decisivo para a realização das minhas possíveis ambições...

Certa ocasião, os surrealistas de Paris investiram ferozmente contra Paul Claudel, a quem faziam uma restrição principal, que para eles teria valor de axioma: "Não se pode ser ao mesmo tempo poeta e embaixador da França." Discordo, mas isso não tem nada a ver com a presente história.

Há numerosas tarefas que me sinto capaz de cumprir com razoável eficiência. Mas, por mais que me esforce, não consigo me imaginar na pele de um adido cultural. Para começo de conversa, uso uma barba horrível, a qual faz medo às criancinhas e me torna singular entre as figuras do grande mundo político e social. Isso para não falar nas minhas sandálias franciscanas, às quais não renunciaria por dinheiro algum. Um adido cultural, mesmo que não seja um bom adido cultural, tem 50 pontos de vantagem quando a sua aparência exterior entusiasma as mulheres e faz dele um igual dos senhores que usam belas gravatas, unhas polidas, sapatos reluzentes. Esses senhores não se parecem comigo.

Sugiro, pois, se é intenção do governo brindar-me com um cargo no exterior, a minha nomeação para o posto de adido cultural em Greenwich Village, onde está a população dos meus iguais — beatniks, poetas desempregados, vagabundos com olhar profético, cidadãos de um mundo subterrâneo, revoltado, brilhante, desesperado, *gauche*, frustrado, sem futuro nem fé de espécie alguma...

Quanta movimentação cultural eu poderia empreender! Por exemplo: promoveria no Rio de Janeiro um happening-monstro à base de LSD e marijuana, ao mesmo tempo que algum brasileiro pronunciaria, em Nova York, uma conferência sobre a maconha e suas conseqüências.

Os estudantes americanos que protestam contra a guerra no Vietnã seriam trocados pelos colegas brasileiros que lutam contra a aplicação de métodos anticoncepcionais exóticos no Norte do Brasil. Nara Leão ganharia uma bolsa de estudos em Nova York, e Joan Baez viria cantar no largo do Boticário, com direito a retrato de Augusto Rodrigues e outros privilégios.

Ipanema e Greenwich Village dar-se-iam as mãos, formando uma vanguarda internacional ansiosa pelo fim da moral burguesa e de todas as tradições que nos foram transmitidas pelas velhas gerações...

16.5.67

O ministro e a navalha

"Vou chamar a Tônia Carrero e eu mesmo vou ler a peça para ela. Não creio que ela tenha coragem de dizer as coisas que aí estão escritas."

São palavras atribuídas ao ministro da Justiça, Gama e Silva. Ele se refere à peça *Navalha na carne*, de Plínio Marcos. Primeiro, o chefe da Polícia Federal, coronel Florimar Campelo, proibiu que a *Navalha* fosse representada em sessão particular, promovida pelos amigos do autor e partidários da livre expressão do pensamento; depois, a nossa bela e corajosa Tônia pediu ao sr. Gama e Silva que liberasse a peça, pois pretendia encená-la na íntegra e para quem estivesse interessado em conhecê-la.

Não me consta que o atual ministro da Justiça seja uma pessoa particularmente indicada para receitar a espécie de literatura que devemos consumir. Nunca ninguém o viu no teatro, e o último livro que leu, *Torturas e torturados*, aborreceu-o de tal modo que ele mandou apreender a edição inteira. Isto para não falar no caso de um cidadão que cometeu a temeridade de publicar um artigo sem antes recorrer às luzes de Sua Excelência, motivo pelo qual se encontra agora numa ilha distante, a 300 quilômetros (nado de peito) do Recife.

Essa estranha decisão, ou ameaça, de ler em voz alta uma peça para a atriz que pretende representá-la, apresenta dois aspectos interessantes. Em primeiro lugar, Gama e Silva pretende constranger uma delicada senhora, ministrando-lhe reservadamente, à maneira de um sermão, as palavras contidas na obra de um escritor que certamente não esperava ir parar nas mãos de semelhante intérprete. Seria um raro exemplo de plágio misturado com coação moral: onde o autor diz *Ora bolas!*, o ministro diria *Ora Bolas!* com outras intenções. É claro que ele sabe muito bem que Tônia já leu a *Navalha na carne*, e talvez não ignore que certas expressões, ditas no palco e dentro de um contexto dramático propício, nada têm a ver com as mesmas expressões escritas nas paredes de um lavatório.

O segundo aspecto interessante, em tudo isso, reside na revelação de uma certa psicologia muito em moda desde abril de 1964. O ministro deseja ler em voz alta, saboreando palavra por palavra, o texto que não entregará à apreciação do público. Pois bem, nos bons tempos em que era permitido transformar feiticeiras em churrasco, vamos encontrar nos inquisidores a mesma complexidade psicológica. Estes se debruçavam com desmedida curiosidade e extraordinário conhecimento do assunto sobre as suas futuras vítimas, interrogavam-nas com a perícia de velhos especialistas em luxúria. Em outras palavras: transferiam para a realidade aquilo que já turbilhonava em suas cabeças, por força da profissão que exerciam e dos deuses a que deviam servir.

Vivemos num tempo em que o demônio, já não podendo possuir corpos e almas, se refugia nos livros. Mas nem por isso deixa de ser demoníaco, de modo que o destino natural desses livros seria a fogueira. A menos que seja possível confiná-los também, em lugares que não recordem o fogo pela feliz circunstância de se encontrarem rodeados de água.

9.8.67

Durante

Na redação, uma hora e meia da tarde, segunda-feira, 1º de abril. Até agora não aconteceu nada. Sabe-se, contudo, que um operário foi metralhado em Goiânia. (Estou voluntariamente impreciso, sujeito a desmentidos, à mercê de boatos. Quero pegar o clima, o que há de subjetivo no momento.) Entra um fotógrafo anunciando que viu trincheiras e barricadas na Zona Norte. Um repórter comenta que Johnson[1] já não é candidato à reeleição. Outro informa que é excelente o moral do repórter brasileiro, correspondente da revista *Realidade*, que perdeu a metade da perna ao pisar numa mina, no Vietnã.

Entra um redator, abre uma janela, diz gravemente:

— Este país tem realmente algo de sobrenatural.

O sobrenatural que ele nos mostra é a chuva que desaba sobre a avenida Rio Branco.

— De acordo com as informações, está chovendo em quase todas as cidades nas quais poderia haver agitação hoje à tarde...

Alguém graceja:

— Foi o Negrão[2] que mandou chover, para diminuir em noventa por cento o entusiasmo dos estudantes.

Um amigo meu, de passagem, pergunta:

— Você já esteve na Cinelândia?

— Ainda não. Como é que está?

[1]Lyndon Johnson, presidente dos Estados Unidos.
[2]Negrão de Lima, governador do então estado da Guanabara.

— Está uma praça de guerra. Um quadrado de capacetes azuis. Ninguém pode atravessar.

A chuva cria problemas sem relação com a política. Molha por igual estudantes, agitadores, soldados.

— Deus é brasileiro, e da linha moderada — comenta o redator.

A tarde avança. A tarde que se prometia agitada, com violência nas ruas, avança agora mais calma, quase frustrada. A ameaça que paira sobre nós é terminarmos o dia com derramamento de água...

— Este país tem realmente algo de sobrenatural — repete o redator.

O golpe ou revolução de 1º de abril de 1964 completa quatro anos sem festa, com o cadáver de uma criança atravessado entre ele e os corações sensíveis. Um espanhol grandalhão, simpático e tagarela, me garantiu há dias que essa agitação estudantil em Varsóvia, Praga, Brasília, nada disso será comparável à grande lição que os estudantes espanhóis darão ao mundo, mais cedo do que se espera.

Assim, é pensando nos estudantes espanhóis que me preparo para ver todas as coisas que vão acontecer — ou não — na Cinelândia.

4.4.68

Depois da violência

Depois de um banho de entusiasmo e violência no meio da juventude, segunda-feira passada, alguns intelectuais já idosos pareciam garotos felizes, ferozes, em contato direto com certa verdade que andavam buscando há muito tempo. O mais velho deles, pensador político profissional, explicava por que andara da Getúlio Vargas ao cemitério São João Batista sexta-feira e por que ia de um lado a outro na maior e mais comovente disciplina:

— Na hora da ação, eu cumpro ordens. Mandam eu ficar num lugar, eu fico. Mandam eu andar, eu ando.

Outro descrevia o momento em que alguns soldados da Polícia Militar avançaram para a Assembléia Legislativa:

— Ia ser um massacre. A Assembléia foi fechada apressadamente. Os homens pareciam loucos, pareciam embriagados.

Uma garota loura contava como fora apanhada pelos homens do Dops, metida numa camioneta e mais tarde exaustivamente interrogada, além de espancada. Era um depoimento plausível, mas naquela altura parecia difícil acreditar em alguém que não fosse velho conhecido. A história da moça embaraçou os seus ouvintes. Mentira? Alucinação? Verdade?

Uma outra, também muito criança, mas morena, era carinhosamente chamada de "guerrilheira" pelos homens maduros que vêem essa mocidade realizar na avenida as idéias que eles formulam. Naquele grupinho, como na Cinelândia enfurecida, a impressão que se tinha era a de um Brasil dividido em dois — o Brasil dos que mandam e o Brasil dos que não querem ser mandados. Senti fisicamente a idéia de que o povo se encontra na clandestinidade.

— Que é que nós vamos fazer agora? — era a pergunta geral.

— Agora vamos seduzir a tropa — sugeriu alguém. — Vamos imprimir folhetos e distribuir nos quartéis. Assim: "Soldados! Nós não temos nada contra vocês. Queremos que os soldados voltem aos quartéis e que o governo seja devolvido aos civis."

Nesse instante soubemos que os fuzileiros navais tinham ocupado a ABI e então me ocorreu que ali eles poderiam passar a noite jogando sinuca pois não se faz outra coisa na ABI. Os jornalistas veteranos se reúnem, almoçam, batem papo e jogam sinuca. Que é que os fuzileiros podem alegar contra isso?

E lá se foi a noite plena de notícias, manchada de sangue. As tropas do Exército estavam ocupando a cidade. Fomos dormir.

5.4.68

Diário da avenida

Sexta-feira, no início da tarde. Paira na avenida Rio Branco um nervosismo que é quase uma película. Os estudantes revoltados já conseguiram uma pequena mas expressiva vitória: novamente o comércio fechou, e os escritórios são apenas janelas nas quais se debruçam os funcionários curiosos.

A segunda vitória, os estudantes a ganharam do aparelho de repressão — e de mão beijada. Os cariocas amanheceram hoje com as mãos trêmulas; no café-da-manhã, os jornais lhes serviram fotografias hediondas. Moças e rapazes deitados de bruços, com a cara enfiada na grama; moças forçadas a andar de quatro diante de insolentes soldados da PM; dezenas de estudantes encostados a um muro e com as mãos segurando a nuca, ou na mesma atitude, mas deitados de bruços. Tudo isso lembra uma fotografia que escandalizou o mundo no Natal de 1962, quando se revoltaram os presidiários da Lemos de Brito, na rua Frei Caneca; fotografia essa que, por sua vez, evocava irresistivelmente o nazismo.

Resultado mais do que lógico: hoje, o povo na avenida está vaiando violentamente os choques da Polícia Militar que por aqui passam em alta velocidade. O povo tomou partido; baderna por baderna, violência por violência, a dos garotos é mais simpática.

Interrompo a crônica para ir à janela da redação. Há um tumulto na esquina da rua da Assembléia. Formada por jovens e por cidadãos de várias idades, a multidão se dispersa em todas as direções. As nuvens de gás lacrimogêneo sopram na janela, todos nós choramos.

Um fotógrafo me oferece um pouco de bicarbonato, para molhar e passar em torno dos olhos. Um repórter que vem da rua pergunta se alguém conhece Luís Carlos de Morais Sarmento. Eu conheço. "Acaba de ser baleado na Graça Aranha", diz ele. Espero que essa notícia não seja confirmada.

Outra confusão na avenida. Volto à janela. Umas vinte bombas de gás lacrimogêneo foram lançadas desde o edifício Avenida Central. A multidão refluiu para as ruas transversais. Na avenida deserta, cinco carros do Dops passam em alta velocidade na direção da Getúlio Vargas. Outra vez o gás me queima os olhos. Uma colega me oferece limão para cheirar.

Meu problema atual é ver de perto todos esses acontecimentos, porém sucede que estou meio chumbado, e o médico me proibiu de fazer esforço. Não posso, por exemplo, correr. Então estou liquidado, hei de ficar aqui à espera de que tudo passe. A menos que mande a minha presente mazela para o inferno.

Enfim, irmãos, seja o que Deus quiser. Bom fim de semana para vocês — se é que haverá fim de semana.

22.6.68

Movimento

Estávamos todos no meio da garotada. Éramos dezenas de milhares. Cada qual havia trazido o seu próprio corpo para com ele ocupar a Cinelândia. Um rapazola de olhos brilhantes dizia a uma guria de minissaia: "Olha lá o Vladimir." Então, nos olhos da garota, aparecia também um brilho especial, e ela procurava, por cima de um chão de cabeças, os homens que estavam de pé numa das sacadas da Assembléia Legislativa, junto da escadaria.

— Ah, é aquele barbudo? — a moça perguntava.

— Não — respondia o rapaz. — É o outro, ele está ao lado do barbudo. É aquele de terno azul-marinho e com o laço da gravata afrouxado.

Naquele instante Vladimir Palmeira estava organizando as emoções dos seus liderados. Sempre que queria falar, gritava: "Pessoal!", enquanto com um gesto de mão impunha silêncio. E falava que ninguém estava ali apenas para bater palmas, e perguntava se todos prometiam marchar em ordem, sem cometer violências. E todas aquelas dezenas de milhares de pessoas, para ouvi-lo melhor e mais longamente, começavam a sentar-se no asfalto e na calçada.

Depois disso fomos todos de braços dados pela avenida Rio Branco, na direção da Candelária. Era uma festa: era algo mais bonito, mais vibrante, mais importante que um Vasco-Flamengo no Maracanã. A chuva de papel picado descia dos edifícios solidários. Nas calçadas da avenida, a massa flutuante do povo indeciso nos contemplava com expressão sombria, ou sorridente, ou encabulada. E nós lhes gritávamos que viessem também para o seio da multidão organizada para o protesto democrático; e muitos aderiam, enfiavam um braço em qualquer outro braço e seguiam conosco.

A nossa espessa formação de pessoas seria uma gota d'água no oceano da brasilidade amorfa, humilhada, sem destino. Mas essa inferioridade puramente numérica estava amplamente compensada pela qualidade de cada manifestante: éramos a consciência. Os estudantes em maior número, mais desembaraçados e entusiasmados; e os jornalistas, e os artistas de teatro, os compositores e os cantores, e os artistas plásticos, e os padres e as freiras, e os professores em pé de igualdade com os seus alunos. Naquele instante, os operários estavam conformados nas suas oficinas, à mercê da avareza seletiva do Estado e esperando, por simples hábito, a palavra de ordem dos seus líderes castrados. Palavra de ordem que, se fosse formulada, seria assim, sucinta e horrível: "Quietos. Todos quietos."

Na avenida, ao contrário, a juventude pregava e produzia o movimento, arrastando em sua esteira as próprias mães e os mestres. Esses jovens merecem todo respeito, eles não querem entrar num mundo que não tem saída, desejam viver heroicamente. Já não se preocupam em ganhar muito dinheiro, indiferentes à miséria alheia: querem saber onde é que anda a justiça. Numa palavra, eles querem denunciar a mediocridade de uma nação que se diz cautelosa e disso se vangloria, quando na verdade está enterrada até o pescoço na covardia.

28.6.68

Oração aos pombos da Cinelândia

A cidade amanheceu com todos aqueles soldadinhos de fardas verdes batendo papo sobre as verdes colinas do jardim do Aterro. Em alguns viadutos também havia soldadinhos, descuidados sob o céu grisalho, trazendo a tiracolo os seus fuzis e as suas baionetas.

Em torno dos templos burocráticos, outros tantos soldados, mais idosos e com fardas diferentes, passaram o dia inteiro impedindo a invasão.

Tudo isso era muito divertido, muito bucólico — essa guerra de brinquedo, sem tiroteio nem inimigo.

A finalidade era impedir que os estudantes se manifestassem em praça pública.

É certo que os estudantes, intelectuais, artistas, quando se reúnem fazem uma balbúrdia dos diabos, com todos aqueles líderes pedindo a derrubada da ditadura, todos aqueles automóveis paralisados na avenida, todos aqueles rapazes escrevendo slogans nas paredes, com tinta difícil de apagar.

É certo. Mas também é certo que estamos vendo uma geração crescer na clandestinidade. Inconformados, rebeldes, impacientes, incompreendidos, os jovens estão organizando uma subsociedade, ou sociedade marginal, aguerrida com relação àquela que nós conhecemos e na qual nos deixamos inserir porque sempre fomos verdadeiros patetas; uma sociedade — e isto é que interessa — extremamente bem organizada. Mais até que uma sociedade: uma cultura. Tem linguagem própria, ideologia própria, ritos próprios, símbolos próprios, hierarquia própria e objetivos próprios. Que belo material humano estamos jogando na clandestinidade!

No seu princípio, essa sociedade é um fato histórico de grande significado. Ela eclode no coração das moças, quando estas, trocando a família pela universidade, descobrem que estão emancipadas. Estão livres. O mundo segregado de dez anos atrás já desapareceu, a igualdade entre os sexos se afirma num passe de mágica. Papai e mamãe estão por fora.

Em seguida, a distribuição das tarefas: você vai escrever coisas nas paredes, você vai angariar dinheiro, você vai fazer discursos, você servirá de contato com o partidão e os padres, você que sabe judô ficará na turma da segurança, e assim por diante.

Compreenderam?

É com esta matéria-prima que se constrói uma nação. Pois bem, eles estão aí dando sopa enquanto nós, desdenhosos, procuramos transformá-los numa corja. Eles — os vossos filhos, os vossos sobrinhos, os vossos netos! O futuro que vós mesmos elaborastes em vossas sucessivas e resfolegantes fornicações!

Porventura vos tomais por uma pílula de efeito retroativo?

Todos aqueles soldadinhos, todas aquelas baionetas... Tudo para forjar uma geração na clandestinidade — e, em conseqüência, preparar cuidadosamente a vossa própria destruição.

Adultos — ministros, deputados, senadores, juízes, industriais, comerciantes, militares, médicos, jornalistas, professores, advogados! A vossa imprudência é suicida.

7.8.68

O pai e o filho

— Papai, por que o povo está tão zangado na praça São Venceslau?

— O povo, meu filho, é muito ingrato. Nós fazemos uma revolução para ele, damos trabalho, comida e roupas a ele, e como recompensa o povo vem para a praça e começa a vaiar a gente.

— Papai, quem é a gente? Nós não somos o povo?

— Nós somos os dirigentes do povo. Sem nós, o povo se desorganiza e os malditos capitalistas voltam para cá.

— Como é que são os capitalistas, papai?

— São homens que só pensam em dinheiro. Só pensam em invadir a Tchecoslováquia, a fim de explorar as nossas riquezas e o nosso trabalho. São pessoas que violam mulheres e escravizam as criancinhas.

— E os comunistas?

— Os comunistas são todos aqueles que confiam na liderança internacional da União Soviética. A União Soviética é o pai do povo.

— Mas então o povo está brigando com o próprio pai?

— É isso mesmo. Querem liberdade. O povo é o inimigo número um do povo.

— Como é que é a liberdade, papai?

— Liberdade é você dizer qualquer besteira que te passe pela cabeça. É escrever e publicar qualquer porcaria que te dê na telha. Se você acha que o comunismo não é tão comunista assim, e o diz publicamente, isso é liberdade. Idealismo pequeno-burguês.

— Então, devemos combater a liberdade?

— Sim. Para que o povo seja verdadeiramente livre, é necessário combater a liberdade. Porque só há verdadeira liberdade se a liberdade estiver firmemente controlada pela cúpula do Partido. Nós, meu filho, somos marxistas-leninistas; não podemos viver sem um inimigo, pois isso não é dialético, e não sendo dialético não será marxista-leninista.

— Quem é a cúpula do Partido?

— A cúpula do Partido são os patriotas que zelam pela produção e que reprimem aqueles que dizem que a produção não está sendo satisfatória. Temos que buscar o inimigo do povo no seio do próprio povo. Se você escreve uma história com final sombrio, você deixa de ser povo e passa à categoria de inimigo da classe operária. As histórias só acabam de forma sombria nos países capitalistas, porque refletem a decadência desses países e a inexorável destruição de seu sistema social pela classe operária em luta. Depois passamos para a fase socialista, e aí todo mundo fica feliz. Quem não ficar feliz vai ter que trabalhar num campo de concentração.

— Papai, quem é que fabrica as bombas de gás lacrimogêneo?

— Tudo é fabricado pelo povo, inclusive as bombas de gás lacrimogêneo.

— Para que servem as bombas de gás lacrimogêneo?

— Para defender o povo.

— Contra quem?

— Contra o povo.

Nessa altura o menino salta do colo do pai e corre resolutamente para a praça São Venceslau, um minuto depois de gritar:

— Olha, velho! Para usar uma gíria de país capitalista, você acaba de me fundir a cuca!

22.8.69

O não-dia das não-crianças

Domingo à tarde. Varanda do Antonio's. Vistosos automóveis sobem na calçada e deles descem famílias aureoladas pelo alto poder aquisitivo. Entram, sentam-se com desembaraço — estão em seu ambiente. São pessoas sólidas, bem vestidas, bem penteadas. São homens elegantes, de unhas manicuradas, que examinam o cardápio com sincera curiosidade, fazem o pedido, perguntam pelo cardápio dos vinhos, examinam, escolhem um vinho branco. Suas lindas mulheres sorriem, hoje é domingo, Dia das Crianças, suas graciosas filhinhas estão uns amores em seus minivestidos de veludo vermelho sob os quais aparece a calcinha: é a moda Luluzinha. Chegam também casais de noivos, jovens, vestidos esportivamente, possuidores de automóveis esporte último tipo.

Estou lendo no *JB* que anualmente no Brasil morrem 112 mil crianças. Doença: fome. De acordo com o dr. Rinaldo de Lamare, que entende do assunto, no ano que vem teremos perto de 2 milhões de bebês caminhando para a subnutrição crônica, se escaparem da morte.

Os bebezinhos morrendo e nós, cavalões, comendo. A negra bêbada da Bartolomeu Mitre já se aproxima cambaleante. Tenho visto essa mulher morrer dia por dia. É negra, tem um lindo rosto e dentes maravilhosos. Seu vestido é velho e sujo; o pano que lhe cobre a cabeça é também velho e sujo. Mas ela deve ter 25 anos no máximo; suja pode ser; velha, jamais. Nos últimos dois anos emagreceu espantosamente; percebe-se que dentro do vestido o que se arrasta agora é um esqueleto. Ela entra no restaurante, cambaleante, fedorenta, e pede comida. As famílias aureoladas pelo alto poder aquisitivo já não comem com o apetite habitual: a miséria invadiu o domingo dos ricos. Para recolocar as coisas nos lugares certos, um garçom oferece à mendiga um pedaço de pão. Ela segura o pão, abrindo um sorriso de anjo, e se afasta cambaleante para a calçada. Segue, dançando (literalmente: dançando), para a avenida Ataulfo de Paiva. Os ricos voltam a comer com apetite. A prostituição infantil já é um fato consumado no país, prossegue o dr. Rinaldo de Lamare.

Quem aparece agora é o menino engraxate do Leblon. É um belo menino de rosto sério; deve ter 12 anos. Sempre de blusa e calça curta, sem sapato, ei-lo que surge com sua caixa e sua escova. Seu modo de andar, seu ombro ereto, seus olhos que nos contemplam com firmeza, tudo nele se relaciona poderosamente com a palavra altivez. Hoje é domingo. Dia das Crianças, mas ele está trabalhando. Tem que engraxar sapatos para escapar da sinistra estatística. De garotos iguais a ele temos atualmente 42 milhões, 80 por cento dos quais não se acham em condições de sobreviver. Vem, menino, vem engraxar meus sapatos, para que eu tenha a impressão de estar salvando a infância brasileira.

Lá vai o menino com a caixa e a escova. Atravessa altivamente a rua, na direção de outros bares e outros pares de sapatos. A menininha de minivestido de veludo vermelho está comendo a sobremesa e bebendo Coca-Cola. Está gorduchinha; o problema dela é excesso de alimentação.

"Criança, nunca verás nenhum país como este", já dizia Olavo Biafra, o maior poeta da Nigéria. Olha que céu, que mar, que luzes, que floresta. O pequeno engraxate do Leblon já desapareceu na esquina, mas do fundo da minha alma ele me olha com aquele olho adulto, altivo, irônico e ameaçador.

14.10.69

A morte obscura do comendador Serapião

Censor — Antes de mais nada, obrigado por ter vindo. Na carta que lhe enviei, está dito que não se tratava de uma intimação; mesmo porque, na lei não me é facultado constranger quem quer que seja. Posso apenas, ou melhor, tenho por obrigação a polícia das palavras, pouco interessando aquele que as tenha escrito. Mas acontece que estamos, os dois, vivendo um momento histórico. Você é o primeiro escritor brasileiro que, espontaneamente, entrega à consideração da Censura as três cópias de uma obra inédita prevista em lei; e eu sou o primeiro censor que se dedica a esse trabalho... Entraremos juntos na história do Brasil, meu caro! Compenetrado disto, foi que me pareceu oportuno convidá-lo a tomar um cafezinho aqui (sirva-se, por favor... não, não se incomode comigo, há muito troquei o açúcar pelo adoçante artificial)... aqui em meu gabinete...

(O Escritor engole rapidamente o café. O Censor, ao contrário, parece nem ter visto a xícara na qual acaba de lançar automaticamente uma gota de ciclamato. É que não pretende interromper o discurso.)

Censor (pigarreia duas vezes e recomeça) — Penso que... O ideal seria liberar seu romance tal como me chegou às mãos... Afinal de contas, é o primeiro de uma série que espero longa, acrescendo a isto o detalhe de ter sido o Autor, e não o Editor, a parte interessada em inaugurar oficialmente o processo... São todos fatores ponderáveis, que falam pelo puro e simples *Publique-se*. Entretanto...

Escritor (subitamente ansioso) — Algum problema?

Censor (suspirando, a mostrar na cara uma decepção sem limite) — Falemos francamente: do primeiro ao último capítulo, o seu livro só me traz problemas.

Escritor (controlando-se com visível dificuldade; quem sabe anda ele jugulando algum palavrão?) — Mas é uma narrativa edificante! (Pausa. Mais calmo. Didático, agora.) O assunto é um homem, o comendador Serapião, que está morrendo; e o leitor é convidado a segui-lo nesse verdadeiro jogo da verdade. Suas recordações são repassadas à luz das emoções finais, criando esse atrito uma nova moral. A mensagem do livro é tão antiga, senhor... *És pó, ao pó voltarás*. Quase todos os cemitérios nos esperam com esta advertência no pórtico. E modernamente, qualquer colegial sabe que Lev Tolstói descreveu a morte de Ivan Ilitch, para não falar nas *Lições de abismo*, de Gustavo Corção...

Censor (irritado? ou bem-humorado?) — Não precisa me chamar de idiota... Eu também já ouvi falar no doutor Corção... (Pausa. Põe-se a folhear uma cópia do romance em causa.) Seu livro pode ser edificante, digamos assim, em 99 por cento do texto. Mas cada capítulo, e isto invariavelmente no primeiro parágrafo (o que não deixa de ser original), contém uma referência pornográfica... (Observando que o Escritor está doido para discordar.) Tenha calma: falei e vou provar. Primeiro capítulo, primeiro parágrafo:

"Depois de uma noite povoada de sonhos eróticos, nos quais era submetido às mais refinadas delícias por uma legião de súcubos e íncubos, o comendador Serapião despertou estranhamente feliz."

Segundo capítulo, primeiro parágrafo:

"Tão logo se despediram as quatro concubinas com quem passara uma tão agradável semana, o então jovem comendador Serapião enviou, célere, o Eunuco à Maison des Plaisirs. — Vai — recomendou —, e não regresses sem carne jovem."

Capítulo XVII, ainda e sempre no primeiro parágrafo:

"A neta mais velha do Comendador Serapião, por seus extraordinários encantos, bem fazia por merecer o nome que o avô lhe dera, ao nascer: Sílfide. — És tão bela, minha neta — costumava dizer-lhe Dom Serapião —, que a tua nudez, a todo o povo revelada, em lugar de chocar, ofusca."

E assim por diante, ignominioso senhor Escritor.

(O Censor fecha o livro. Cruzando as mãos sobre a mesa, contempla o outro com desprazer.)

Escritor (calmo, já sem ilusão) — O comendador está morrendo. Os fatos vergonhosos da mocidade afloram constantemente à sua consciência, mas no momento seguinte — isto é, no segundo parágrafo — ele reprime essas recordações malsãs. Na luta do Bem contra o Mal, ganha finalmente o Bem; e o fato de o Autor se referir às cenas condenáveis, sem no entanto descrevê-las, narrando ao mesmo tempo, copiosamente, as numerosas boas ações cometidas pelo comendador, deixam claro de que lado está o romancista. Isto é: — capítulo por capítulo, ao longo de 500 páginas, torcendo pelo Bem e contra o Mal.

Censor — Mas não me cabe impedi-lo de escrever seja lá o que for. Devo zelar é pela tranqüilidade espiritual do leitor. Ora, cada referência feita às mais variadas orgias conduzirá o leitor a, fechando os olhos, imaginar por conta própria tais excessos. Assunto encerrado.

(Longo silêncio. Os interlocutores estão extenuados.)

Escritor — Está bem, desisto de publicar o livro. Mas gostaria de lhe pedir... Quer dizer... Em suma: será que há uma vaga de Censor para mim?

Censor (surpreso, grato, paternal) — Está precisando de dinheiro, filho?

Escritor — Não é bem isso. Na verdade, sou o herdeiro universal do comendador Serapião, que existiu realmente e era meu tio-avô. Se quero ser censor, é porque eu também adoro ler livros pornográficos.

6.3.70

Reflexão hiperbólica ao pé de uma aventura banal

Munir Alzuguir, capitão-de-fragata, comandante do submarino *Bahia*, precisou de apenas cinco minutos para quebrar o gelo que hoje em dia dificulta a aproximação do que é civil com o que é militar. Civil, no caso, era eu — um tipo especial, neurótico, acostumado a dizer e escrever o que pensa e sujeito a crises de depressão toda vez que esse costume, que é autorizado por um direito elementar do homem, encontra obstáculos poderosos. Civil no sentido escandaloso da palavra, pois significa uma vida sem preconceito de espécie alguma, orientada para um sonho e não para a realidade, incapaz de julgar um semelhante pela sua aparência, indiferente à felicidade tradicional, exposta ao desdém e à comiseração dos "quadrados", inconseqüente, perdulária, às vezes maldita. Civil quer ainda dizer cabelos desgrenhados, barba selvagem, música, álcool, em alguns casos maconha, colares hippies, simpatia pela revolução sexual... Um tipo de gente, enfim, que é minoria em toda parte e que fabrica unicamente ilusões, ou, se preferirem, a praia de Ipanema.

Do outro lado, a Marinha — as Forças Armadas após a interferência no processo político, com todas as qualidades negativas, reais ou imaginárias, que essa interferência projetou. Atenção: quando escrevo *qualidades negativas* estou recorrendo ao jargão publicitário. Quero dizer, em suma, que, outra noite, estávamos eu e o Sérgio Cabral meio embriagados, a cantar sambas antigos na mesa de um bar, quando apareceu o Ciro Monteiro acompanhado de um general e de um delegado da Polícia. Eles foram bem recebidos em nossa mesa, mas tanto Sérgio quanto eu estávamos embaraçados. Para disfarçar essa atrapalhação íntima, fizemos o gesto extremo dos tímidos, isto é, articulamos moralmente uma seqüência de cambalhotas e piruetas ao estilo chapliniano, incluída nisso a seguinte paródia, que cantávamos seguidamente com entusiasmo despropositado:

General, general,
é melhor e não faz mal!

A condição de general de Exército conferia àquele homem um prestígio colossal — era algo ameaçador, algo sombrio, era simplesmente alguma coisa que nos impedia de pensar com naturalidade, nós tínhamos medo não se sabe bem de quê. Essa emoção mórbida nos levava, como é lógico, a atribuir idêntica turvação aos pensamentos e sentimentos que empolgavam o gentil militar à paisana. Em nossa imaginação, ele também estava embaraçado, ele também recebia de nós algum eflúvio inquietante, ignorando por sua vez de que maneira deve proceder um coração de general em presença de dois legítimos exemplares da fauna intelectual e boêmia. Naquela noite objetivamente alegre, mas subjetivamente tensa e torva, descobri em mim mesmo um inimigo, que já conhecia de nome, mas do qual não havia tido antes a experiência clara e insofismável. Eu era a minha própria Repressão, a minha própria Censura; a simples aproximação de um general do Exército bastava para desencadear o processo, que logo batizei de pocket-paranóia, paranóia-de-bolso... E pensei em seguida: quando a situação política, objetivamente considerada, torna plausível a invasão da consciência pelas inquietudes abissais, o campo está preparado para o terrorismo. Estamos doentes, pensei eu; estamos muito, muito doentes. E pensei ainda que a minha profissão é pensar nessas coisas, inoculando a ficção, anticorpo eficaz, nesse grande organismo enfermo que é o cotidiano brasileiro.

Ao comandante Alzuguir, a quem peço desculpas por transformá-lo em matéria de reflexão bombástica, coube a quebra do gelo, não apenas no decorrer da viagem que fiz a bordo do *Bahia*, e que muito me agradou, mas, antes, quando alguém comentou que um filho dele, um menino, estava com os cabelos muito compridos, e o pai respondeu: "Enquanto ele tiver média 75 no colégio, pode usar o cabelo que quiser."

22.6.70

Infância Abandonada S.A.

Principalmente às quintas-feiras, quando os feirantes armam suas barracas na rua João Lira, o Leblon é invadido por grupos de crianças maltrapilhas. Esses grupos não apenas já fazem parte do cotidiano como se integram na paisagem, desde que haja por perto um turista com olho fotográfico. São mendigos mirins, mas é tão natural que o sejam quanto estar o Cristo Redentor lá em cima do Corcovado.

Porém no verão atual, que as chuvas do outono já desmancham em dias grisalhos, tem-se a impressão de que os lares miseráveis foram destruídos, passando a morar na rua todas as crianças que neles viviam. Todas, sem exceção. Numerosos como tanajuras, impertinentes como gafanhotos, alegres porque a liberdade, mesmo compulsória, é sempre inebriante.

Vivo a especular sobre devaneios. Contudo, diante de fatos objetivos, quem prevalece em mim é o repórter. Tão logo a visão desses bandos de meninos começou a constituir uma amostragem estatística de um fenômeno inquietante, interessei-me por eles sem que entrasse nesse interesse qualquer emoção, preconceito ou convicção. E foi assim que descobri um esboço de organização: a presença de um ou de vários cérebros pensantes por trás da vagabundagem aparentemente assimétrica. Em linguagem popular, pensei assim: “Este ano a infância abandonada está dando uns 100 pontos no Ibope, tirando de letra a TV Globo, a TV Tupi, as cotações da Bolsa e até a Loteria Esportiva. Haverá uma razão para isso.”

A razão parece ser que a necessidade criou os próprios meios de sua satisfação. Trata-se de uma invasão, e aqui estou usando a palavra exata.

É preciso ocupar um território previamente determinado, e para alcançar tal objetivo o procedimento não varia.

Digamos que o objetivo seja a calçada diante da varanda do restaurante Antonio's. Aparece um garoto e se encosta numa árvore. Aparece outro garoto e se encosta num automóvel estacionado. Aparecem duas meninas de 9, 10 anos, e pedem dinheiro e comida aos que estão almoçando na varanda.

Surge um automóvel e seu motorista inicia a manobra do estacionamento. O garoto que está na árvore corre a ajudar o motorista, tornando-se assim, automática e magicamente, um guardador de automóveis. O motorista estaciona, entra no restaurante, bebe, come, e quando volta ao carro para ir embora encontra o nosso amiguinho da árvore prestes a dirigir a manobra da partida. O outrozinho, aquele que chegou em segundo lugar, continua encostado no automóvel que escolheu ao acaso. Este recebe e devolve o sorriso do guardador improvisado, que exibe triunfante uma nota ou algumas moedas.

Está conquistado o território. Se me permitem um detalhe desagradável, acrescento que alguns adultos circulam na área da ocupação, pedindo esmola sozinhos ou acompanhados de criancinhas famélicas, mas na verdade supervisionando a execução do projeto.

Dias ou semanas depois, estabelecida a lucratividade rotineira da área, a árvore é ocupada por uma menina-moça cuja função será ficar ali o dia inteiro, sem fazer nada. O motivo de sua vigilante inatividade aparece na forma de um segundo bando infantil, que tenta ocupar também o território agora transformado em propriedade do primeiro grupo. As primeiras escaramuças se travam dentro de um código de ética, cuja única finalidade é evitar que os otários percebam o que está se passando. Mas logo degeneram em discussões e tentativas de agressão. E quando os ânimos atingem o ponto ótimo da guerra, surge o dissuasor, que é um menino grande e disposto a qualquer violência para defender sua Dulcinéia, que ali está encostada a uma árvore, sem criar problemas para ninguém...

Neste ponto da situação entra em casa o livre-atirador, o mendigo solitário, um adulto. Ele representa a intrusão, no processo, de uma tecnologia canhestra, mas impressionante: vem de bicicleta. Encosta a bicicleta na árvore, tirando o lugar que pertencia à menina, e repete os ritos do primeiro menino que entrou nesta história, tornando-se então o guardador oficial de automóveis naquela área, escorado que está no fato de ser o mais forte.

Mas as crianças não se intimidam. Ao contrário, começam a provocá-lo. Chegam agora em maior número, alterando completamente a estabilidade do local no que diz respeito à coleta de dinheiro caridoso. Acabam enlouquecendo o homem da bicicleta, que ameaça espancar todas elas, atraindo assim a atenção dos circunstantes, prejudicando desta forma a excelência do local. E eu aprendo na varanda do Antonio's que tecnologia e infância mutuamente se excluem.

3.3.72

Silêncio! Cálice!

Ando seriamente preocupado com a situação de Chico Buarque de Hollanda. A Censura oficial tem contra ele uma inegável prevenção. Aprecio unicamente os fatos: qualquer poema que Chico construa haverá de conter, em princípio, alguma provocação. Assim pensam os censores, conforme os fatos demonstram. Serei o primeiro a admitir o exercício da Censura prévia aos espetáculos públicos e canções populares, uma vez que se apóia em leis que nos regem. Muitas outras leis me aborrecem, mas se me der na telha transgredi-las, devo esperar as conseqüências anunciadas. Assim, à maneira do bom moço, obediente, cauteloso e ligeiramente *cínico*, julgo-me no direito de estudar o *problema* Chico Buarque.

Uma canção popular, no altíssimo nível em que a colocou Chico Buarque de Hollanda, compõe-se, em primeiro lugar, de palavras que dizem literalmente aquilo que são. Um cálice, por exemplo, é um cálice. Em segundo lugar, cada palavra feliz mantém em seu campo magnético uma série precisa ou incontrolada de vocábulos que lhe são afins pela forma, pelo som ou pelo significado. Um cálice é também um conselho, ou uma advertência, ou um lance de ironia, ou a denúncia de um constrangimento, ou um pedido de socorro: "Cale-se!" Finalmente, ao termo de sua elaboração, o poema ingressa no país das ressonâncias infindáveis, as quais muitas vezes surpreendem, espantam e até mesmo amedrontam o próprio criador.

Apesar de você/ amanhã há de ser/ outro dia... No poema que assim se inicia, a Censura ultrapassou amplamente o campo de suas atribuições, submetendo a juízo seu as ressonâncias prováveis. Ora, um censor, por mais inteligente que seja ou se pretenda, não tem condições para navegar nessas paragens. Mesmo entre os leitores mais refinados, são raros os que possuem uma tal intuição crítica. Sustentarei, para exemplificar, que o próprio Shakespeare talvez ignorasse estar lidando com material explosivo ao declarar que havia algo podre no reino da Dinamarca. A ressonância é o silêncio dizível dos vocábulos: na consciência do ouvinte é que eles adquirem esses desenhos imprevistos, encantadores ou inquietantes, que produzem um movimento inefável no espírito — movimento que se poderia intitular prazer estético. Trocando em miúdos, e colocando uma pitada de psicanálise popularesca nesta minha notável diatribe domada: há ocasiões em que o censor atribui ao artista um pensamento que na verdade está inscrito na consciência do próprio censor. Mais simples ainda: faça eu o que fizer, diga o que disser, amanhã há de ser outro dia. Certo? O povo sempre soube isso: o futuro a Deus pertence. Portanto, não há escândalo algum na afirmação de que, "apesar de você, amanhã há de ser outro dia". Onde é que o censor foi buscar fundamento para a manifestada suspeita, legitimamente paranóica, de que "você", no caso, se refere a uma pessoa determinada? Porventura há neste país alguém com o poder de parar o tempo?

Chico Buarque, o poeta, tem com as palavras uma relação de amor. Cada palavra é, em si, adorável; há feias, feiosas, bonitinhas, lindas, pretensiosas, sofisticadas, escandalosas, safadinhas, amargas — numerosas como as virtudes e defeitos do próprio homem, as palavras são, contudo, em essência, adoráveis. Os dicionários são jardins em que os poetas colhem as palavras da estação: há palavras que floram só na primavera, outras só no verão, e assim por diante. O poeta colhe por igual essas florações de perfume vário, e outra não é sua vocação. São ingênuos aqueles que vêem em cada poeta um sonhador; eu, por mim, sempre achei que poeta é o homem pragmático por excelência. Quando os poetas são constrangidos ao silêncio, por tédio, amor, ou desilusão, a verdade murcha nos canteiros — isto é, as numerosas verdades que brotam nesses jardins do possível e do inevitável. Sim, senhores, eu pediria um pouco de atenção ao que lhes direi agora: quando os poetas se calam, os cálices se quebram e a festa se espicha em desastre.

11.5.73

10 anos de solicitude

Em abril de 1964 eu era um garoto bastante perturbado. Tinha uma amante bonita e rica; vivia nas rodas grã-finas. Estava chegando de Paris, onde um intelectual de minha geração declarou: "Vai haver uma revolução socialista no Brasil." Ponderei que latifundiário não faz reforma agrária. E também que os militares não iriam deixar o barco correr na forma que estava indo. Isso ocorreu num barzinho que ficava perto da avenue Montaigne. Foi naquele instante que comecei a avaliar a tremenda estupidez que faz de um homem um comunista. Eles, os comunistas, esperam que a realidade se ajuste a uma teoria. E não importa que a teoria vá pelos ares, pois para ser um comunista você deve fingir que está tudo muito legal. É assim que eles praticam a dialética: "Está tudo conforme a nossa ignorância nos ensinou." Apareceu então o marechal Castelo Branco e brandiu a bandeira da rebelião. Foi tudo pelos ares, de acordo com a tendência dos fatos e contrariamente a todas as contorções da dialética.

Desde então sofri muito. Não por mim, já que sou um pequeno príncipe no meio dessa confusão, mas por todas aquelas pessoas que eu estimava e que foram cassadas, encanadas, banidas. Experimentei a amarga solidão global: aquela, sabem, que você não pode ir a lugar nenhum sem encontrar alguém que, ou é da polícia, ou é contra o regime. Você nunca está em boa consciência. Fiquei com mania de perseguição; a qualquer lugar que eu ia, tinha alguém me olhando. Uns achavam que eu era comunista e outros que eu trabalhava na polícia secreta. Em parte alguma estavam satisfeitos comigo. Eu vivia assim, esdrúxulo na minha terra. Foram 10 anos de amargura e medo, mas um medo absurdo de mim mesmo. Porque de vez em quando eu me perguntava: "Afinal de contas, o que é que eu sou? Comunista ou Dops?" Eu era um homem sem partido (e assim continuo), mas não ter partido começara a ser uma espécie de ideologia. E a isso que chamo terror.

Aceitei, então, minha historicidade judaica. "Não sou coisa nenhuma; simplesmente um judeu que anda, anda, e ninguém aceita completamente. E assim vou continuar vivendo, pois não há outra oportunidade." Disse e repito que eu era um garoto bastante perturbado.

Agora estamos comemorando 10 anos de reformulação nacional. Somos um país desperto e vigoroso. Deu certo, na prática, a teoria errada. Os nossos irmãos separados mandam mensagens cifradas de arrependimento. O mundo inteiro se modificou. Quem não se lembra dos nove chineses que aqui estavam na hora do bota-pra-quebrar? Ficaram presos exatamente como um jornalista inglês apanhado em Pequim no momento da destruição do mito stalinista. E hoje nós estamos namorando os chineses, baseados na teoria de que se trata de "um vasto mercado". Mudou o mundo ou mudamos nós? Ou mudamos todos, mundo e pessoas, ajustados finalmente na perspectiva das trocas comerciais?

Todas essas interrogações e afirmativas estão na mente dos brasileiros que passaram 10 anos no laboratório do nosso conhecido "milagre". Atualmente, a força e a brandura se confrontam. A força não pode perder, por ser forte; e a brandura não pode ser vencida, por ser a única forma efetiva de enfrentar a força. A brandura é branda, ela se dobra, mas não se submete.

Assim continua indo aquele garoto que chegou de Paris bastante perturbado, em abril de 1964.

15.4.74

“Cãomício” no calçadão

Reunidos no calçadão central da avenida Atlântica, entre as ruas Sousa Lima e Sá Ferreira, dezenas de cães participaram sábado à tarde de um comício autorizado, em princípio, pela Administração Regional de Copacabana. Eram cachorros das mais variadas raças e dos mais diferentes tamanhos, desde pastores alemães até miniaturas pinscher. Junto ao meio-fio, no local da concentração, um carro-choque do Batalhão de Gatos, armados de unhas e dentes, garantia a ordem.

O primeiro a subir ao tablado, que era um engradado de refrigerantes emborcado, foi um poodle branquinho, de rabinho cotó.

— Nossos donos são irresponsáveis! — gritou ele.

— Abaixo os donos irresponsáveis! — respondeu a multidão raivosa (embora toda ela vacinada).

— Todo o poder aos cachorros! — prosseguiu, veemente, o poodle branco, cujo focinho lembrava Jane Fonda, e que era tido, entre o Posto 6 e o Posto 4, como o líder inconteste do *Dog-Power*.

Em seguida, pediu a palavra um weimaraner azulado, de olhos tristes. Do alto do caixote, falou ponderadamente:

— Meus modos, in... if... (estava chorando, o coitado)... Meus modos refletem os do meu dono... Não quero mais, if... if... Não quero mais passar vergonha sujando a calçada!

— Nós também não! — responderam em uníssono os manifestantes caninos. Lá do meio do povo, alguém latiu com voz de pointer:

— Nossos donos precisam aprender que lugar de cachorro fazer suas “coisas” é em casa!

— Bravo! Apoiado! — concordou a cãonalhada.

— Pipi-dog! Queremos pipi-dog! — puseram-se a ladrar umas cadelinhas basset, cinco ou seis, provavelmente da mesma ninhada. — Somos moças de família, e portanto temos direito a um lugar no apartamento, onde possamos fazer a nossa toalete sem que os intrusos invadam a nossa privacidade!

— Muito bem! Falou! Podem crer! — entoaram em coro os cinco dobermanns que moram no edifício Chopin, um dos mais luxuosos de Copacabana, e que fazem pipi — vejam só a heresia! — na piscina do Copacabana Palace, que fica logo ali ao lado.

Agora, estava no tablado um musculoso boxer, com sua cara abobalhada e seu tradicional bom coração.

— Senhoras e senhores — disse ele —, sejamos objetivos. Desejo colocar em votação uma proposta simples, de três pontos, a qual, se aprovada, será encaminhada aos nossos donos, em forma de abaixo-assinado. Primeiro ponto:

— "Quero meu pipi-dog no apartamento."

— Apoiado! — gritou a assembléia.

— Segundo ponto... Mas, antes, para evitar tumulto, prefiro que os distintos companheiros, em vez de latirem, ladrarem, rosnarem e coisa e tal, balancem o rabo em sinal de aprovação. Aqueles que não mais possuem rabo poderiam uivar, mas docemente, pois uma de nossas preocupações principais há de ser a de não agravar a poluição sonora, de maneira a não indispor a opinião pública contra a nossa causa.

Todos balançaram o rabo, em silêncio. A questão do orador fora aceita. Ele então prosseguiu:

— Segundo ponto: "Queremos fazer nosso cooper canino apenas no calçadão central da avenida Atlântica..."

Rabinhos balançaram para lá e para cá: aprovado.

— Terceiro ponto: "É preferível que não nos levem à praia, onde involuntariamente causamos uma porção de doenças!"

Rabinhos alegres: de acordo.

— Desta forma — finalizou o boxer —, poderemos afirmar que somos felizardos e que temos donos educados!

— Nosso dono vai ser superlegal! — exclamou a assembléia, esquecendo a recomendação de só balançar o rabo.

Nessa altura, todos ali estavam com vontade de fazer cocô e pipi. Sendo assim, o poodle branco decidiu dar por encerrada a reunião, recomendando que os manifestantes se dispersassem em ordem.

Mas nesse instante pulou no caixote um autêntico vira-latas, magrinho, de olhos famintos, as costelas aparecendo sob o pêlo ralo, o rabo entre as pernas.

— Irmãos! — bradou ele, ou melhor, soltou essa palavra num gemido. — Irmãos! Todos somos irmãos! Todos os cachorros são iguais! Portanto, o verdadeiro problema não está no pipi-dog doméstico nem no penicão de apartamento. O necessário é que todos nós, os de pedigrees e os da rua, os de raça e os vira-latas, tenhamos, todos, direito aos cuidados veterinários periódicos, à vacinação gratuita, à alimentação farta e balanceada, à coleira protetora com sua placa de identificação, aos banhos seguidos de talco contra pulgas... Viva, pois, a revolução! Todo o poder aos cachorros, sem distinção de raça, cor ou credo!

— Uh! Fora! — gritaram os cães de luxo, que pertencem todos, naturalmente, à direita, e preferem que as coisas continuem como estão, no plano mais amplo da justiça social. — Fora! Sarnento! Babão! Comedor de restos! Ralé!

A multidão de sócios do Kennel Club avançou na direção do anarquista, rosnando ameaçadoramente. Foi preciso que os gatos salvassem o vira-lata do linchamento inevitável, para o que o cercaram, dispersando a cachorrada ululante com bombas de gás lacrimogêneo.

Em seguida, o Batalhão de Gatos levou o vira-lata para o lugar adequado a essa espécie de agitador. Ele agora está sendo processado e é capaz de passar o resto da vida num canil-presídio. Acusação: trata-se de um "cãomunista".

18.1.76

O Bolshoi dançou[1]

— E o Bolshoi?

— O Bolshoi dançou.

— E os cavalos de Viena?

— Os cavalos de Viena, que não são de Viena, nem comuno-cavalistas, vivem a dançar.

— E o regime, como é que anda?

— O regime anda muito bem. Já perdi quatro quilos.

— E aquele deputado que foi eleito por maioria na urna do Country?

— Esse também dançou.

— Então vamos relacionar dois episódios. Dois pronunciamentos. Um tal Luís Carlos Prestes declarou que o Partidão tinha ganho a eleição no Brasil. Depois um tal Brejnev, que é um senhor sério, declarou que... Houve uma nota, de protesto, logo respondida em termos diplomáticos aceitáveis. E começou todo mundo a dançar.

— É isso aí. Os comunistas estão dançando.

— Os generais, por sua vez, estão anunciando que a Revolução prossegue. A Revolução não dança, bolas?

— A característica essencial da Revolução é que ela não dança. Veio para ficar sentada naquela cadeira de solteirona, que ninguém tira e que, no final do baile, dá aquele bocejo heróico e volta para casa com o rabo entre as pernas.

[1]O Ministério da Justiça proibia a transmissão pela TV de *Romeu e Julieta*, com o Balé Bolshoi, da Rússia.

— Um momento. Você está exagerando.

— Não estou exagerando nada. Estou falando na Revolução Cultural que recomeçou na China. Eu tenho o direito de achar que Confúcio era um revisionista.

— Ah, assim está bem. Assim você não vai dançar tão cedo.

— Tenho também o direito de me indignar, tão logo me compenetre de que vivo numa sociedade secreta, baseada em códigos misteriosos e que muda as regras do jogo a seu capricho.

— Você tem todos os direitos permitidos a um escritor indisciplinado... Mas não fique muito jóia não, que neste caso sempre se arranjará um pretexto para te silenciar...

— E quando me silenciarem... se me silenciarem... eu vou falar o quê?

— Não fale nada. Fique mudo. Entre num partido revolucionário...

— Mas que Revolução é essa, cujo partido tem tanto medo da opinião minoritária que obriga a dançar o próprio Bolshoi?

— Acontece que essa opinião não é minoritária assim, não... As sondagens indicam que o voto contra e o voto em branco vão alcançar a casa dos 90%... Todo esse edifício construído sobre falsas premissas vai implodir... A implosão é a explosão meticulosamente controlada... Você sabe disso...

— Sei isso e sei outras coisas mais. Porém ignoro as razões dessas violências que se abatem sobre nós, e que nos levam à indignação. Estarei eu completamente doido ou estamos vivendo num regime totalitário?

— Não faça isso, rapaz... Faça 13 pontos na Loteria Esportiva e deixe o resto pra lá...

— Falou. O Bolshoi dançou. Minha esperança reside na Loteria Esportiva. Garçom, me dê um uísque rápido!

4.4.76

Conversa de malucos

— Que farás hoje?

— Irei às urnas, companheiro.

— Fazer o quê?

— Votar.

— Mas não achas tudo isso...?

— Não te precipites.

— Mas proibiram a propaganda no rádio e na televisão...

— Que a proibissem nas ruas, eu votaria assim mesmo.

— Votarás então em branco?

— Votar em branco é dar vitória ao adversário.

— Votarás no candidato "Feijão", anulando assim a tua cédula?

— Anular o voto é dar a vitória ao adversário, da mesma forma.

— Mas então tens um Partido, e punhas banca de intelectual rebelde... Já entraste no sistema... Aceitas as regras do jogo...

— Não as aceito. Elas me foram impostas. Mas me aproveito delas para dar um empurrãozinho, por menor que seja, nesta grande pedra que nos fecha o caminho largo da democracia.

— Um otimista, já vejo. Ao menos vais de MDB?

— Vou no consenso. Meu instinto me guiará. No recinto inviolável, saberei qual o nome que, em sua humilde trincheira municipalista, me ajudará com seu ombro a empurrar aquela grande pedra.

— Tu não passas de um viciado em eleições.

— Exatamente. E me privaram do meu mais querido vício, que é o de escolhermos o nosso destino coletivo, todos juntos, com lealdade e esperança. Agora temos uma chance, pequenina; e não pretendo deixá-la escapar. Ando tão saudoso de eleições que seria capaz de perder um feriado para eleger a nova Miss Brasil. Voto até no Rei Momo, caso os candidatos se submetam ao sufrágio universal. Voto na chapa do Dragão Negro, do Flamengo, nem que para isso me seja necessário mudar de clube, eu que torço pelo Botafogo... Voto em tudo e em todos. Eu quero é votar! Estou doido para votar! Voto no secretário-geral da ONU e no Congresso do Partido Comunista da União Soviética! Voto em qualquer lugar! Me deixem votar, pelo amor de Deus!

— E se teu candidato, vitorioso, for cassado após as eleições?

— Não interessa. Esperarei pacientemente nova chamada de urnas e lá estarei, votando novamente. Não compreendes que, no momento, o ato de votar, em si, é mais importante que o resultado das eleições, e ainda mais importante que as conseqüências desse resultado?

— Bem, eu não pretendia ir às urnas, mas este teu veemente discurso me convenceu. Espera um instante; subirei ao meu apartamento, apanharei meu título e iremos juntos, pois pertencemos à mesma zona eleitoral.

— Vem, amigo. Cabeça fria e coração quente. Ao menos um vereador nós faremos, que será nosso, e não um marionete tangido pelos ventos do oportunismo e do medo. E viva o Brasil, o Brasil democrático, liberal! Vivam os homens cordiais!

— Viva eu! Vivas tu! Vivamos nós! Votemos!

15.11.76

O diálogo

Intelectuais — Olá, ministro!

Ministro — Olá, intelectuais!

Intelectuais — Podemos começar o diálogo?

Ministro — Estamos aqui para isso.

Prudente de Morais, Neto — Desde que, para o senhor ministro, a Censura é um bem e um dever indispensável para conter a liberdade de expressão, que o ministro vê como um mal, não há o que replicar.

João das Neves — Se tivessem a curiosidade de fazer um plebiscito, ficariam surpreendidos.

Carlinhos Oliveira — Mas já está em pleno vigor uma espécie de referendo, a aferição por parte do governo dos sentimentos da maioria silenciosa... E o governo acredita no resultado dessa pesquisa... Por favor, senhor ministro, diga a sua opinião...

Ministro — No tocante a livros, o referido Departamento de Polícia Federal recebeu, de diferentes fontes (pais, professores, associações diversas, autoridades, em particular os juízes de menores)...

Carlinhos Oliveira — No tocante a livros, não vejo por que se há de dedicar particular atenção ao que dizem os juízes de menores. Os juízes de menores, como tais, não têm competência para se pronunciar nessa matéria. Não há literatura infanto-juvenil atentatória à moral e aos bons costumes. E a outra literatura, aquela que vem sendo proibida, não apenas resulta incompreensível para quem tenha menos de 18 anos, como não pode ser julgada pelo Departamento de Polícia Federal. Esses senhores fazem curso de balística, e não de estilística. Está tudo errado.

David Nasser — Ninguém pode criar obras de arte sob a ameaça do lápis vermelho do censor. Por causa disso, apelei para a autocensura — que é a pior de todas — em meu último livro, onde fui obrigado a traçar os meus limites. Não há nada pior do que isso.

Carlinhos Oliveira — Compreendo, David. Mas quem lhe disse que o censor usa lápis vermelho? Essa cor é censurada, amigo. Tem conotação ideológica, é uma cor comunista... O lápis do censor é negro, na melhor hipótese cinza, e enquanto sonha ele desenha suásticas nas páginas riscadas...

Ministro — Muito embora alguns dos filmes e peças teatrais tenham sido liberados com cortes indispensáveis...

Carlinhos Oliveira — Indispensáveis em que sentido?

Mário Lago — O senhor ministro diz que examinados 989 textos de teatro, foram proibidos apenas 29. Mas, e o número de textos que foram a exame e estão lá, na prateleira, atrasando produções, o elenco esperando uma solução, os produtores inseguros?

Pedro Calmon — Ainda não recebi os jornais... Pode me telefonar amanhã. Hoje não falo.

Carlinhos Oliveira — Desde 1968 estamos com esse problema atravessado na garganta. Atenção, Calmon: já estamos em 1977! Leia os jornais sem tardança, senhor!

Gilberto Freire — Estou chegando da praia...

Carlinhos Oliveira (com a patota do *Pasquim* solidária) — Intelectual não vai à praia. Intelectual bebe. Mesmo que seja uma batida de pitanga.

9.2.77

Do fundo do poço

Antes de mergulhar numa reflexão caótica e raivosa, arrancada da raivosa e caótica situação de meu espírito, devo esclarecer que não fiquei assim depois que cassaram o mandato e suspenderam os direitos políticos de Alencar Furtado — isto é, a estupefação, a ira impotente, a compaixão, a desorientação enfim, alcançou naquele momento um índice de amargura insuportável, de modo que abandonei minha disciplina de trabalho, duramente reconquistada depois de 7 anos de dissipação (quando concentrei 20 anos de terror pessoal, verdadeiro e imaginário, nas páginas de um romance supostamente autobiográfico intitulado *O pavão desiludido*), e mandando para o inferno a feroz determinação de me dedicar aos meus deveres de escritor, eu indolente e relapso, "palhaço das perdidas ilusões" — que tudo fosse para o inferno (gritei isso à minha vocação e mandei-a à m...!), e entrei no bar, e anunciei "estou de volta à autocomiseração e ao lento suicídio", e pedi vinho, e tudo voltou a girar, e girou, e finalmente parou e eis-me aqui, devolvido ao território em que a minha solidão floresce, mas há ainda a desorientação a perturbar meus planos. Compreendam, contudo, que a parábola do líder de oposição guilhotinado foi apenas a gota d'água; semanas antes eu já sentia no ar aquele odor de almas dilaceradas ao qual não me acostumei, embora esteja dentro da lógica do sistema a administração pavloviana de sustos e, para falar com franqueza, o próprio universo sempre me tenha parecido uma gaiola eletrificada, agora sim, daqui a pouco não, adiante sim, mais adiante não. Enfim, entre micro e macro há só um pequeno intervalo entre dois infernos, ou três — porquanto o indivíduo também dramatiza em si os círculos concêntricos de horror que o aprisionam.

Agora, mais calmo, consideremos. A recente reunião da Sociedade Brasileira para o Progresso da Ciência (SBPC). O governo federal simplesmente tirou o corpo fora, tornando inviável a realização do encontro em Fortaleza. Mobilizada a opinião pública, por seus segmentos mais dinâmicos e clarividentes (cientistas, professores, intelectuais, artistas, estudantes), eis que boa parte do povo de São Paulo desencadeou uma operação de solidariedade militante, improvisando a infra-estrutura indispensável à realização do evento. Assim se confirmavam, em parte, as insinuações alarmantes de algumas figuras de proa da política bipartidária, ou seja, delineava-se no horizonte o primeiro sinal de que governo e povo avançavam na direção do desquite litigioso. A reunião da SBPC figurava o passo inicial — a separação de corpos. Ora, há ainda condições de retomar o procedimento de distensão lenta, segura e gradual; não nos cabe discutir isso; para tanto, falta-nos autoridade.

Se disse "nós" pensando num certo consenso, volto agora à minha própria perplexidade. Na última noite houve agitação no auditório. Falava um cientista de renome, Maurício da Rocha e Silva, quando o pessoal da galera decidiu interferir nos trabalhos, transferindo a cerimônia para local mais amplo. Era a segunda tentativa: a primeira fracassara, consistindo numa tentativa de incluir temas explosivos (no caso, a Constituinte) no meio das comunicações científicas, de interesse geral. Agora gritavam: "Tuca! Tuca!" — exigindo um teatro maior. Tumulto. O presidente da SBPC, professor Oscar Sala, encerrou intempestivamente a 29ª Reunião Anual. Na noite seguinte, o povo brasileiro pôde ver na televisão, em horário nobre, as mãos trêmulas do cientista Maurício da Rocha e Silva (que saiu do recinto diretamente para um check-up) bem como escutar as severas palavras do professor Oscar Sala, lamentando que aquele grupo (de manifestantes), "composto não sei de que, tenha esse tremendo desrespeito pelo pesquisador". Outra pessoa acrescentou que "a SBPC saiu fortalecida, porque não aceitou pressões, mas os estudantes saíram mal".

O encerramento do encontro, transmitido pelo *Jornal Nacional*, entrou no ar com aquele jeitão desembaraçado de ter sido não apenas recomendado como patrocinado pelo SNI. Era um presente caído do céu, a prova viva (ainda que em videoteipe) de que há agitadores profissionais nos meios estudantis. Pensei comigo: "Esses baderneiros só podem ser formados em partes iguais por direitinhas e esquerdinhas." De fato, nas horas em que a repressão lança nas ruas as suas tropas de choque e traumatiza o distinto público mediante a utilização drástica do AI-5, os neofascistas se rejubilam na sombra e os comunistas descansam em suas catacumbas. Cabe a alguns porras-loucas dar razão às duas facções, ambas clandestinas — e por meio dessa dialética pueril quem ganha pontos é o governo, cujas medidas de segurança se vêem justificadas pela desordem eletronicamente documentada.

Nessa altura, os liberais atônitos só podem repetir as palavras de Oscar Sala. Quer dizer, as palavras que ele não disse mas estavam implícitas no seu desabafo: Seria um trágico erro, que custaria caro a todos nós, indistintamente, admitir que o estandarte da anistia seja empunhado pelos intolerantes.

17.7.74

Bodes expiatórios

De vez em quando, os músicos da Esquerda Festiva se reúnem no Coreto dos Descontentes e apresentam o único número do seu repertório que a Censura escuta embevecida. Chama-se "Dobrado do Bode Expiatório". Apanham um companheiro surpreendido em flagrante desorientacão existencial e descem-lhe o malho. O sujeito entra na berlinda e leva cacetada por tudo quanto é lado. Fofocas pipocam em torno dele, lançadas em diferentes veículos de informação. Os ingênuos falarão em coincidência, mas não é não: digam antes "convergência". Intolerância, crueldade e covardia formam o *pathos* dessa lenga-lenga. No momento, os bodes expiatórios são dois: Caetano Veloso e Gilberto Gil. Caetano, porque já foi usado bestamente como ponta-de-lança nas agitações juvenis de anos atrás; Gilberto, por estar sempre de algum modo ao lado de seu irmão-de-escolha. São Doces Bárbaros, os dois. Já foram contestadores mais ou menos inocentes — generosamente expostos à vigilância policial e à intolerância do outro lado — a Direita. Eliminemos os "diferentes matizes" do verde e do vermelho... Contemplemos o problema a vôo de pássaro e ficará fácil admitir que só há Direita e Esquerda. Os extremistas de ambos os lados, já se disse, trabalham hoje na clandestinidade. Os comunistas históricos engordam, lêem as últimas instruções do Partidão, agarram-se à sua fé marxista e esperam; os neofascistas, mais ou menos tolerados seja lá por quem for, jogam bombas assimétricas (OAB, ABI, residência de Roberto Marinho), seqüestram e humilham bispos católicos. Isso, agora. Quando o pau quebrava às claras, nas ruas, a coisa foi resolvida com tiroteio.

Os Doces Bárbaros, vigilantes mas impotentes na vulnerável trincheira dos artistas, conheceram a cadeia e o exílio. Hoje, Caetano se confessa em música, travestido em "Tigresa": sentiu-se atraído pela política em 1966, agora prefere rebolar no "Frenetic Dancing Days". Gilberto Gil agrava essa alienação (?), proclamando sua simpatia pessoal pelo presidente Geisel. Então o maestro, enfiando o gato na tuba, desfere no ar um chamamento à esfarrapada "melodia" dos bodes expiatórios. Ninguém respeita, sequer pressente o sofrimento moral desses dois baianos. Ninguém avalia o quanto lhes custa escolher a dança, a alegria do corpo, a perda de status cultural, a expulsão da panelinha da *intelligentsia*. "Nada disso importa (diz o maestro), os sentimentos que vão para o diabo! Eles no momento não podem ser considerados seres humanos, frágeis e assustados, mas tão-só bodes expiatórios. Pau neles!"

Pior aconteceu a Glauber Rocha. A banda de música que dá sessões esporádicas no Coreto dos Descontentes, em vez de examinar friamente a conturbação espiritual em que se encontra Glauber, sua dialética de pai-de-santo que serve de cavalo, ao mesmo tempo, aos espíritos de Marx e do general Klinger, em vez de estudar o caso com a genuína curiosidade do companheiro estupefato e a indispensável simpatia que se exige de um velho amigo — em vez disso, pau nele! Minha opinião é que Glauber não tem razão, mas está certo; de alguma forma alucinada ele está certo, ou então está errado à sua maneira voraz, quer dizer, mergulhando de ponta-cabeça na contradição, agravando essa temeridade com a subversão da ortografia (escreve "Brazyl"; daí a suspeita, que me veio, de estar ele possuído pelo espírito do general Klinger...), ele pode estar errado mas tem esse direito, está vivo, existindo, sofrendo, procurando uma brecha na escuridão, pô.

Insinuaram que Glauber estava doido; o boato espraiou-se. Discutiu-se isso em jornais e revistas, falaram isso nos botequins. Fiquei então certo de que, no fundo, nossos esquerdinhas concordam com a teoria psiquiátrica vigente em Moscou, segundo a qual quem pensa ao contrário de mim deve ir para o hospício.

Enfim.... Doidos estamos todos nós, ninguém sabe mesmo para onde vai esta galera sem bússola, com a tripulação dividida e o comandante segregado de moto-próprio em sua augusta solidão... Mas não custa dar um voto de confiança aos que foram, e são, nossos companheiros por afinidade. Repito, e com isto termina esta purgação, sem a qual não poderei volver à flor da consciência clara: não se pode admitir que os intolerantes empunhem o estandarte da Anistia.

18.7.77

Reflexões mágicas

Pensei em entrar em férias, mas os assuntos que tenho em pauta me espreitam impacientes. São graves demais. Tenho a impressão de que seria covardia abandonar a trincheira na hora mesmo em que os clarins do inimigo anunciam a investida.

Me refiro aos inimigos do homem, diante dos quais o cronista de frivolidades tem que ceder o lugar a um alter ego exigente, combativo, minucioso em suas investigações e desbordante no seu discurso. Os inimigos do homem: a miséria, a doença, a fome, a guerra, o próprio homem que investe contra os demais armado de egoísmo, cobiça, avareza, arrogância. Me detenho na humilhação universal, já antiga, mas brutalmente clarificada quando vimos a multidão de miseráveis saqueando no escuro os supermercados de Nova York, capital do capitalismo, cartão de visitas da mais rica nação do planeta.

Deixá-los dormitar, esses problemas; não serei eu quem há de resolvê-los; se me atormentam, e ninguém está livre dessa provação, tenho tido sorte — pois aqui, com palavras, distribuo o meu fardo com o incauto leitor, que já carrega o seu nas costas, e abrindo o jornal à procura de descanso e sorriso, depara com uma sobrecarga que lhe será impossível esquecer... Feito isso, eu, com um formoso ponto final, me desobrigo das aflições coletivas e leve, lépido, salto a correr atrás de imaginárias borboletas, em bosques de antigamente, conforme o sonho sugere a todo aquele que, pobre ou rico, em dado instante se declara em férias.

Entre nós, emoções e sentimentos originários de circunstâncias variadas formam uma surpreendente simetria. Estou propenso a reuni-las, certo de que de tal reunião se poderá extrair um ensinamento otimista. A mãe cujo filho é seqüestrado e assassinado surge na televisão perdoando o assassino. Foi esse o episódio crucial no alucinante drama conhecido por "Zé do Rádio".

Agora, a mãe da garota assassinada, a garota problemática, típica da Zona Sul do Rio de Janeiro, chora a morte da filha; mas, conformada, admite que nenhum milagre poderia devolver-lhe a criança sacrificada; e então chama a atenção do povo e das autoridades para a violência nas ruas, pensando em outras mães que têm outras filhas ameaçadas. A culpabilidade, nos dois casos, adquire um aspecto difuso. Essas duas mães nos dizem que todos somos culpados, e eu lhe digo que por trás dessa advertência compassiva e revoltada tem outra formulação — a saber, a violência que está nas ruas não é brasileira. É um corpo estranho entre nós. Vivemos uma crise nacional de identidade. Temos que perdoar os homicidas que investem contra infantes e adolescentes, pois eles também não sabem mais quem são, falta-lhes o toque brasileiro, passional; rejeitamos a brutalidade consumada a sangue-frio.

De outro lado, mas simetricamente, observamos a pitoresca transfiguração metodológica de alguns artistas politizados, cada qual respeitável a seu modo. Aqui pode, e deve, e considero saudável que entre em cena a galhofa, ainda que traga em si uma pitada de ingratidão. Um declarado marxista freudiano, e ainda por cima baiano, artista e cidadão acima de qualquer suspeita, realizando uma pirueta radical, deposita as suas esperanças nos militares do nosso querido Brasil. Escândalo nos arraiais da esquerda miúda e festiva. Em seguida, Caetano Veloso adere aos pretos americanizados, os *breque is biltiful* da Zona Norte, e faz a apologia dos "Frenetic Dancing Days", e passa um atestado (falso, estou certo disso) de alienação, afirmando que não lê jornais. E Gilberto Gil, com suas trancinhas africanas caprichosamente enroladas, uma por uma: "Eu, por exemplo, acho o general Geisel muito simpático..."

A distância etária não chega a ser abissal entre quem tem 40 e quem tem 30 anos; no caso de artistas de explosão precoce, torna-se irrelevante. Mas na cronologia cinematográfica, Nélson Pereira dos Santos é o pai de Glauber Rocha. Sem *Rio 40 graus, Deus e o diabo na terra do sol* provocaria uma convulsão solitária. O gênio de Glauber seria reconhecido, mas alinhado entre os produtos de geração espontânea, estaria, recém-saído da adolescência, à beira do prestígio acadêmico. Não fora a preexistência do cineasta Nélson Pereira dos Santos, o qual abriu o caminho ao aparecimento dos filhotes do Cinema Novo, todos talentosos, confusos, impacientes, generosos.

Agora leiam na revista *Veja*:

— O que o Glauber está dizendo tem a força da profecia. Ele pensa com vinte anos de antecedência. Poderá não existir hoje um militar que corresponda àquilo que o Glauber imagina, mas ele está jogando com uma possibilidade bastante viável: a de que o militar brasileiro, além do projeto de nação, assuma também um projeto ligado ao povo.

Quem diz isso é Nélson Pereira dos Santos. Quem deduz sou eu: cansado de rancor, sentimento que não lhe é natural, o *homo brasiliensis* regressa ao seio da cordialidade. Procura pacificar o adversário, atenuando as diferenças, sugerindo uma trégua, propondo uma convergência de interesses. A tentativa é clara de envolvimento e sedução. Estão namorando os militares, a começar pelo número 1, aquele que contempla o espetáculo de seu gabinete no palácio do Planalto.

Temos diante de nós, então, um intervalo mágico, interlúdio na tragicomédia política brasileira. A mesma pirueta de Glauber Rocha, em grau bem mais sofisticado (porque inconsciente), foi dada simultaneamente pelo Henfil. Este convocou sua própria mãe, e por intermédio dela envia cartinhas de amor ao general Geisel. Consultem a última página de *IstoÉ*. Há semanas o Henfil não faz outra coisa. Na moita, na moita, como bom mineiro, ele vai aderindo.

Para simplificar, eles são (seremos nós?) *Terezas Batistas cansadas de guerra*... Ou "baptistas", que é como se assina outro general que vocês conhecem...

Razões tenho, portanto, para acalentar a esperança no coração.

1.8.77

Um rei vestido demais

O comandante do II Exército, general Dilermando Gomes Monteiro, surpreendeu a opinião pública ao declarar, em essência, que "hoje, quando se fala em dignidade, em respeito à pessoa humana, muita gente pensa que quem assim fala está aliado às esquerdas, que está voltado para aqueles que defendem a propagação das idéias marxistas-leninistas. É exatamente isso que temos que impedir; nós não podemos deixar cair nas mãos dos comunistas as bandeiras que são nossas, brasileiras".

Comentando esse pronunciamento, o cardeal-arcebispo de São Paulo, Dom Evaristo Arns, disse que o general "está assumindo alguma coisa que antes era quase sempre apresentada como sendo contra-regime, contra-instituição contra-situação etc.".

Correu o boato de que as palavras de Dom Evaristo tinham causado insatisfação em parte da área militar. Ao repórter que lhe pediu confirmação, o general Dilermando respondeu:

— Tenho a consciência tranqüila, pois estou agindo bem, dentro do que nós achamos melhor. Se essa atuação produz pensamentos favoráveis em alguém, não posso me sentir triste, parta de quem partir. Não posso impedir que as outras pessoas me julguem.

Aqui está o quadro psicológico do momento político, surpreendido em sua mesquinha mecânica. Um suposto adversário (alta figura da hierarquia católica) elogia as palavras de um suposto militar intolerante, desde que as opiniões deste último desmintam categoricamente seja ele intolerante. Mas alguns mesquinhos defensores da linha-dura, responsáveis pelo prolongamento do pesadelo em que vivemos, deduzem um conluio por trás desse diálogo amistoso, além de indireto. Clarifiquemos rudemente o problema: o cardeal-arcebispo estaria contaminado com a peste esquerdista, e, com sua manifestada simpatia, poderia passar essa temível doença ao comandante do II Exército. Eis aqui a ferida aberta, que faz sangrar a alma atormentada do deputado José Bonifácio: hipocondria, hipocondria política. O medo do contágio, seja à esquerda ou à direita, que condenou à patética solidão nosso querido "Ubaldo, o Paranóico."[1]

Nessa atmosfera de suspeição, a qual nos autoriza a constatar que o ar está podre, me sinto no dever de reformular minhas "reflexões mágicas", nas quais convidava os leitores ao jogo das simetrias. Consiste esse jogo em pinçar acontecimentos desconexos e disparatados, reuni-los arbitrariamente e extrair deles algo parecido com a palavra convergência.

Adverti que, em certos casos, a galhofa seria tida por saudável. Mas fui infeliz na formulação da simetria quando nela introduzi o atual estado de espírito de Henfil. Se há intolerância à extrema direita, a ela corresponde igual movimento à extrema esquerda. Henfil se liberou da paranóia mediante uma pirueta feliz. Deu de escrever cartinhas à sua mãe, em textos dos quais se desprende uma doçura de criança de 10 anos de idade, apegada à presença materna compreensiva e solidária. Graças a essa nova perspectiva, pôde olhar de frente a realidade. Ele que sempre pede à sua mãe "a bênção de seu filho", inventou uma situação na qual, ludibriando o aparato de vigilância, conseguia entregar uma carta à primeira-dama. A primeira-dama a que se referia era a senhora Geisel...

Desta forma, ele realiza aquele salto-mortal que é o pulo-do-gato do grande humorista. Troca as bolas. Em sua fábula, o menino irreverente, desprovido de preconceitos, anuncia a Deus e ao mundo a evidência gritante, ou seja, O REI ESTÁ VESTIDO DEMAIS! Que renuncie a essa capa matizada de majestade e arbítrio, a qual tem o nome de AI-5!

[1]Personagem de humor negro criado por Henfil.

Ufa! Após três dias sem dormir, pensando nisso, consegui recolocar as coisas em ordem. Tremenda injustiça estaria cometendo, se permitisse que os desavisados acreditassem numa adesão velada de Henfil à democradura que assola o país. Ele não abandonou o belo combate. Apenas trocou de armas, investindo agora com altivez e doçura. Estou do lado dele.

3.8.77

Um brinde à esperança

Admito a censura. Mas a do público, que não vê a peça ruim e não lê o livro ruim. Sim, aceito a censura de costumes: como aquela nos copos de uísque — *for gentlemen* (para cavalheiros), *for children* (para crianças), *for pigs* (para porcos), estabelecendo a dose certa para cada um.

Brilhante, oportuníssima manifestação de rebeldia e irreverência! Pois aquele que assim fala é Guilherme Figueiredo, escritor de variada produção — teatrólogo, publicitário, cronista, gozador carioca típico, embora não tenha nascido no Rio. E irmão do general João Baptista Figueiredo. Com um pai constitucionalista aguerrido, e um irmão liberal até a medula, esperemos que os atos do futuro presidente da República nos levem a concluir que, de fato, ele teve a quem puxar...

A propósito da proibição de um livro de José Louzeiro, admiti recentemente que o outro lado (ou seja, o governo) talvez tivesse razão, em certo sentido. Foi a posição que me pareceu correta diante do fato consumado. Uma vez que uma lei de exceção se abaterá sobre o livro, o diálogo me pareceu a maneira mais eficaz de lutar por sua liberação. Assim também, quando pedimos a libertação de Flávio Tavares, não levamos em consideração (por tática) a natureza brutal do equívoco, a nível de governo, que o levou à prisão em Montevidéu. Na verdade também sou contra qualquer tipo de censura.

Impõe-se que nos devolvam o direito de escolher livremente aquilo que desejamos ler, assim como o direito de ver os filmes e peças de teatro cujo argumento nos despertaram uma curiosidade legítima. Nosso discernimento individual não pode ficar sob a tutela de quem quer que seja. Não somos crianças, pombas.

Xantospermo, por exemplo, seria um palavrão? Até que parece. Mas diz lá o dicionário que esse vocábulo se refere a determinadas plantas que têm sementes amarelas. É botânica, e não safadeza; e entra aqui só porque começa com xis e estou compondo mais um acróstico, pelo puro prazer do jogo. O assunto, contudo, é grave. E se ilude quem supõe sejamos capazes de ler qualquer coisa que nos caia nas mãos. Vejam por exemplo isto:

Os originais de *A paixão segundo G.H.* me foram mandados pela Clarice Lispector. Passei os olhos e lhe telefonei: "Vou publicar — mas ler, jamais!" Era verdade: eu estava sem coragem de ler esse livro. Li-o anos depois: um romance duro, uma longa meditação sobre o ser, uma obsessão extenuante. Nenhum tipo de literatura pode ser mais distante do meu gosto. Pois ainda assim fui derrotado — e me rendi a esse grande livro. (Rubem Braga, falando a *Veja* em 14/12/77.)

Aliás, uma vez, o Rubem ia publicar um livro meu. Me mandou então um bilhete sugerindo a troca de algumas palavras, cinco ou seis. Elas lhe haviam ferido os tímpanos. Aceitei três das sugestões, e me mantive irredutível quanto a duas outras. Isso ficou valendo mesmo depois que o livro passou às mãos de outro editor:

Convidou-me o Rubem, ainda, a considerar determinada metáfora que, no tal livro, comparava as emanações de uma casa ao hálito gelado de uma crise diabética. Insinuou que os diabéticos poderiam ofender-se. Estudei longamente o parágrafo por ele indicado e, modestamente, considerei válida a sua advertência. Reformulei a metáfora, poupando aos diabéticos um sofrimento desnecessário. O Braga estava certo e eu, estilisticamente, errado.

Enquanto isso, me aproximo, com lentidão de degustador, das *200 crônicas escolhidas do capitão Braga*. Como ele diz bem! E pode circular sem susto nos lares e nas escolas. Aqueles que têm medo da prova de redação no vestibular aprenderiam muito com o Braga, esse que escreve como quem respira.

Naturalmente delicado, pouco afeito ao linguajar chulo, nem por isso o Braga escapou à censura e perseguição durante o Estado Novo. Combatia idéias e procedimentos da ditadura Vargas. Ninguém ousou acusá-lo de atentar contra a moral e os bons costumes, mas conseguiram encaixá-lo na categoria dos subversivos — quando hoje todos sabemos que a subversão, a ilegalidade, eram na época o apanágio do sistema político vigorante no Brasil.

Sou um filhote da geração Rubem Braga. A geração Graciliano Ramos. Os homens que estão hoje, na vida pública, salvo desonrosas exceções, sofreram na carne e no espírito as conseqüências de serem jovens sob o período fascista anterior à Segunda Guerra Mundial. Foram presos, exilados, silenciados. Será que pretendem agora compensar-se do que sofreram, fazendo sofrer da mesma forma outra fornada de jovens que vão despontando com fome de liberdade e sede de justiça?

Um dos poucos escritores brasileiros, entre os que não estão de acordo com a situação, fazendo além disso alarde de exacerbado individualismo — ou seja, eu mesmo, sou um dos poucos que conseguiram atravessar sem constrangimento a via estreita da divergência consentida. Sou hábil, sou malandro, não tenho o hábito de chuçar a onça com vara curta. Então a minha voz continua clamando. Mas isso, em alguns momentos, me causa singular embaraço. Tenho a sensação desagradável de que, no fundo, ninguém acredita mesmo que eu seja um rebelde...

Repito, contudo, por me achar convencido disso, que o escritor tem a obrigação de estar presente, o que consegue não fazendo o jogo dos radicais — à direita ou à esquerda. Fala-se em redemocratização pacificação reconciliação. Pois muito bem, quando chegar esse momento, os sobreviventes terão algumas histórias bem interessantes para contar às crianças.

Arre! Chegamos ao fim. Quer dizer, tudo indica que ingressamos em novo ciclo, porventura menos sufocante. Em sinal de esperança, desejo erguer um brinde juntamente com Guilherme Figueiredo. Que se choquem fraternalmente os nossos copos e bebamos ao futuro do Brasil na dose certa — *for gentlemen*, bem entendido; para cavalheiros...

8.1.78

Um alienado no caos

Bom. Já que o Brasil acabou, vou tratar da minha vida. São esses os idos de abril de 1964. A minha vida de certa forma acabou também; mas se olharmos as coisas de outro ângulo, veremos que se fechou um ciclo e outro se abre. Tenho uma arma. Alguém mandou um recado ameaçando matar-me. Um homem socialmente bastante poderoso, embora de psicologia cordial, deixou um aviso no Hotel Carlton, onde eu estava morando. "Vou matar aquele canalha." As circunstâncias que desencadearam essa ameaça foram do tipo romântico. O famoso triângulo: dois homens e uma mulher. Mas ele não me disse cara a cara: "Vou matar você, seu pulha!" Considerando um homem cara a cara, sei distinguir a qualidade de sua cólera; o assassino, tal como o suicida, traz na pálpebra um tremor característico; quem já viu dois galos na rinha, 30 segundos antes da mútua destruição, compreenderá o que vou dizendo. Mas foi o gerente do Hotel Carlton quem me recebeu e me passou o recado. "Ele mandou dizer que vai matar o senhor. E não parecia estar brincando"... Ora, um homem poderoso na sociedade pode muito bem contratar um matador profissional, e eu não estou disposto a morrer crivado de balas assim sem mais nem menos. De maneira que procurei o João, velho e sábio companheiro, colecionador de armas. Ele escutou a história e disse: "É, não convém facilitar. Vá para um lugar qualquer, fora do Rio de Janeiro, e espere a poeira assentar."

O João, pessoa incapaz de ferir uma mosca, pertence àquela raça imorredoura que me causa incontida inveja. É católico. Vai à missa aos domingos e tem Jesus no coração. *Bricoleur*, vive às voltas com maquininhas; nos anos 50 da presente era, inventou o relógio. E coleciona armas de fogo.

Depois de sopesar a minha insegurança, trouxe de seu arsenal uma pistola automática calibre 22, preta. Ensinou-me a colocar o pente com as balas, mostrou-me como se trava e destrava a engenhoca. Depois me presenteou a pistola sem bala nenhuma, pois eu não pretendia matar ninguém. Seria apenas um argumento visível de intimidação. Tecnicamente, mesmo com as balas, aquela arma só me daria vantagem num confronto à queima-roupa, desde que o adversário viesse de mãos abanando. Enfim, tudo se resumia em levantar o meu moral. E assim andei pelos bares, exibindo a pistola que cabia no bolso da calça, na suposição de que o meu arquiinimigo tomaria conhecimento dos fatos e pensaria duas vezes antes de me mandar para o inferno com a boca cheia de formiga.

Alguns dias mais tarde, seguindo os conselhos do João, me refugiei em Friburgo. Não houve nem haveria tiroteio. Fiquei lá trabalhando, isto é, de papo para o ar. Crônicas enviadas da Europa continuavam saindo e, falando como profissional, o futuro imediato não me preocupava. Ninguém na verdade estava interessado em ler crônicas. Os jornais vinham recheados de agitação, os marinheiros sublevados, a hierarquia militar desmoralizada, comícios e conspirações estourando por todo lado. Era a baderna mesmo, e não creiam que isso me intranqüilizasse. Eu nunca tinha visto o Brasil sacudido por uma verdadeira convulsão social. O meu coração estava do lado da anarquia, mas os meus pressentimentos eram sombrios. Aquilo haveria de terminar à esquerda ou à direita, e nunca fui bem visto de um lado ou de outro. Aliás, nunca fui bem visto em parte alguma. Estudei política, acho que já disse isso, em Nietzsche, Merleau-Ponty, Camus, Sartre. Comecei minha vida adulta com 6 milhões de mortos na consciência. Não é hora (nem este o local) de falar no problema palestino, que anos adiante me levaria ao desbunde intelectual. Estamos por enquanto em fins de março de 1964, e em seguida aos 6 milhões de judeus assassinados eu ainda teria que suportar o trucidamento de Trótski e a visão aproximativa do terror stalinista. Política, em meu entender, era isso, uma fábrica de atrocidades, e não um latifundiário brincando de esquerdista, falando em reforma agrária e comprando terras e gado. Já que ninguém me leva a sério, não tenho certeza de que a minha inscrição no Partido Socialista Brasileiro esteja arrolada entre meus pecados nalguma prateleira do SNI. Não era pecado não, botei meu nome no Partido Socialista porque não havia um Partido Anarquista. Os socialistas eram esbordoados à esquerda e à direita — mais à esquerda que à direita — órfãos de revolução, remanescentes do trotskismo, românticos estudiosos de arte e literatura — formosa minoria ultrapassada, anacrônica, a minha boa gente expulsa da história por excesso de amor à transfiguração dos homens. Se hoje namoro o catolicismo, é porque encontrei no Cristo um caminho compreensível. Afora o Cristo, tomo o partido da imaginação. Graças a Deus. De maneira que tudo isso que está aí, que esteve aí, e que vos empolga, eu considero um belo estrume. Me desculpem, na minha caixa de adjetivos está faltando um vocábulo mais contundente.

Foi quando eles chegaram. Eles... Nessa altura, quando descia a noite em Friburgo, no meio do mato, à beira de um riacho que me lembrava Casimiro de Abreu, e por via de ressonância me lembra agora um camafeu no colo alabastrino de uma brasileira produzida na Itália, de nome Angelina — o qual camafeu representa um menino e uma menina de tempos antigos, tendo ao fundo um bosque verde — nessa altura, tão logo descia a noite, umas pererecas vinham me visitar saltitantes. Alguns pequenos sapos de olho grande, escorregadios, silenciosos, saltitantes. A lâmpada na sala atraía uns mosquitos e eles vinham vindo, com fome de mosquito. Eram mansos e meio idiotas feito peixinhos de aquário. Povoavam a minha solidão. Lá fora o Brasil sucumbia na sua crise existencial sem remédio. E eles — não os sapos, e sim os intelectuais, foram chegando assustados.

25.1.78

O filé censurado

Lá vinham assustados os intelectuais, artistas de esquerda. Nessa altura — primeiros dias de abril, 1964 — inocentes genuínos, não inúteis. A esquerda festiva. Não tenho elementos para recordar em que número chegaram; nem posso afirmar que este ou aquele, que hoje me vem à memória, esteve lá realmente. Contudo, ponho a minha mão no fogo por três deles, especialmente um querido amigo que anos depois, já estruturado em suas convicções políticas, sofreria perseguição e haveria de buscar segurança no exílio.

Nessa ocasião, já lhes disse, eu me reunia com as pererecas do anoitecer, que mansas, escorregadias, ficavam à luz da sala povoando minha solicitude; de vez em quando, sem quê nem pra quê, uma delas soltava por entre os beiços uma gargalhada de brejo, algo demente e logo sobrevinha o silêncio de grilos, o perfume da noite silvestre com uns pirilampos e o lerdo chuá de um riacho, alhures. Foi pois com arrebatada alegria que abri as portas aos recém-chegados. Abri um garrafão de vinho tinto e fizemos uma roda de camaradas. À maneira do estrategista assinalando com percevejos os pontos cruciais de um mapa de guerra, eles me contaram de que modo as coisas estavam pretas lá embaixo, no Brasil propriamente dito. Entenda-se que nossa reunião estava no momento isenta de clandestinidade. Sabia-se que a legalidade anterior fora desmantelada, mas ainda se ignorava a natureza do regime que se instalaria em seu lugar. Seria alguma coisa dura ou branda, conforme a biografia dos homens envolvidos e o ímpeto descontrolado das circunstâncias. No momento, era só.

De manhã, Zande fez café. Eu havia comprado mantimentos no centro da cidade: ovos, queijo, pão de forma. O sítio, recentemente comprado pelo próprio Zande, por enquanto não merecia tal nome. Duas pequenas casas de alvenaria plantadas no mato desgrenhado. Depois do café, Zande e seus companheiros se ajuntaram numa das casas, para onde levaram um rádio de pilha dos grandes. No outro prédio eu anotava, numa Olivetti, os acontecimentos de meu reduzido cotidiano, os sonhos ainda frescos na consciência, a confortável presença de Zande & Companhia. Meu Diário sempre foi assim, um anódino inventário de banalidades.

Cinco minutos depois, estava na estrada, a caminho do centro de Friburgo, onde deveria comprar mais comida, cigarros e jornais — todos os jornais que encontrasse na banca. Andei meia dúzia de quilômetros, comprei o que era preciso e voltei pelo mesmo caminho, que em alguns trechos era de barro escalavrado por chuvas esporádicas. Trazia agora um pesado fardo, mas vinha contente, assoviando, parando às vezes para tomar fôlego. Eu tinha uma surpresa para os meus amigos: alguns bifes. Estando ali sozinho no meio do mato, quando me dava preguiça de almoçar nalguma pensão longínqua, eu mesmo me servia ovos cozidos e, glória da gastronomia nunca reconhecida pelos aficcionados, um legítimo Filé de Alcatra à Carlinhos Oliveira, banhado em manteiga e temperado ao gosto do freguês.

Desgraçadamente, Zande & Cia. eram da esquerda mas não eram burros. O almoço por mim preparado, disse alguém, antes de cuspir no prato um pedaço de carne, "pode figurar sem desdouro entre os grandes desastres que assombraram a vossa infância, a começar pelo naufrágio da barca *Sétima*". (A barca *Sétima* afundou entre o Rio e Niterói, matando dezenas de alunos e padres salesianos.)

Já que ninguém queria comer, também rejeitei meu bife e me juntei aos demais, que preferiram beber vinho. Dali a pouco, sofreria uma humilhação das mais refinadas. Consultando o Diário, verifiquei que minhas anotações, escritas após o café-da-manhã, tinham sido cuidadosamente eliminadas com o uso de uma gilete. Zande & Cia., na minha ausência, tinham violado meus papéis íntimos e sem me consultar haviam mutilado o trecho que lhes pareceu inconveniente. Que suspeita ominosa lhes terá passado pela cabeça enquanto eu andava quilômetros à procura do pão e do queijo de que se alimentariam? Eis a triste verdade: cuspiram duas vezes no prato em que deveriam comer. A primeira, lançando fora da boca o famoso Filé de Alcatra à Carlinhos Oliveira — uma iguaria que, sem querer botar banca de Paul Bocuse, Robinson Crusoé seguramente consumiria de joelhos, agradecendo a Deus o surgimento de mais alguém na ilha além do Sexta-Feira. A segunda vez foi quando me humilharam covardemente, inaugurando a censura à coisa escrita, proibindo a livre manifestação do meu pensamento, igual como fariam mais tarde aqueles que acabavam de tomar o poder.

Guardei essa mágoa por algum tempo, mas não por muito tempo. Quando Zande & Cia. começaram a sofrer perseguição, quando foram reduzidos ao silêncio, quando comeram o filé de alcatra insosso do exílio, me senti novamente do lado deles. Mas se eles estivessem hoje no poder, por acaso não ocorreria a mesma coisa? Não iriam também mutilar os escritos alheios?

Direis que, em certos casos, os fins provavelmente justificam os meios. Em certos casos, admito, mas quaisquer fins? Por causa dessa afinidade entre a esquerda exacerbada e a direita furibunda é que estou sempre só, observando, feito um pequeno sapo fascinado pelas lâmpadas elétricas. Mas de vez em quando me sinto no direito de soltar uma gargalhada de brejo, despropositada e com um timbre levemente demencial.

27.1.78

Violência nas ruas

Neste ponto não sei se devo prosseguir ou se... Bem, estou com medo. Sentimento desagradável, combinado com amargo pressentimento. Se vou ressentir situações, a fim de exorcizá-las, corro o perigo de ser alvo de ressentimentos simétricos. Haverá quem aqui encontre, nas entrelinhas, o frio cálculo de um direitista; outros poderão discernir o significado exatamente inverso nessa minha sinuosa viagem. Tivemos muito medo já, quando estávamos à beira do abismo; mergulhamos aterrorizados no abismo; e agora que alguma coisa, um galho agarrado na ribanceira, em plena queda, parece seguro o bastante para nos resgatar à escuridão sem fundo, temos ainda medo. A esperança dá medo. A pacificação dá medo. A reconciliação dá medo. A anistia dá medo. Mas é de outra qualidade a angústia que experimentamos agora. Há nela um não sei quê positivo.

Procuro imagens que me situem, na confusão. Vejo-me numa janela, na avenida Rio Branco por volta do meio-dia. A guerrilha urbana em sua manifestação primitiva, desordenada, tecnicamente ineficaz, centenas de jovens, com pedras na mão, que se agrupam, investem, atiram as pedras, se dispersam e reagrupam conforme avançam ou se imobilizam os cavalarianos da Polícia Militar, armados estes de cassetetes, sabres, escudos e revólveres. Do alto dos edifícios, a classe média, aquela heterogênea parcela de povo que trabalha nos escritórios, improvisa petardos — catálogos telefônicos, rolos de papel higiênico embebidos em água, cinzeiros. Os cavalos relincham, alguns cavalarianos desmontam em fragorosos tombos, atingidos pelo bombardeio que vem do alto. Bombas de gás lacrimogênio, disparadas de bazucas cujo aspecto por si intimida, assoviam na claridade tropical, ocasionando a dispersão, pelas ruas transversais, desses atrevidos "trombadinhas" da pequena e alta burguesia...

Aqueles que tropeçam, e caem, e são pisoteados por companheiros em fuga, recebem ainda por cima a sova de cassetetes desferida pelos soldados, e depois são jogados no camburão. Mas eles voltam, os garotos. Reaparecem em todas as esquinas. Querem conquistar a rua de qualquer jeito. De ambos os lados, os combatentes desabam, tropeçam, gritam, fazem pontaria e disparam. Manifestantes de cabeças quebradas sangram nas calçadas. Mocinhas desmaiam e, em breves momentos de trégua nos quais cada qual trata de retomar o fôlego, são arrastadas para lugar seguro por colegas improvisados em equipes de socorro. Não sofrem menos os soldados. Já estão moralmente magoados, alguns enfurecidos: o povo lá de cima — os "adultos" — parece não compreender o que fazem ali. E também se registram baixas em suas fileiras. Um objeto não identificado, que pode ser um tijolo e seguramente pesa tanto quanto, desce lá de cima; um capacete rola, um cavalo corcoveia, um PM é lançado no asfalto, a cabeça quebrada. Um rapazola mais audacioso avança na terra-de-ninguém — 50 metros de asfalto que se espicham e se encolhem ao capricho das escaramuças —, e ei-lo, o rapazola, que arrebata o capacete e se põe a correr em triunfo, agitando na mão erguida o troféu conquistado ao inimigo, em plena refrega.

Esta é a palavra que amedronta: inimigo. Precisamos riscá-la do dicionário político. Na verdade, de um lado e de outro só há brasileiros, embora momentaneamente desavindos — e por cima deles também, não nos esqueçamos dos outros irmãos nossos, momentaneamente desavindos, que participam do espetáculo debruçados às janelas. De vez em quando, um desses agressores de parapeito é localizado em meio à muralha de cimento e vidro, e lá vai uma bomba de gás em direção à janela...

Observando de camarote a cena urbana, já familiar — o vocábulo da moda era "passeata" —, eu tinha no entanto um problema íntimo. Junto a mim estava um velho amigo em cujo organismo a morte se havia instalado. Cinqüentão, boêmio, playboy, sentira a desagregação inexorável de si mesmo, porém não dava o braço a torcer, não chamava o médico, não ousava pronunciar o nome da doença. Mais que suspeitando que brevemente ele morreria, eu contudo respeitava a sua relutância em admitir o pior. Acompanhava-o aonde quer que fosse.

Naquele princípio de tarde, tendo que tratar de negócios no centro da cidade, ele me convocara e ali estávamos nós, surpreendidos pelo drama histórico. O carro dele ficara no Museu de Arte Moderna. Impossível chegar até lá, partindo da avenida Rio Branco. E agora lhe doíam o estômago, os rins, os intestinos. Lenta e cruelmente, a morte andava a roê-lo, feito faz o gato, lenta e cruelmente, com o camundongo que aprisionou sob as patas dianteiras. Sem perder a dignidade, pois estávamos cercados de pessoas que ignoravam sua dor, ele transformava os gemidos em impropérios dirigidos contra o governo. Fingia estar participando. Juntando os estilhaços de seu discurso, que deveria produzir em sua mente o efeito de um sedativo, construía-se um arrazoado bastante lúcido, embora sombrio:

— Veja, veja o que estão fazendo esses idiotas! — gritava ele. — Estão lançando a garotada na clandestinidade. Vá por mim: conheço o meu eleitorado. Fechadas as urnas aos seus anseios, fechada a rua às suas reivindicações, fechado o futuro imediato às suas esperanças, para onde irão essas crianças enraivecidas, se não para a clandestinidade? Pouco importa que estejam certos ou errados, que sigam ordens de demônios ocultos ou simplesmente obedeçam à necessidade de exprimir essa indignação cega. O fato é que fecharam a rua. Estão por demais eriçadas as paixões. Ninguém mais se entende nem quer se entender. Veja como parece simplório o enredo dessa comédia: baderneiro joga pedra e polícia responde com cassetete e bomba de gás. Isso não tem fim, essa peça não ficará muito tempo em cartaz. Dentro em breve, o confronto sofrerá uma transformação radical em seus métodos, e a luta seguirá nos cafundós da sociedade visível. É o terror que vem aí, meu chapa. Conheço o meu eleitorado...

Não era um palpite visionário, mas a mera constatação do impasse a que havíamos chegado. Alguns meses depois, quando se confirmassem seus prognósticos, o meu amigo já estaria morto e enterrado.

29.1.78

Chumbo grosso

Não era ainda o tempo do terror generalizado, que nem sei se as minhas mãos estarão bastante firmes para evocar com precisão. Hoje que me proponho (juntamente com outros democratas sem rancor) a abrir uma brecha no vazio em que navegamos, percebo que não é no oco que navegamos, e sim num coágulo dentro do qual a história se imobiliza — uma bolha dessas produzidas por queimaduras de segundo grau; quando arrebentam, a carne arde, a carne dói. Em todo caso, se não vier inflamada pelo rancor, a esfoladura cicatrizará por si mesma, dispensando uma cirurgia reparadora.

Não, era um tempo relativamente calmo. Pelo meio-dia nos encontrávamos, o Bigodudo e eu, e entrincheirados por trás duma pilha de jornais e revistas, lado a lado e em silêncio, consumíamos a nossa ração cotidiana de informações. Ninguém se aproximava nas duas primeiras horas. Apenas o garçom, a um estalo de dedos, vinha renovar nossas doses. Duas horas depois — uma vez, por curiosidade, marcamos a duração no relógio — encerrávamos o expediente, e então podiam achegar-se os bêbados, os aficionados de futebol e turfe, as mulheres. A gente aí se entregava à bandalheira própria do botequim.

Conversávamos em voz baixa. O Bigodudo fora um animal político alvejado em pleno vôo nos idos de 64 — e, desde então, mostrava-se ferido de morte. Por causa de política deixara de lado seus projetos juvenis, nos quais a poesia ocupava o primeiro lugar. Desde então voltara à literatura — a dos poetas e prosadores que ele já não era, bem entendido — e relia o seu Balzac, seu Proust, seu Verlaine, seus clássicos portugueses. Lendo à frente frei Luís de Sousa e o padre Antonio Vieira, e naturalmente Drummond, Bandeira, Machado de Assis.

— Curioso — dizia-lhe eu. — Só vim a conhecer intimamente o animal político depois que alguns deles foram cassados. Nunca estive perto do poder.

— Grave erro cometeste — respondia ele naquela afetação carinhosa que me divertia. — Grave erro cometeste, pois o poder embriaga, o poder é afrodisíaco.

Repito que o terror não era ainda generalizado, pelo seguinte: duas pessoas podiam ainda discutir política sem que uma desconfiasse que a outra fosse informante do Cenimar do Dops ou do SNI. Tanto que o Bigodudo me revelou — e eu imediatamente esqueci — o nome de um figurão da esquerda imprudente. Esse homem foi ao encontro de Jango que desejava ir à assembléia dos marinheiros, mas não tinha coragem, considerava um risco muito grande. O figurão aproveitou um descuido do presidente e lançou uma pílula em seu copo. Jango esvaziou o copo de uísque misturado com poderoso estimulante, e algumas horas depois, postos de lado os seus temores, comparecia à assembléia dos marinheiros que realizavam no Rio um simulacro de *Couraçado Potemkin*. Esse episódio, combinado com o Comício da Central e outros mais, teria influência decisiva no curso dos acontecimentos.

Assis o Bigodudo, injustamente cassado, e sem mais esperança alguma de recuperar o seu brinquedo predileto — a política parlamentar —, ficava lendo lado a lado comigo. Já surgiam os indícios de uma atividade subterrânea organizada por líderes treinados em estabelecimentos militares ou paramilitares. Assaltos a bancos com irrepreensível planejamento tático e apoio logístico. Expropriação de armas de recrutas inexperientes. A mesma coisa contra policiais civis apanhados em estado de perfeita estupefação. Assassinatos no curso dos quais os homicidas declaravam a facção a que pertenciam. Lojas incendiadas sem mais nem menos por jovens imberbes que não pretendiam saquear. Siglas: MR-8, VAR-Palmares etc.

— Você viu isto? — perguntei-lhe uma tarde. Ele abandonou o jornal que lia e pegou o que estava comigo. Na primeira página vinha a informação de que um tal capitão Carlos Lamarca andava ensinando o manejo de armas de grosso calibre a moças que trabalhavam em casas bancárias.

A intenção aparente (de Lamarca) era que tais moças não se intimidassem no caso de se encontrarem face a face com assaltantes-terroristas.

— Já vi, já vi — disse o Bigodudo. — Vi inclusive fotos dessas moças fazendo pontaria em estandes de tiro-ao-alvo. É a especialidade desse tal Lamarca; ele é campeão de tiro.

— Pois então leia isto aqui — disse-lhe eu, abrindo o mesmo jornal na página dos *faits divers*.

No mesmo jornal, mesmo dia, as duas notícias. Na primeira, ensinando tiro-ao-alvo a bancárias. Na parte policial, fugido de um quartel a bordo de um caminhão carregado de armas de guerra.

— Ô xente! — exclamou o Bigodudo. — Parece que vem chumbo grosso por aí.

E vinha mesmo.

Bigodudo, um homem pacífico, injustamente cassado, continuaria lendo seus jornais e seus clássicos literários, moralmente aposentado — ou seja, tendo acrescido um castigo pessoal à punição que lhe fora imposta em meados de abril de 1964. Finalmente se levantaria do bar e iria morrer num hospital.

Entrementes, entraríamos no ciclo de generalizado terror.

30.1.78

A mim, a solidão

Recentemente escandalizei Ipanema, descrevendo o modo perigoso de viver dos drogados. As circunstâncias em que ocorreu a morte de Cláudia Lessin Rodrigues me colocaram diante de meus deveres de escritor. Era, que eu saiba, o único cronista em atividade que conhecia por dentro o assunto; ademais, vinha investido da autoridade neutra de quem não julga o comportamento do próximo. Os drogados simplesmente desprezam os conselhos e advertências da autoridade repressiva, mesmo que esta formule um discurso repassado de sinceridade e tendo por fundamento a compaixão legítima. Quanto a mim, afinidade e simpatia me aproximam dos marginais de toda espécie. Tendo fracassado fragorosamente na arte de viver, quem quer que ouvisse de mim uma aula sobre decência, bons modos, belos sentimentos, decerto reagiria com insopitável gargalhada. Para tanto me falta credibilidade; e se tal não bastasse ainda pioro a situação, enumerando de público as variadas ocasiões em que meu procedimento haveria de considerar-se muito pouco, pouquíssimo ou simplesmente nada edificante. Imaginem eu, diante de um copo de uísque, com um cigarro na mão, tentando convencer o meu vizinho a beber moderadamente, quando não possa abster-se de álcool, e a abandonar o vício do fumo — formas ambas, insidiosas, de suicídio.

O público devidamente informado me aplaudiu. Os drogados em luta com a droga reconheceram a minha honestidade de propósitos e, dentre eles, alguns encontraram naquela denúncia os argumentos de que precisavam para dizer um basta ao círculo viciado em cujos delirantes limites se debatiam. Mas houve amigos que passaram a evitar a minha companhia, e ganhei alguns inimigos que anteriormente me estimavam de graça, e que agora, quando me vêem chegar, gritam, "cuidado que lá vem cana!". Esta gíria — "o cana" — combina dois insultos igualmente brutais; designam tanto o alcagüete quanto o policial disfarçado, um tipo que se infiltra entre os elementos que pretende botar na cadeia, começando por lhes despertar a confiança, dando inclusive provas de ser um deles, mediante participação ativa em reuniões para o consumo de maconha ou cocaína. Enfim, "o cana" é um consumado canalha, um canalha profissional. Mas sou um escritor, estou no meio do drama, tenho deveres a cumprir. Minha reputação que vá para o inferno, desde que nenhuma nódoa deforme a visão que tenho dos acontecimentos.

Agora me vem essa insensata compulsão de influir nos espíritos atormentados, recapitulando o ciclo de sofrimento político iniciado em março de 1964. À margem da historiografia, confundindo datas, acrescentando aos fatos que todos viveram e sofreram alguns incidentes imaginários, trago como referência unicamente a minha pessoa, ela própria e não outra; meu depoimento será então forçosamente idôneo, na medida em que foi desta maneira que provei a perplexidade, a solidão, a dispersão, a cólera sufocada, o pavor que se instalou nesta nossa morada coletiva, tivéssemos ou não um partido político, fôssemos ou não graciosos idiotas, bravos resistentes ou inquisidores cruéis. Não vejo outra maneira de irmãos desavindos fazerem as pazes a não ser fazendo-as, e desejo ardentemente que sem tardança se reaproximem as mãos trêmulas porém resolutas a se buscarem por cima do abismo de ódio que por tanto tempo fez delas ferramentas entregues ao feroz ofício de ferir, humilhar, torturar, assassinar. Se uma consciência, uma só, se empenha nessa tarefa, ainda que para cumpri-la seja inelutável uma recorrência a todos os horrores mencionados acima — penhor de purificação legítima, sem alternativa — se uma só consciência, a mais pequenina e medrosa, se dispõe a laceração tamanha, todas as demais estarão maduras para a esperança. As ressonâncias abstratas desta palavra (esperança) ganham subitamente a concretude pela qual ansiamos, são moedas de ouro e pesam e tilintam e nos falam em pacificação, redemocratização, reconciliação e, salve! — anistia ampla e irrestrita, irradiando calma em todas as direções. Esmagada embora por sua dramaticidade peculiar, essa desatinada esperança nos autoriza a admitir e nomear a falha subjacente no processo de ligadura. Admitamos então: tudo está sendo e será difícil por causa do medo que se tira de dentro do medo, à maneira do mágico que pretendendo tirar da cartola um coelho, dela tira outra cartola, e outra, e outra...

Então, justamente no dia em que saiu publicado o capítulo seis desta narrativa caótica, fui parar em Cabo Frio e no restaurante do Tony, por volta de meia-noite, avistei um personagem citado no tal capítulo. Aqui ele será chamado assim: Macedo-56. Ele, eu e mais outro — creio que ninguém mais — saberemos onde fui buscar tão bizarro apelido, no qual se concentra uma temporada de inesquecível camaradagem. Lá estava o Macedo-56 com sua mulher e outro casal. Vinham de Belo Horizonte, onde ele vive e trabalha desde que voltou do exílio voluntário. Macedo-56 acabava de ler "O filé censurado", no qual descrevo de que maneira, no sítio de Zande, ele e outros companheiros se encontraram, foragidos de instinto, nos primeiros dias de abril de 1964 — reunidos num esconderijo improvisado, contudo somente em razão do instinto, que lhes indicava estarem rodeados de perigo. Narrei a forma pela qual Macedo-56 e seus amigos, aproveitando-se de minha ausência, se apoderaram de meu diário íntimo e calmamente o mutilaram, cortando a gilete um naco de minha prosa telegráfica.

— Rapaz, você é mentiroso e desonesto — disse-me ele tão logo me acomodei numa cadeira, em sua mesa, por volta de meia-noite, no restaurante do Tony.

— Mentiroso e desonesto, eu?

— Você ouviu. Na verdade já estávamos no sítio de Zande quando você chegou.

— De forma alguma — contestei. — Eu estava lá quando vocês chegaram.

— Deixe de ser mentiroso e desonesto! — ele repetiu, tendo a ira estampada no rosto. A ira e — devo confessar — um pingo de tristeza no olho, uma lágrima apagada e murcha, indicando que esperava de mim qualquer coisa, menos desonestidade e mentira.

Declarou em seguida que, naqueles dias, eram três os refugiados do sítio em Friburgo: ele, Zande e um terceiro intelectual que respeito e admiro à distância. Ponderei, irônico, que pelos meus cálculos havia mais duas pessoas no sítio (sem contar comigo); entretanto, não poderia jurar sobre isso, uma vez que tantos anos eram passados e além disso Macedo-56 & Cia. haviam destruído o trecho do Diário no qual provavelmente eu havia anotado seus nomes... De qualquer maneira — continuei —, estava certo, certíssimo, de que já lá me encontrava quando eles chegaram. Quanto a este ponto, os trechos do Diário que restaram intactos poderiam convencê-lo.

— Ora, vá pro inferno! — respondeu ele. Naturalmente não disse "inferno", e sim aquilo que vocês estão pensando. E buscando apoio num argumento aparentemente lógico: — Você acha que faz sentido isso? Veja lá. Derrubaram o governo constituído e iniciaram a caça às bruxas. Meu grupo sempre agiu às claras, éramos intelectuais e artistas de esquerda. Nossas armas eram e ainda são unicamente idéias e representações artísticas do mundo. Contudo as prisões já estavam cheias de companheiros nossos. Então nós procuramos um local seguro, onde não nos alcançassem os caçadores de bruxas. E Zande nos ofereceu o sítio que estava comprando em Friburgo. Você acha que, numa situação dessas, ele nos mandaria para um lugar onde iríamos encontrar você? Logo você?

Logo eu... De fato. Tratei de mudar de assunto, quer dizer, passei a defender o texto chamado "O filé censurado". Mas ele preferiu analisar outro texto no qual escrevi que em 1975 "o temível general Pinochet era o bode expiatório da cena política mundial".

— Você sabe o que é bode expiatório. Ou não sabe? — indagou.

— Sei muito bem.

— Então, como ousou dizer que Pinochet era um bode expiatório?

— Pelo seguinte. Em 1975, o bode expiatório da cena política mundial era o general Pinochet. Em 1977, as baterias da propaganda liberal voltaram-se contra Idi Amin Dada. O mundo está cheio de ditadores, cada ano tem um dando Ibope seguro. Ainda agora nos diverte e atemoriza a excêntrica figura do imperador Bokassa I, escolhido para bode expiatório de 1978. A não ser que Somoza arrebate o lugar dele. Todo ano tem um ditador dando sopa. Não será por falta de tiranos que a imprensa internacional deixará de inquietar a consciência do mundo com despachos catastróficos... Entretanto, reconheço que, no texto original, o general Pinochet vinha enfeitado com o epíteto de "besta negra da cena política mundial". Após uma noite de inquietude, decidi trocar a besta negra pelo bode expiatório. Lembrei-me de que há uma lei em vigor, a qual já mandou para a cadeia um deputado federal pelo fato de haver supostamente insultado Pinochet. Tenho medo, pombas! Quero estar livre, testemunhando! Qual a vantagem de falar besta negra hoje, e amanhã acordar de língua decepada, enfiado numa prisão, enquadrado na Lei de Segurança Nacional ou qualquer outro regulamento tipo AI-5?

Enfim, passamos uma noite desagradabilíssima em Cabo Frio. Macedo-56 decididamente não vai mais com a minha cara. Primeiro foram os drogados, conforme expliquei no início: estes, quando me vêem gritam, "lá vem o cana!". Agora são meus companheiros de geração e, tanto quanto possa ser sincera a minha alma, os camaradas que escolheria na caminhada para a democracia. Esses também já manifestam desgosto ante a minha simples aproximação.

Macedo-56 voltaria a Belo Horizonte depois do carnaval. Eu voltei antes. Gastei uma tarde fuçando papéis no meu escritório, à procura do controvertido Diário de 1964. Ei-lo agora sobre a mesa. Não há dúvida: cheguei primeiro a Friburgo; Zande, Macedo & Cia. apareceram depois. (De qualquer modo, particularmente neste caso, a ordem dos fatores não altera o produto. Se Zande não ia esconder alguém num lugar onde eu me encontrasse, com mais razão evitaria me enviar a um lugar onde alguém estivesse escondido.)

Em seguida, publicaremos o Diário referente àqueles dias tumultuados. Os nomes dos protagonistas serão trocados e haverá outros despistamentos. Há ainda um enredo paralelo: surge a mulher que eu então amava perdidamente, "Justine". Lido hoje, o Diário parece um conto fantástico. Minha vida é fantástica. Mas, não sou desonesto nem mentiroso. Não, senhores; sou tão honesto que, ao localizar o Diário, fiquei gelado; implorei ao Acaso que minha imaginação houvesse devorado completamente a minha memória, de forma que Macedo-56 estivesse certo e eu errado. Infelizmente ele receberá uma cópia xerografada do texto que com sua própria mão mutilou — imitando, sabe Deus por quê, o procedimento da Censura totalitária.

12.2.78

Um doido vem de Paris

Março, 1964, Sexta-Feira da Paixão — Às sete horas da manhã, no Galeão, o calor é insuportável. Justine não veio. Pego um táxi e consigo um apartamento extremamente confortável, mas caríssimo, no Hotel Carlton, Leblon. Justine telefona.* Vamos à Barra da Tijuca. Ela lamenta, com razão, que há tanto tempo não possamos estar juntos num cantinho qualquer que nos pertença. E se queixa: sofreu muito quando, de Paris, prometi que viria e não cheguei. Diz que ficou doente, tomou muito remédio para dormir. Seus amigos (e até os meus) aproveitaram para anunciar que eu era um canalha, que jamais voltaria etc. O marido, de quem já estava separada (não creio nisso, apesar das evidências), esteve o tempo todo ao seu lado. Agora estão juntos novamente e ela sugere que fiquemos na clandestinidade até que o desquite esteja consumado — embora nada tenha feito até agora no sentido de se desquitar. Nunca lhe passou pela cabeça que há advogados exatamente para casos assim. Querendo justificar a clandestinidade, alega que o marido jurou me matar e acrescenta que ele parece estar falando sério. Quando reclamo que vim de Paris apenas para cumprir o meu dever, pois ela telefonara prometendo que finalmente iríamos viver juntos uma vida honesta, afastada da corrupção que presentemente nos rodeia, ela exclama:

*Era grã-fina. Nossa aventura foi pública e notória. Escrevi dúzias de crônicas de amor dedicadas a ela. Circulávamos em todos os ambientes e de vez em quando éramos citados nas colunas sociais. Ela gostava disto. Daí que não sinto um pingo de vergonha ao recordar aqueles dias. Aliás, a versão caricata dessa paixão devastadora aparecerá brevemente numa revista mensal.

— Mas eu estava separada! Você me abandonou; você foi cruel. Fiquei sem ninguém, adoeci, e meu marido veio cuidar de mim.

Retruco que tal argumento, de que eu não viera, me parecia completamente absurdo, posto que estava ali naquele instante, na Barra da Tijuca, ao lado dela. Depois disto sobrevieram a discussão interminável, as lágrimas, o impasse. Deixo-a: obrigo-a a ir embora, pois quero ficar só. Ela insiste, mas não transijo.

Ando debaixo do duro sol, suando, na mais completa desesperança. Novamente a vida me colocou na situação singular de ter que renunciar a tudo de uma vez. Devo ter perdido o emprego no jornal, perdi Paris onde já estava praticamente empregado, e agora vou perdendo o casamento, pelo menos enquanto persistir a situação atual. Por que todo mundo se separa e Justine não consegue? A verdade me parece horrível: o marido permite que ela use as coisas que ele lhe dá, porém somente enquanto estiver ao lado dele. Trata-se de um homem de negócios que sente prazer em possuir; entre as coisas de que se orgulha — fábricas, palacete, pinacoteca, está a própria esposa. Mas de vez em quando me ocorre que Justine, tanto tempo conviveram os dois, talvez tenha sido também escravizada pelo dinheiro e pelo luxo. De vez em quando tenho a impressão de que ela presume que eu lhe pertença no sentido em que alguém possui um objeto: automóvel, casa com piscina e mordomo, um amante maldito. O amante maldito sou eu. Se tantas vezes me envolvi em complicadíssimas tramas amorosas, deve ser porque decididamente não nasci para gigolô.

Não sei o que será de mim doravante. Está claro que não me suicidarei, mas não tenho programa concreto. Os marinheiros estão sublevados; a revolução brasileira parece iminente, e de certa forma concorro para minar a confiança da burguesia no valor do dinheiro quando ofereço meramente o meu amor, e o vejo aceito, a essa mulherzinha adorável e faminta de afeto. Mas na hora da conturbação social não é recomendável que alguém comece a viver na mais completa insegurança financeira, e desgraçadamente é este o meu caso. Não estou sequer morando em algum lugar.

Domingo, 29 de março — Como disse, Justine embaralhou tudo. Separou-se e esperou que eu viesse. Não cheguei no dia combinado, voltou ao marido... Prevendo a tempestade, decidi ir sozinho à casa de João e Letícia. Ela tanto fez que acabou tudo comigo. Uísque e discussão terrível. Finalmente atirei pela janela o anel que ela sempre tinha no dedo. Rebuliço lá embaixo, na ruazinha quase sempre parada de Ipanema. Todos procurando o anel, que tem um diamante engastado e vale cinco mil dólares. Não o acharam. Na manhã seguinte, ela e o marido voltaram à casa de João e depois João me aconselhou a sair do Rio de Janeiro. Justine lhe encareceu que me dissesse que não foi ela quem contou ao marido: e sim sua mãe, que, ouvindo a filha desesperada ao telefone, ligou por sua vez ao genro e lhe revelou tudo. Justine temia que eu ficasse zangado, atribuindo-lhe a inconfidência... Reiterou que me ama.

O marido, ao que consta, é o verdadeiro dono do anel, que está segurado em seu nome. Ela, em suma, se encontra na situação de concubina desse homem muitas vezes milionário que lhe dá uma existência de princesa há 12 anos, fazendo porém questão de mantê-la em regime de virtual dependência. Ela se movimenta atormentada nesse *imbroglio*, acreditando que uma separação litigiosa irá deixá-la na miséria. Ele descobriu as minhas cartas de amor e adverte que já as entregou ao advogado. Quer tirar os filhos de Justine, um casal de gêmeos univitelinos, sendo que o menino ficou cego de um olho no curso de um incidente doméstico perfeitamente inofensivo. O marido mandou avisar que a polícia vai me procurar a fim de esclarecer o caso do anel... Na verdade, isto seria uma loucura da parte dele e estou convencido de que não o fará. Suponho que foi à casa de João e Letícia no intuito de esclarecer se o anel foi realmente jogado pelos ares ou se eu o roubei de sua mulher. *Le bourgeois est celui qui pense bassement* (Flaubert). Durante a conversa com João e Letícia, João fez a demonstração da trajetória provável do anel no espaço. Joguei-o do terraço, oitavo andar, e parece que foi cair numa espantosa trama de capim selvagem, tijolos e madeiras atulhadas atrás de um muro, terreno esse que circunda uma casa em construção... Alguém pode tê-lo encontrado e neste momento se sentirá rico.

Não me vanglorio desta minha ação; nunca me perdoarei a grosseria e incompreensão com que tratei Justine. Ela é fraca, confusa, mas me ama sinceramente e minha obrigação seria ajudá-la, em vez de tornar ainda mais embaraçosa a sua presente situação. Mas na hora, empolgado por princípios morais (preconceitos) que certamente trouxe da província, chego ao ponto mais alto da cólera, principalmente ao vê-la tentando enganar-me com sofismas extremamente bem urdidos. Ela é demasiado inteligente para ser feliz; eu devo compreendê-la e ter paciência, porque agora não tenho a menor dúvida; nosso amor está acima das vicissitudes ocasionais e até mesmo acima dos nossos defeitos recíprocos — e tão semelhantes no fim das contas!

Hoje, domingo, eis-me exilado. Cheguei ontem a Friburgo e procurei pelo Zande. Aqui estavam eles, felizmente — Zande, Gina, as crianças, Alice e Claudio e suas crianças. Um sol maravilhoso surgiu esta manhã. Depois descreverei o sítio.* As duas famílias já foram embora e estou só. Pretendo ficar uma semana. Não sei o que farei depois disso. Minha existência escorre sob o signo da inverossimilhança. Houve um terremoto no Alasca e um motim de marinheiros no Rio, e diz João que tudo isso foi precipitado pelo meu gesto de lançar o anel, gesto irreversível e tanto mais absurdo quanto momentos antes, com a graça de uma gueixa, Justine me cortara os cabelos, que vieram compridos de Paris. Cortara-os na sala, docemente, enquanto bebíamos uísque.**

13.2.78

*Eis aí: quando cheguei a Friburgo era 28 de março de 1964. Ainda não havia razão para encontrar ali refugiados políticos.

**O Diário segue adiante, imbricado no plano geral deste seriado.

Confusão e mariola

Quarta-feira, 1° de abril de 1964 — Dia nervosíssimo em pé no armazém do Chinesinho ouvindo o rádio. Magalhães Pinto, Lacerda e Adhemar rebelados contra Jango. Não há jornais nas bancas de Friburgo. À noitinha soubemos que Jango fugiu, Miguel Arraes foi deposto (Badger Silveira também)[1] e Amaury Kruel, com o II Exército, ocupou a Guanabara. Até o momento, as indicações são de que ganham as facções conservadoras, os católicos com ramificações afetivas (quando não ativas) na Opus Dei espanhola, os militares ciosos de hierarquia, os fascistas históricos e os enrustidos, tudo aquilo enfim que, no espectro ideológico, vai do centro à extrema direita. Os esquerdistas cometeram sem dúvida um erro de cálculo. Embriagou-os a própria retórica; aliás, qualquer observador impermeável às escaramuças políticas havia previsto, com meses de antecedência, um desfecho desse tipo. Não sei o que haverá amanhã; a única coisa certa é que Justine não poderá vir. Há tiroteio no caminho: Cachoeiras de Macacu, por trás da fachada inofensiva de fabricante de mariola, era na verdade um pequeno porém organizado e aguerrido bolsão de petebistas, criptocomunistas e revolucionários de índole anarquista ou ainda menos que isso — revoltados à procura de uma razão forçosamente destruidora. Em Friburgo a vida está caríssima. Paguei Cr$ 2 mil para almoçar no Hotel Bucsky e Cr$ 1 mil 400 para jantar num restaurante no centro da cidade. Ignoro de que modo o povo, os pobres, estão vivendo. Bem, banana e mariola são alimentos de sustância.

[1]Governador do estado do Rio de Janeiro.

Amanhã infelizmente tenho que esperar Justine, pois ela pode acabar vindo de qualquer maneira; uma vez encasquetado um projeto, por mais desatinado, costuma ir em frente, conforme fazem as mulheres que nunca se preocupam com o preço do feijão e do arroz. Eu preferia ir ao Rio de Janeiro para trocar meus últimos dólares, comprar todos os jornais e receber nas ruas a carga de eletricidade indicadora dos rumos que os acontecimentos poderão tomar. Estive quase descendo ao encontro do bochincho, mas não havia ônibus e ninguém me deu carona. Vai ver que assim escapei a algum sutil aborrecimento, pois qual não seria a minha cara, caso chegasse lá e percebesse que havia perdido uma guerra na qual não tomara partido. Ainda agora estou confuso. A arrogância dos comunistas & simpatizantes decididamente não me agrada, mas também não vejo com bons olhos a perspectiva de um regime de extrema-direita. Penso na cínica observação de Mário Faustino: "Não se preocupe, Carlinhos. Pessoas inteligentes feito nós sempre se dão bem, seja qual for o sistema político." Bem entendido, ele não fazia a apologia do oportunismo, e sim da habilidade em sobreviver sem aderir. De qualquer forma, um dia após dizer isso, o avião em que viajava explodiu, não restando dele uma mísera lasca de osso. Sua imagem física desapareceu da face da Terra, ficando conosco só alguns retratos, alguns impecáveis poemas, algumas virulentas páginas denunciando o atual marasmo da literatura brasileira.

Me alimento, pois, de boatos radiofônicos. No armazém do Chinesinho, freqüentado por capiaus das redondezas, ninguém está entendendo coisa nenhuma. Vai custar muito até que a História do Brasil nos alcance aqui em cima... Diz-se que Jango fugiu do país e Mazzilli assumiu a presidência. Presume-se que o homem forte no momento seja Carlos Lacerda, mas pode ser que o general Kruel acabe passando por cima dele. Desconheço o paradeiro de Brizola e não sei onde "eles" encontrarão sofismas que justifiquem o afastamento de Miguel Arraes. Defesa da legalidade? da liberdade? da democracia? do nosso ocidentalismo, do nosso cristianismo? Palavras, desculpas esfarrapadas. O fato cristalino, até onde se possa discernir alguma lógica dentro deste tumulto, é um golpe da direita, que em seu avanço rasgou a Constituição federal, e se "eles" não reconhecerem este fato, daqui a pouco correrão o risco de serem destruídos também. Se houver eleição, por exemplo todos "eles" serão inexoravelmente batidos. A alternativa, nada atraente, é a mão de ferro, o governo bruto que tenha a audácia de dizer seu nome. Coincidência: na renúncia de Jânio e na deposição de Jango, eu voltava de longa viagem e me encontrava à deriva, sem saber o que fazer da vida.

17.2.78

Atribulações de Justine

Sexta-feira, 3 de abril de 1964 — João havia dito: "Vamos deixar passar uns cinco dias. Se Erasmo Conde perdoar Justine, perderá no ato a razão." De qualquer maneira, me deu de presente uma pistola automática, que cabe no bolso traseiro da calça e com a qual ando por aí, sem o pente com as balas. Arma de dissuasão. Ontem à tarde, Justine ligou duas vezes para o armazém do Chinesinho e, como eu estivesse trancado no sítio, elaborando minha literatura decadente, pediu que eu a chamasse no Rio. Chamei. Ela estava com Luci, sua irmã. Wilson sumiu depois do fracasso do movimento esquerdista — ou terá sido um contramovimento?

*Este asterisco e os que lhe seguirem nos lançarão, aqui e agora, 14 anos depois dos incidentes narrados no Diário. Wilson, marido de Luci, passou uns tempos desaparecido, depois retomou seus negócios. Desde aqueles dias tumultuados, seria freqüentemente incomodado pelas mais diversas autoridades e submetido aos mais variados e constrangedores interrogatórios. Passaria, como tantos outros, a ter sempre à mão uma maleta com roupas brancas, sabonete, escova e pasta de dentes, um rolo de papel higiênico, caneta e caderno de notas, além de alguns livros-de-bolso e revistas de palavras cruzadas. Toda vez que lhe batiam à porta e, abrindo-a, deparava com desconhecidos mal-encarados, seguia para a prisão levando a indefectível maleta dos detidos para averiguações. Ainda hoje não se pode garantir que esteja a salvo de tais dissabores. Curioso é que não o acusam de nada, ou melhor, dizem-no esquerdista, mas isso ele nunca negou. Paradoxalmente, é um homem cujo aspecto físico e modo de vestir-se nos lembram um norte-americano tranqüilo, Joe Smith qualquer preocupado com jogos de beisebol e fascinado pelas *pin-ups* de seios imensos oferecidas a título de estímulo erótico nas páginas da revista *Playboy*. Esquerdista, sim, ele é e continuará sendo. Ainda não inventaram a máquina capaz de esmigalhar e suprimir o ideário de opção que fecunda o cérebro de um homem, dando um sentido claro à sua existência.

Portanto me comuniquei com Justine por telefone. Sua irmã Luci está grávida e aflita. Jeremias Freindenberg foi à casa de Vanessa para se despedir dos filhos e em seguida — ainda não se confirmou isso — pediu asilo numa embaixada latino-americana. Justine estava indignada com a situação. Mas encontrou um jeito de encaixar no drama coletivo o nosso problema particular: declarou que espera apenas o marido acalmar-se a fim de formalizar o pedido de desquite. Oh Deus. Há não sei quantos meses ela está esperando o marido acalmar-se... Desligo.

Às seis horas da tarde, Chinesinho mandou dizer que ela estaria em Friburgo às sete. Fiquei na estrada. Pelas 10 horas da noite surgiu e parou o belo Mercedes esporte, de cor gelo, e nítidos a bordo do carro iluminado, em contraste com a escuridão circundante, vi os perfis de Justine e de um homem que vinha ao volante. Presumindo ser ele o Barbosa, chofer do marido dela, me ocultei no lado do armazém que conduz ao banheiro dos homens. O Mercedes ficou ali uns minutos e logo desapareceu na noite estrelada de pirilampos. Algum tempo depois, Chinesinho, que já havia fechado seu estabelecimento, me localizou na beira da estrada. Informou que encontrara o carro parado numa curva próxima dali, de onde seguiria para o lugar escrito num bilhete enviado por Justine. Abri o papel:

Je suis dans un trouble! Te espero ansiosa no Hotel Bucsky. Nunca vi mais gordo o homem que veio de carro comigo. — Justine.

Completamente transtornado, me precipitei para o hotel, quilômetro e meio adiante. Encontrei-a sozinha na sala de espera. Estava linda, trêmula, aterrorizada. Os longos cabelos ruivos. O focinho de raposa acentuado pelas sobrancelhas desgrenhadas. Um vestido que eu adorava, de Saint-Laurent, rasgado dos lados ao estilo asiático, deixando à mostra as coxas queimadas de sol... a pele tostada em dois tons, vermelho e rosa, a lembrar a casca da manga-rosa. Eram longas as pernas, adoravelmente longas e finas!

— Onde está o homem? — perguntei.

— Foi embora. Ufa!

Entramos no carro, ela ao volante, e aqui no sítio, deitados lado a lado na cama, a luz acesa, bebendo vinho e fumando, me inteirei das últimas peripécias na vida atribulada daquela mulher, cujas atribulações, por ela procuradas em deleite e vertigem, produziam a neurose de que padecia, e não o contrário.

— Fiquei zonza quando você falou que ia ficar um mês em Friburgo. Então bolei um esquema pra chegar aqui. Lá no Rio a polícia está procurando todo mundo, e como quase todos os meus amigos são de esquerda ou intelectuais rebeldes, surrealistas, anarquistas, vagabundos, achei fascinante fugir. Liguei pra mamãe e disse que ia sumir; inventei uma voz misteriosa que me telefonou avisando que meu nome estava na lista negra. Ela quis detalhes, mas insinuei que o telefone podia estar censurado e além disso, ou a gente dá no pé sem pensar duas vezes, ou perde a chance.

— Você sempre dramatizando, Justine, sempre fantasiando!

— Pois é. Mas quando me vi na estrada a tremedeira começou. Em Cachoeiras de Macacu, me enfiei numa praça e peguei um tiroteio cruzado. Parece que a população está revoltada porque derrubaram o governador Badger Silveira. Nem sei como escapei viva. Mas aí começou aquela chuvarada, logo no princípio do caminho pra Friburgo, e derrapei. Fiquei lá naquele acostamento que não é acostamento coisa nenhuma, só tem um matagal escuro e lama. Aí apareceu um homem bem-vestido, com cara de bom sujeito, e disse que tinha visto a derrapagem, que foi uma sorte o carro não capotar e que eu não precisava mais chorar, o susto já tinha passado, o tiroteio era apenas lá na praça mesmo. Falei que não estava em condições de guiar, ele então assumiu o comando. Nisto apareceram dois pretões, não disseram nada e foram entrando. Nós dois na frente e os pretos no banco traseiro. O indivíduo do volante enfiou o carro no mato, naquela escuridão medonha, e deu uma parada num matadouro. Explicou que eles três trabalhavam lá, cortando carne de boi ou coisa parecida. Os dois pretos saltaram e nós dois voltamos pra estrada. Eu ia encolhidinha, com uma sensação de Chapeuzinho Vermelho, e aí sem mais nem menos, o sujeito disse: "Chega pra cá." Olha só o cinismo do safado:

— Estou lhe fazendo um favor, pois não tenho nada a ver com Friburgo, e a senhora há de entender que ninguém faz isso de graça. Não me leve a mal, mas eu nunca vi uma mulher tão gostosa feito a senhora. Chega pra cá, anda, eu só recorro à violência em último caso.

Me cheguei devagarinho, mas não muito, e fui acalmando a fera, chorando baixinho:

— O senhor tenha dó... Com essa confusão política, o meu noivo teve que se esconder e eu estou indo pra lá, preciso dar força moral a ele. Meu noivo é homem violento, tenente da Aeronáutica; interpretaram mal as atitudes dele. Quando acabar essa barafunda ele volta, nunca foi comunista...

— Mas que coincidência interessante — o cara disse. — Eu não sou militar, sou açougueiro, mas também não sou comunista e no entanto estão querendo me botar na cadeia por causa da minha atuação política nesta região. Mas me diga a senhora com franqueza, a política tem alguma coisa a ver com uma brincadeirazinha na escuridão, nós dois sem mais ninguém pra espalhar a notícia? Uma coisa eu garanto, o seu noivo nunca ficará sabendo...

— Vê se o senhor me entende... (Eu estava mais humilde e apavorada que Chapeuzinho Vermelho...) O meu pai é general do Exército e estou de casamento marcado pra quando passar esse mal-entendido... Meu noivo é ciumentíssimo e meu pai continuará sendo general, seja quem for que tome o poder depois desta maldita barafunda... Cachoeiras de Macacu é um lugarzinho pequeno, concorda? E o senhor trabalha lá como açougueiro. Se eles quiserem, o meu noivo e o meu pai, vão localizar o senhor fácil fácil...

O grande medo dela, um medo que vinha da infância, era ser currada. Por isso, talvez, o seu discurso soou convincente. Quando chegaram ao armazém do Chinesinho ela disse "é aqui, meu noivo está por aqui me esperando, na certa com uma arma na mão" — quando ela disse isso, ele se acovardou:

— Está bem. A senhora pode ir em paz. Mas não ficará aqui não. Vamos mais adiante...

Foram então para o centro de Friburgo, onde Justine lhe deu todo o dinheiro que tinha pra ele pegar um táxi. Ela então saiu a 100 km por hora, porém tão apavorada que não conseguiu alcançar o sítio. Entrou a 100 por hora no jardim que leva ao Bucsky, deu uma freada brusca, precipitou-se de cabeça contra o pára-brisa, mas felizmente saiu de dentro do carro apenas com um calombo na testa.

19.2.78

Quando eu era oco

— Domingo, 5 de abril de 1964 — Sexta-feira às quatro e meia da tarde viajei para o Rio. Passei pelo Zeppelim e me senti mal: aquela mesma gente, Reginaldo o conquistador de quarentonas, Magda a dinamarquesa grandalhona que quebra os bares quando está de porre, Genaro o católico carola, avarento e intrigante como um legítimo rebento do demônio, e todos os outros bêbados superficiais, festeiros, incapazes de formular um pensamento original. Almoço com João e Letícia. João me aconselha a terminar de vez o caso com Justine. Traça dela um retrato cruel mas verdadeiro, terminando por formular um juízo que já amadureceu em mim também: ela anda atolada até o pescoço na mentira existencial. Não vai nisso nenhuma metáfora — ele diz e eu concordo: Justine usa uma alma postiça, que tira antes de dormir e põe assim que acorda, da mesma forma que outras pessoas usam perucas e dentaduras falsas. Faz análise há sete anos, a pobre, quando necessita menos de um psicanalista que de um protético habilidoso. Assim termina o nosso almoço agradável no geral e dorido no particular: com charutos, conhaque e *nonsense*.

Alguém cortou com gilete o trecho do meu diário íntimo referente a esse domingo banal de abril, 1964, Zande, Macedo-56 & Cia. Enquanto eu estava em Friburgo, eles violaram estas minhas confissões que não interessam a ninguém. Sempre mantive um Diário, às vezes manuscrito, outras vezes datilografado.[1] Sem disciplina alguma, sucede que me entre-

[1]Publicado por esta editora com o título *Diário selvagem*.

gue horas inteiras ao registro de incidentes tolos, devaneios bizarros ou considerações mesquinhas a respeito de pessoas que, na realidade, estimo e admiro. Também passo dias, semanas, meses, sem me ocupar disso. No princípio, era minha intenção manifesta humilhar o escritor que sou de nascença e hei de ser por deliberação irrevogável. Desde sempre escrevo bem demais; tenho o dom; contudo, minha visão do mundo exige uma escrita ao nível da pobreza, diria mesmo da miséria. Escrever bonito me parece um luxo; escrever bonito sobre a feia realidade, uma contradição. No Diário me torno vulnerável, tosco, canhoto, corcunda, desprezível, e é nesta têmpera que gostaria de situar minha literatura.

*Aqui e agora (fevereiro, 1978), ponho uma régua sobre o naco de papel eliminado sem meu conhecimento, sem meu consentimento: apenas três centímetros e meio, ou seja, cinco linhas datilografadas em espaço um. Em cinco linhas ninguém conseguiria fazer revelações capazes de incriminar alguns intelectuais que, conforme é público e notório, não cometeram crime algum. Mesmo que já estivéssemos sob a brutal vigência do AI-5, três centímetros e meio de prosa distraída não seriam suficientes para colocar em risco a segurança pessoal desses rapazes que lutam contra a ditadura com palavras pronunciadas em público. São escritores, recusaram a violência e permaneceram escritores após a eclosão do terrorismo entre nós. Seriam presos injustamente; alguns escolheriam o exílio voluntário. Mas quem não esteve ameaçado de prisão e exílio no Brasil, desde que se iniciou aqui o ciclo dos atos institucionais?

Naquele dia fiquei furioso; mais tarde, uma funda tristeza andou comigo. Hoje estou querendo participar, de alguma forma, no movimento de pacificação e reconciliação. Estou querendo fazer as pazes com todo mundo, a começar pelos meus amigos queridos, junto dos quais sempre estive em sentimento, pensamento e mediante a ação aberta, a página escrita e publicada. Só por isso transcrevi algumas passagens do Diário de 1964 — na verdade um caderno de 25 páginas datilografadas, sendo que em 80% delas me ocupo exclusivamente de um romance perfeitamente medíocre que, em razão mesma de ser medíocre, jamais alcançou a cristalização, a epifania. Em 1964 eu estava oco, louco e mouco, entregue à contemplação crítica do meu umbigo.

Bem. Assunto encerrado. Seguiremos agora o caminho traçado — uma reflexão sobre o Brasil de hoje, tal qual todos juntos o fizemos no curso desses anos sofridos, tivéssemos ou não um partido político, estivéssemos ou não no poder, fôssemos ou não graciosos idiotas, bravos combatentes ou inquisidores cruéis.

20.2.78

O homem da suéter vermelha

Milhares de pessoas entram e saem e circulam nos corredores da feira internacional do livro. Alécio Andrade sumiu, está negociando com um suíço a publicação de um álbum de fotografias de arte. Conheço os trabalhos dele e tenho visto zilhões de fotografias, trabalhei com fotógrafos profissionais, qualquer pessoa vê diariamente dezenas de fotos em jornais, revistas, cartazes de rua. O que seria então um álbum de fotografias de arte? No caso do Alécio seria um olho cru e sem ilusão, um olho de franciscana modéstia. Seu mestre Cartier-Bresson lhe transmitiu essa rústica disciplina de monge andarilho e mendigo. *L'Oeil.* A pequena máquina de borda meio descascada, o rolo de filme preto e branco, um laboratório de revelação instalado na pia de um velho hotel parisiense. Nada mais. Ele fotografa tudo, em especial movimentos humanos, rostos humanos, gestos humanos que não despertariam a curiosidade de ninguém. Outro Bresson, Robert, faz isso no cinema. Excluindo os neo-realistas italianos, que retratavam a miséria com ferramentas miseráveis, porém não poderiam proceder de outra maneira na Itália destroçada do pós-guerra, não se pode conceber apego mais fervoroso à penúria que o de Robert Bresson em *Um condenado à morte escapou*. Até no título esse artista avaro nos humilha. Você já entra no cinema sabendo que o condenado à morte não será guilhotinado. E as ferramentas de sua fuga serão, transfigurados, os humildes objetos de seu cotidiano de prisioneiro. Ele fabricará a liberdade na mais nobre das oficinas. Perseverança é o nome de sua função na misteriosa indústria que produz os verdadeiros homens, os homens livres; e seu esmeril, a esperança. A tão belas palavras, que primeiro prostituímos e depois tornamos ocas, ele devolve o fulgor de que as despojamos, e o resultado há de ser tosco, anônimo, anacrônico que nem a atividade do amolador de tesoura que faz a pedra assobiar ali na esquina, arrancando do aço uma tristíssima festa de fagulhas.

Era nisto que eu pensava, sentado numa poltrona, num corredor do palácio das exposições de Frankfurt, quando surgiu um grupo, vindo da luminosa e fria tarde que fazia lá fora. Cinco ou seis pessoas jovens, vestidas em jovem displicência, quatro homens e duas mulheres iguais a tantos que haviam entrado e saído por ali desde que eu me sentara angustiado, por me sentir esmagadoramente só em país estrangeiro, por já estar cansado de correr de um lado para outro, de Lisboa a Paris, de Paris ao Languedoc, do Languedoc a Amsterdã, de Amsterdã novamente a Paris e daí a Nancy, e de Nancy a Frankfurt, e sempre abrindo e fechando mala, e sempre controlando o calendário a fim de assegurar a chegada em tempo hábil da crônica ao *JB*, por via aérea, por cima do oceano Atlântico, e além disso curtindo uma ressaca de genebra e cerveja, as mãos trêmulas, a sensação de ser também um objeto em exposição — um livro fechado que no entanto os visitantes da feira traspassavam com sua arguta, atônita mirada, feito você contemplaria um penico de ágata escangalhado, no caso de surpreendê-lo pendurado pela asa num gancho de açougue...

E eis que um dos homens, não esquecerei nunca, um homem de altura mediana, magro, moreno claro, tendo um belo rosto ornado por uma bem aparada barba negra, um sujeito de seus 38 anos, trajando uma camisa preta abotoada nos punhos e uma suéter vermelha lançada sobre as espáduas, com as mangas amarradas num laço frouxo em torno do pescoço — eis que ele parou de chofre, paralisou-se um segundo e me fitou longa, longamente. Estávamos a uns 10 metros de distância um do outro, e no meio de seu rosto inexplicavelmente transtornado os lábios se abriram num rosnido, e veio de lá um murmúrio qualquer, alguma frase que eu naturalmente não podia escutar, mas seus companheiros ouviram e olharam na minha direção, e o homem da suéter vermelha disse outras coisas evidentemente inamistosas a meu respeito, e num gesto brusco fez menção de avançar para mim, no que foi obstado energicamente por seus companheiros, sendo que uma das mulheres, na qual identifiquei a companheira dele — sua mulher de degredo e cama, enfim —, a mulher o segurou por trás e nos gestos de sua cabeça e movimentos de sua boca percebi que ela o dissuadia de fazer o que pretendia, ou seja, ele tinha a intenção de me atacar, ele era meu inimigo e pretendia demonstrá-lo mediante uma agressão física... Cercaram-no os amigos e o empurraram para um dos lados do corredor, do qual ele relutou em se deixar conduzir, e enquanto era empurrado me lançava um olhar faiscante de raiva, e agora eu podia ler em seus lábios retorcidos o que ele dizia, a razão de estar indignado — "o que aquele canalha está fazendo aqui?", e sem dúvida alguma o canalha era eu, aquele *clochard* de boné azul e óculos, metido num redingote de brim cinzento lançado por Pierre Cardin nos tempos em que a indústria do *prêt-à-porter* se apropriara da augusta figura de Mao Tse-Tung, um redingote posto fora de moda na estação seguinte, tal como o velho Mao agora agonizava e a antiquíssima barca chinesa adernava num mar de inextricáveis intrigas, assassinatos, vitupérios, execração pública de vetustos e alquebrados remanescentes da Grande Marcha — a nação convulsionada sob um segredo do tamanho do mais vasto continente, centopéia de 800 milhões de cabeças decepadas a procurar a unidade perdida, e nesta cega e frenética busca esbarrando na divisão irreparável de sua alma — de um lado a astuciosa e aguerrida imperatriz dos *lumpens* do Terceiro Mundo, Chiang Ching, e do outro um fantasma gentil, de indecifrável sorriso — o príncipe de todos os mendigos daquele mesmíssimo Terceiro Mundo, Chou En-Lai...

Era então eu, o *clochard* angustiado de Frankfurt, o pseudo-intelectual do Rio de Janeiro, sujeito a toda sorte de suspeitas num país em que já ninguém confiava em ninguém, era eu o alvo do furor daquele desconhecido, um brasileiro sem dúvida, um banido talvez... Ele se julgava o símbolo de alguma coisa que se pretendia nobre, e eu, no extremo contrário, o símbolo de alguma coisa repulsiva, como se trouxesse na mochila todas as culpas que naquela altura aderiam como napalm (e como napalm queimavam) à consciência dos escritores em atividade, logo consentidos, logo de algum modo coniventes...

Tomei um segundo calmante. Só em último caso recorro a essas muletas miraculosas fornecidas pela tecnologia química. Sempre que possível, prefiro a minha lucidez inata, agressiva, capaz de piruetas imprevistas e brilhantes, hábil nas esquivanças que tonteiam o adversário e, no momento seguinte, lhe penetram o flanco num piedoso golpe de espada ou sedução... Não havia tempo para o álcool, desde que aquela fora uma guerra declarada intempestivamente. Alguns copos de vinho poderiam conduzir-nos a um mínimo de civilidade, mas não havia tempo, e assim, tão logo me senti sossegado como não sou normalmente, entrei no colorido labirinto onde se apresentavam as mais fascinantes invenções da moderna indústria do livro, que inclui brinquedos pedagógicos, engenhosos maquinismos destinados a estimular inteligências superdotadas ou, ao contrário, mentes danificadas no processo genético ou devido a desastres extra-uterinos, isto sem falar nos livros propriamente, os álbuns de luxo, as *trouvailles* gráficas que não têm preço (o *Flicts* de Ziraldo, por exemplo) e naturalmente o vasto catálogo de best sellers. (No outono de 1975, o best seller campeão já havia merecido esse título antes que alguém sequer anunciasse a algum editor a intenção de escrevê-lo; era a autobiografia de Mohammed Ali, o controvertido Cassius Clay.)

Andei no labirinto à procura do meu inimigo e não voltei a vê-lo. A noite desceu, fecharam-se os portões do palácio das exposições e fui ao encontro do Alécio num botequim "de *gauche*", o Café Voltaire. Estava acabrunhado, pois sabia que o Caso do Homem da Suéter Vermelha era um problema que ia ficar martelando na minha cabeça alguns dias, ou algumas semanas, ou alguns meses, ou até, como vemos agora, exatamente dois anos e três meses...

20.1.78

Três estrelinhas

*Não tendo estrelas no ombro, nem autoridade de espécie alguma, discuto cá com os meus botões a oportunidade da presente narrativa. Nesta solidão de um mirador — atividade profissional, e não brinquedo ocioso — provei no espírito e nos nervos o dilaceramento que nos coube por quinhão de existência, a partir do momento até hoje pouco considerado em que Jânio Quadros condecorou Che Guevara, desencadeando o processo histórico que nos levaria à insanidade coletiva, à regressão tribal e ao desastre. Desde então estivemos por três vezes à beira da guerra civil. Jânio Quadros calculou friamente o movimento seguinte, no jogo de xadrez em que ele era o desafiante e o demônio o desafiado. Primeiro enfeitou o peito do Che, tornando inevitável o lance da renúncia. Sustentado por 6 milhões de votos, presumia ele, se fosse embora nos deixaria órfãos. Porém Satã moveu em resposta uma pedra transcendental, cuja posição no tabuleiro significava a nossa perda de identidade. Enquanto o presidente Quadros era um animal político, sujeito às limitações próprias de sua espécie, Satã — por uma vez ao menos — não precisou mostrar-se ardiloso, eis que seu jogo é por definição metafísico, abissal na essência e necessariamente catastrófico no resultado. Daí nos vimos compelidos a defrontar, cedo ou tarde, o dilema colocado pelos tupamaros no Uruguai: "Ou haverá pátria para todos, ou não haverá pátria para ninguém."

Eleitor de Jânio, admirador fervoroso da temerária estratégia global (leia-se planetária, de preferência) por ele adotada, até hoje não lhe perdoei a convicção megalomaníaca na qual se apoiou, naqueles idos, para dar credibilidade aos seus dois lances de chefe de Estado, ambos igualmente afrontosos, ainda que em níveis diferentes. Afrontou a burguesia e os militares, a maioria silenciosa e o clero, o PSD e os conservadores tradicionais, os Estados Unidos e os ditadores latino-americanos, os ingênuos e os tímidos — a todos afrontou no sucinto e aliás magistral discurso dito quase ao pé do ouvido do enviado especial de Fidel Castro. E foi-se embora — suprema afronta esta, que nos envolveu a todos, pois pressupunha estarmos precisados de um Pai. Estávamos, meramente, precisados de um líder que, tendo formulado sua política, fosse capaz de levá-la às últimas conseqüências, mas sempre às claras, sempre confiando na honrada lucidez daqueles 6 milhões de eleitores que entreviram um futuro de *grandeur* por cima da encenação tropicalista de caspa nos ombros e vassoura na mão. O episódio da renúncia, o trauma decorrente, a convulsão que viria a seguir, e que nada mais seria que a legítima expressão do nosso brio ferido, demonstrariam que o povo brasileiro era mil vezes melhor que o seu presidente de então.

Neste mês de fevereiro de 1978, bem pesados os fatos, podemos resumir assim o drama iniciado no dia 25 de agosto de 1961: entre mortos e feridos, ninguém escapou. Jânio Quadros diz agora que não quer anistia; reivindica tão-somente justiça. Pois então justiça se lhe faça: é ele o único brasileiro que fez por merecer o ostracismo; o diabo e eu confiamos em que o perpétuo silêncio cairá sobre esse genial farsante, cabendo à posteridade reduzi-lo às suas verdadeiras dimensões, ou seja, as de um medíocre pintor de meninas de olhos grandes e tristonhos, eventualmente entregue a um segundo hobby da mesma forma inofensivo: o de fabricante de dicionários. Porquanto quem fez o que ele fez, sabendo o que fazia, haveria de resistir e triunfar, sem alternativa senão a de esperar dentro do palácio pela bomba que lhe cairia na cabeça, lançada por algum aviador enfurecido, ou pela bala de revólver que, acionada por sua própria mão, mandá-lo-ia para o inferno destinado àqueles que em vida falaram português castiço, e nem por isso isento de falácia.

**Embora compelido a recordar os tais dias, numa tentativa solitária de tornar natural o que ainda agora muita gente prefere fingir que não houve, permaneço fiel ao método que adotei em razão de minha inata confusão mental. Continuo, digamos assim, combinando 40 por cento de episódios memoráveis com 60 por cento de eventos imaginários. Se quiserem, admitirei que a imaginação ocupe um espaço ainda maior do que esse que venho de estabelecer. Não apenas neste caso, mas em quase todo texto longo que escrevo, a ficção interfere ao jeito do bálsamo na esfoladura recente. A verdade nua, crua e completa dói demais; para dizer tudo, acredito que resultaria insuportável.

***Pessoas (personagens) se movimentarão quase sempre em Ipanema. Foi de Ipanema que acompanhei os acontecimentos. Mas alguns momentos existenciais de aspecto fantástico, e contudo verídicos, me foram referidos no decorrer de encontros casuais com os protagonistas — ou modelos — em Lisboa (em plena efervescência revolucionária), Buenos Aires, Paris, Frankfurt (na noite dos refugiados de todo tipo e procedência), Roma, Londres. Em Lisboa me compenetrei de que seria necessário aguardar o momento certo de relatar esses instantes, quando certa noite acompanhei a discussão veemente, contudo franca e até gentil, entre uma jovem portuguesa de 20 anos, comunista, e um latifundiário de 45 anos, fascista. Ela era declaradamente comunista e ele declaradamente fascista. Ela pretendia acabar com os latifundiários e ele armazenava metralhadoras G-3, à espera daquelas lindas cachopas, levemente bêbadas, do tipo que pretende riscar do mapa social a figura do latifundiário e do capitalista. Nós três passamos uma noite maravilhosa discutindo tal perspectiva. Era outubro, 1975, a revolução dos cravos vermelhos andava em compasso de espera. Compreendi que democracia era aquilo mesmo, um confronto aberto, a um só tempo agressivo e amistoso, de teorias irreconciliáveis na prática. O Brasil parece que está chegando lá — quer dizer, em Lisboa, 1975. Aproveitemos. Os fuzis estão floridos e os irmãos desavindos, a sorrir, discordam um do outro.

1.2.78

Nanci Cambuquira

— Olha, Dubonnet, não deu.

Aquele meu projeto de monografia, ou coisa que o valha, propondo uma reflexão cordial sobre o drama político brasileiro, fracassou espalhafatosamente. Há ainda pessoas malferidas; outras profundamente feridas; e outras mais não dissolveram o rancor, trazem-no até hoje entalado na garganta.

Assim eu não poderia continuar escrevendo com liberdade total, quer dizer, permitindo aos vocábulos que cavalgassem desabridos em campos de imaginação e memória entrelaçadas. Seria forçoso escrever politicamente. Sabe como é isso? Cada palavra chegada à fímbria da consciência haveria de ser examinada com os cuidados que requerem certos embrulhos enviados a determinados senhores, ocupantes de altos cargos em poderosos ou frágeis países, porém ameaçados (os tais senhores) de serem mandados pelos ares ao menor descuido. Você conhece o truque; por trás da linda jovem com um buquê de flores na mão, que se apresenta em visita ao industrial, na Alemanha, pode vir um *baader-meinhof* com sua metralhadora. Ora, transferindo esse ambiente de desconfiança e temor, perfeitamente compreensível no mundo real, para o cemitério dos vocábulos em hibernação, teríamos não mais um dicionário, porém uma parafernália de engenhos destruidores — granadas, morteiros, bazucas, coquetéis molotov...

Ora, eu não vou ficar aqui desativando adjetivos e avaliando o grau de periculosidade de algum ponto-e-vírgula; como poderia fazer isso, depois de ter passado tantos anos praticando justamente o exercício contrário, quer dizer, permitindo que a membrana da consciência crítica (autofágica) fosse rompida livremente pelo discurso irracional que jaz no fundo do meu ego?

Então, vamos parar por aqui. Deixo a palavra com o bravo general Pery Constant Bevilacqua, meu antigo vizinho e a quem muito respeito. O general Bevilacqua, por imperativo de consciência, entrou firme na luta pela anistia. Começou reabrindo o Caso Para-Sar — um dos episódios mais apavorantes de que se tem notícia neste país convulsionado desde os idos de março, 1964. Na minha monografia, o Caso Para-Sar ia ser referido alegoricamente. Não tenho coragem de enfrentar friamente a questão. Bebi bastante no Antonio's, roído de desgosto e humilhação, quando soube o que pretendiam fazer com cidadãos brasileiros, entre os quais estavam listados dois amigos meus (e seus) de longos anos. Pretendiam seqüestrá-los, colocá-los a bordo de um avião e lançá-los, vivos, em algum ponto do oceano Atlântico.

Enfim, *c'est la vie*. Olha aí, Dubonnet; vamos retemperar o espírito na festa, certo? O sol está violento, as mulheres lindas, e o Londrina acaba de derrotar o Vasco, conquistando o direito de disputar o finalzinho do campeonato entre os quatro melhores times deste nosso estimado rincão.

Espero que Paris vá chegando à primavera, docemente. Beba um *blanc-sec* por mim. Eu aqui, para lhe dar inveja, tomo um sorvete de carambola do Morais. E vou torcer pelo Londrina, um time modesto do norte do Paraná, mesmo correndo assim o risco de, não dando outra vez zebra, continuar batendo na trave da Loteria Esportiva. Mas se ganha o Londrina e faço mais 12 pontos, eu sozinho, irei gastar a bolada em Amsterdã, onde tenho uma amiga que tem uma loja de bijuterias em cuja porta de vidro se vê este nome inverossímil: Nanci Cambuquira. É o nome dela, e portanto o nome da loja. Mas você não pode calcular a emoção que senti ao dar de cara com esse nome numa porta de vidro, num domingo de outono em Amsterdã... Entrei e, depois de apreciar as bijuterias, decidi comprar a própria Nanci Cambuquira, que só não trouxe comigo para o Rio porque ela não tem passaporte. Como não tem passaporte? Arre! Lá vem a política de novo! *Adieu!*

22.2.78

Salta um "pinel", rápido!

E a Vilminha, hem? Dançou! Quando se diz "dançar" quer dizer que a pessoa caiu nas malhas da repressão, seja familiar, policial ou política. Quanto a Vilma Dias, há poucas semanas solicitei que jornalistas e publicitários prestassem atenção nela: previ que em 1978 seria a moça da capa e dos outdoors. Bem, ela já está na capa de *Fatos & Fotos* anunciada como a Garota Proibida.

O programa humorístico *O Planeta dos Homens*, da Rede Globo, começa com um bailado que reaparece outras vezes, intercalando os segmentos do espetáculo. Uns chamam isso de abertura, outros preferem falar "janela". Para não me embaralhar em jargões, usarei o vocábulo correto, antigo e sempre atual: são vinhetas.

Em sua fase atual, o *Planeta* se inicia com um macaco descascando uma banana. De dentro da casca surge uma fruta apetitosa: a bailarina de perfeita anatomia, semivestida em maiô brilhante, de desenho e proporções perfeitamente adequados às medidas estabelecidas pelo pudor da sociedade brasileira atual. Mais ousado que um biquíni e menos provocante que uma tanga. Foi com o consentimento das famílias brasileiras, pelo menos os núcleos familiares residentes na orla marítima, que esse desnudamento relativo acabou-se tornando marca registrada da juventude e do verão brasileiros, e desta forma fascinando os estrangeiros que andam à procura de centros turísticos ensolarados e sensuais. Portanto, se alguém vê nisso um atentado "à moral e aos bons costumes", temos que admitir que tal indivíduo ficou cego por excesso de hipocrisia.

A moça que vem de dentro da banana dança coleante, graciosa, sorridente. Festa para olhos sem malícia. Se formos discutir pudor, ela ficará a milhares de quilômetros de distância da suntuosa mulata que dançou com o príncipe Charles, da Inglaterra. A mulata da Beija-Flor e o príncipe: a mulata rebolando de nádegas nuas. Todos viram isso na televisão. Milhares de mulatas iguais a essa desfilaram na avenida, mostrando assim o bumbum, no último carnaval.

Pois bem, a Censura suprimiu a vinheta do macaco, da banana e da garota. Terá considerado o quadro pornográfico? Deveremos demarcar a fronteira que separa o erotismo da pornografia? Sim! Eis uma bela ocasião.

A vinheta da Vilminha é baseada numa cena do filme *King Kong* — não aquele filme supercolorido e superbadalado que andou recentemente nas telas brasileiras, dando um dinheirão aos seus produtores americanos. Falo do *King Kong* clássico, realizado em 1932, filmado em preto-e-branco, nos tempos da cena muda e dos truques toscos, e por isso mesmo maravilhoso. Ponho esse *King Kong*, sem hesitação, numa lista dos 10 maiores filmes de todos os tempos.

Nele não há pornografia. Podemos ver, isto sim, alguns momentos de intenso erotismo combinado com igualmente intenso lirismo. Tendo numa das suas gigantescas manoplas a moça branca, de vestido rasgado pouco acima dos joelhos, o gorila meigo, com a outra mão, põe-se como que a desfolhá-la, tal como faria com uma banana, docemente, curioso, apaixonado, revivendo o mito imortal da bela e da fera.

Naquela altura, Hollywood, sensível ao rigoroso puritanismo da sociedade norte-americana, não se arriscava a ir além da sugestão. Ora, um gorila e uma mulher loura na tela, o gorila acariciando a mulher, nos conduzem inevitavelmente à realidade circundante, ou seja, os Estados Unidos da América nos anos 30, de população branca racista e população negra segregada. No entanto, nenhum fanático discerniu um grão que fosse de pornografia nas relações do gorila romântico com a jovem loura.

Aquela América do Norte intolerante e cruel, que castrava negros sob falsa acusação de estupro de mulheres brancas, aceitou, aplaudiu e assimilou a lenda de King Kong.

Cortando hoje a vinheta do *Planeta dos Homens*, a Censura brasileira nos mostra a sua verdadeira face de racista pervertida, que vê pecado onde há doçura.

Os funcionários públicos que deixam passar ou proíbem a passagem de espetáculos na televisão, teatro, cinema, são submetidos a diversas provas, entre as quais a de sanidade mental e equilíbrio emocional. Mas, uma vez aprovados e admitidos, nem por isso deixam de estar à mercê de uma recaída em seus velhos recalques, preconceitos ou presunçosa ignorância. Por isso, ouso pedir daqui uma reconsideração: que seja examinado novamente o burocrata, masculino ou feminino, que suprimiu a vinheta do macaco desfolhando a banana dentro da qual a moça dança. Tenho certeza de que esse funcionário está doente da cabeça, é um anormal, indivíduo de alta periculosidade, inclinado a cometer, um dia ou outro, um atentado sexual capaz de aterrorizar o mais experimentado psiquiatra.

Não há outra explicação para esse corte. Além do mais, os censores deviam estar sob constante vigilância psicológica. Essa vigilância deve ser exercida rotineiramente, para o bem deles próprios. Porquanto manipulam material teoricamente capaz de despertar os instintos bestiais do ser humano civilizado. Quem me garante que alguns deles não foram contaminados, corrompidos, merecendo por conseguinte algum tempo de repouso, quando não aposentadoria prematura, com todos os vencimentos, e mais uma compensação pelo fato de trabalharem em ambiente, digamos assim, "insalubre"?

Todos para o Pinel! Que façam uma reciclagem rápida! E repito que isso é para o bem deles próprios, já que a pessoa que viu pornografia no bailado de Vilminha positivamente adoeceu do mal que julga haver diagnosticado.

26.3.78

O carrasco e sua vítima

Chegou a hora, Vlado. Você vai. Ivo! André! Meus filhos... Até logo. Até breve, Clarice, minha mulher. Chegou a hora, Vlado. Outros já estiveram lá, e foram interrogados, foram torturados. Estão vivos. Meio quebrados, mas vivos. Portanto, não há motivo para dramatizar a situação. Querem obter informações de jornalistas brasileiros. Você é um brasileiro, Vlado; um jornalista brasileiro. Você vai. Não é a caça aos judeus, Vlado, não é a caça aos judeus que recomeça. Fique calmo. Procure ficar tranqüilo. Ninguém, lá fora, se chama Eichmann. O dr. Mengele não vive em São Paulo, entre as ruas Tutóia e Tomás Carvalhal.

No dia 25 de outubro de 1975, um engenheiro examina o revestimento acústico das salas de interrogatório. Os vizinhos das ruas Tutóia e Tomás Carvalhal, bem no centro do bairro residencial do Paraíso (SP), estavam reclamando dos gritos que partiam do DOI-Codi.

Será uma dura experiência, Vlado, mas é inconcebível que seja mais dura do que você possa suportar. Isto não é a Alemanha nazista, estamos no Brasil — tua pátria, nossa pátria. Ninguém te despojará de tua nacionalidade brasileira e ninguém te lançará desnudo na câmara de tortura, guardado sob a bandeira gloriosa de tua raça, e contudo reduzido ao desamparo cósmico. Não! Apenas as constelações e você, elas por testemunhas e você como a vítima do novo holocausto? Impossível! Inconcebível! Esse silêncio esmagador não há mais no universo. Pela honra da humanidade, nenhum ser humano voltará a provar o gosto desse abismo, a solidão mais nua!

Clarice Herzog — Ele não saiu tranqüilo, não. Também sabia que não ia voltar logo. Ele sabia que ia ser torturado. Eu também sabia.

Então? Outros companheiros seus, e outros que você desconhece mas não ignora, passaram já pela parafernália do interrogatório. Capuzes, cadeiras elétricas, cassetetes elétricos, afogamentos em bacias (porém lhes puxavam a cabeça a fim de que respirassem antes de serem outra vez afogados e outra vez desafogados); pancadas de mão de homem que minam o interior do corpo mas não deixam marcas do lado de fora; gritos amplificados ao limite da resistência dos tímpanos e depois o silêncio ensurdecedor — horas e horas de silêncio, escuridão gelada... Por tudo isso outros já passaram. E outros ainda passarão; quem sabe? O "capitão Ubirajara" quer saber quem são os comunistas. Você provavelmente não sabe quem são os comunistas e o "capitão Ubirajara" provavelmente desconfia que você não sabe coisa alguma sobre o assunto. Mas o jogo tem suas regras. Todo suspeito é suspeito de alguma coisa; quando não, de estar envolvido em alguma conspiração. Cabe ao "capitão Ubirajara" torturar o suspeito à procura dos nomes e, ao mesmo tempo, à procura do limite de resistência do suspeito às diversas modalidades de tortura.

O problema é que não existe um, mas vários "capitães Ubirajaras". O primeiro deles, era de fato capitão e de fato Ubirajara. Depois dele, todos os seus sucessores adotaram o mesmo codinome.

Clarice Herzog — Ele já chegou ao DOI-Codi apanhando, aos gritos de "judeu canalha" etc.

Vlado! Está pronto? Eis à sua frente o capitão Ubirajara. Vai começar o espancamento. Os choques elétricos. Todo o repertório de violências que o capitão Ubirajara aprendeu bem sabemos onde e certamente desenvolveu, aperfeiçoou, dotado que é do famoso talento brasileiro para a improvisação. Mas outros já passaram por isso, Vladimir Herzog! Companheiros seus já passaram por isso, e outras pessoas que você não conhece e, contudo, não ignora. Você é um jornalista brasileiro. Você tem consciência. Você tem conhecimento de que essas coisas andam acontecendo. O capitão Ubirajara vai fazer o trabalho dele — trabalhar no seu corpo e na sua mente — e você fará a sua parte, que se resume em resistir.

Ah! Mas um homem não se quebra? Esse homem não se quebra? A resistência desse homem ao sofrimento está acima dos padrões aceitáveis para um suspeito que seja de fato inocente. Eu, Ubirajara, passei por tudo isso no canal do Panamá. Temperei meu corpo no sofrimento intolerável. Estou apto a infligir nos outros as torturas a que eu mesmo me submeti, a fim de me tornar um competente inquisidor. Ora, se esse homem, Vlado, não está do meu lado, e se seu limite de resistência se equipara ao meu, só posso concluir que ele também foi treinado para suportar qualquer tortura! Treinado em outro lugar! Treinado em Cuba! Ele sabe! Ele há de confessar! Agora somos dois tigres na jaula. Dois lobos. Dois homens. Será ele ou eu!

Vlado! Você resistiu além dos limites da resistência humana! Você é valente! Se fosse frágil, se não resistisse, se desmaiasse, se você quebrasse, se você fosse um boneco que se quebra com um golpe de caratê, Vlado!

Mas não. Você resistiu. Você é de ferro. Por conseguinte, vai morrer.

Ah! Vladimir Herzog escapou do inferno lançando aos ares surdos um velho e absurdo clamor de esperança: “Clarice! Ivo! André! Nos encontraremos em Jerusalém, no ano que vem!”

5.11.78

Bento que bento é o frade...

— *Como a neve no verão, e como a chuva na seca, assim não é conveniente ao louco a honra.* — Provérbio de Salomão.

Dia 7 de agosto de 1974. Arbresle, França. — Arbresle, L'Arbre. Jolie. L'Arbre est belle. Elle est jolie. Est-elle fleurie? A árvore é Fleurie? Será um bacuri? Ou o infortunado Bacuri?[1] Meu nome é Tito de Alencar Lima. No tempo das árvores frutíferas e das árvores floridas, fui um frade dominicano. Bacuri passou por aqui. Arrancaram o olho dele como se arranca da árvore a fruta chamada bacuri. Arrancaram olhos, esmigalharam testículos.

NA BOCA DO LOBO... LOBO!

A árvore Fleurie é o lobo do Bacuri. Acorda. A corda, Tito. A corda, a árvore... Este lugar se assemelha a mim. Aqui é um baldio, um monte de lixo. Os moradores da região (Arbresle, France) fazem aqui pequenas montanhas com os objetos imprestáveis. Abjetos. Lençóis esfarrapados, fedorentas botinas destroçadas pelas neves de antanho, penicos enferrujados, pneus furados, o sagrado coração de Jesus arrombado no bolor do outono entre as hastes partidas de sua moldura, cântaros rachados, frades dominicanos egressos da máquina de moer pessoas... a máquina que funciona em São Paulo... a Oban. "Se te mostrares frouxo no dia da angústia,

[1]Referências a Sérgio Fleury, chefe da repressão política em São Paulo, e Bacuri (Eduardo Leite), guerrilheiro morto cruelmente sob tortura pela equipe do delegado.

a tua força será pequena!" Arrebentei. Cuidam de mim no convento. Eles cuidam de mim. Eu andava doido em Paris. Eu era aquele homem doido que descia a calçada dos bulevares e ia andando rente ao meio-fio, desafiando a morte automobilística e fugindo das flores. Todas as flores suspensas na iluminação das vitrines me perseguiam, elas gritavam à minha passagem: "Lá vai ele, o dominicano comunista, o frade indigno, traidor da religião, traidor de seus próprios companheiros de guerrilha urbana..." Ah! Com que horror eu meditava na aproximação da primavera! Todos os jardins floridos, oh Satã! As violetas, as tulipas, os cravos, as coroas de espinhos, as trepadeiras imitando uma crucificação ondulante nos madeiros, as rosas, as orquídeas, as bromélias, as camélias, as carmelitas, as passifloras, as quaresmeiras, os beneditinos, os desaparecidos, os franciscanos, as espáduas destroçadas de São Jorge, os mutilados, os torturados, os torturadores, os monsenhores, o torno do dragão queimando as minhas nádegas com sua fornicação elétrica!

— Apartai-vos de mim, malfeitores, para que guarde os mandamentos do meu Deus!

Eu era um caso dos mais interessantes no elenco de vítimas planetárias catalogadas nos escritórios da Anistia Internacional. Um caso singular: o sujeito a quem as flores horrorizam, cujo coração fica gelado só de escutar a palavra flor! *Fleur! Fleurie! Peur!* Temor e tremor! Tremoços! Três moços — frei Betto, frei Tito, frei Chico Buarque de Hollanda e meu violão nostálgico nos momentos apenas sombrios, aqueles momentos singelos e suportavelmente abissais... frei Tom e frei Chico... A nova canção do exílio...

Vou voltar
Sei que ainda vou voltar
Para o meu lugar...
Foi lá
E é ainda lá
Que eu hei de ouvir cantar
Uma sabiá...

NA BOCA DO FORNO... FORNO!

Eu que vim do inferno, vou pra onde agora? Eu que amei o meu inimigo florido, feroz, eu ferido, florido de equimoses... Por que não hei de amar o meu inimigo? Por que não hei de amar o homem, meu irmão, meu semelhante? APENAS porque ele me trucida? Esta razão não satisfaz. Eles me mandaram abrir a boca para receber a hóstia consagrada; eu me ajoelhei; eles me enfiaram um fio elétrico desencapado na boca. Foi essa a missa que me coube naquele dia. A hóstia queimou minha língua. Minha primeira comunhão no inferno! "Jesus chorou", disse João, Jesus! "E o defunto saiu, tendo as mãos e os pés ligados com faixas, e o seu rosto envolto num lenço. Disse-lhes Jesus: 'Desligai-o, e deixai-o ir.'" Desligaram-me e me deixaram ir.

ASSAR UM BOLO... BOLO!

Tolo! "Jesus chorou." E disse. "Eu sou a ressurreição e a vida; quem crê em mim, ainda que esteja morto, viverá." Acorda! A corda! É melhor morrer do que perder a vida. CORDA (suicídio) 60. Opção vizinha — TORTURA PROLONGADA: opção BACURI. — Apontamentos enigmáticos que deixei para trás. Sessenta minutos para amarrar a corda na árvore, o laço no meu pescoço, e balançar entre o Céu e a Terra, por cima dos pinicos furados e das botinas destroçadas em antigos invernos. *Mais où sont les neiges d'antan?* O sacramento da Eucaristia, oficiado na missa negra em São Paulo, Brasil, era um fio elétrico desencapado. Eu me ajoelhei e fiz ali a minha primeira comunhão. Sou indigno de entrar no convento. Sou um caso dos mais interessantes. Minha história corre de boca em boca na Europa. Estou denegrindo no exterior a imagem do meu querido país. Acorda! A corda. "Assim exterminarei a lembrança de um passado sombrio."

FAZER TUDO O QUE O MESTRE MANDAR?
FAZEREMOS TODOS!

"Enquanto estou no mundo, sou a luz do mundo." Disse Jesus. Enquanto eu balanço na árvore entre o Céu e a Terra. Amém.

SE NÃO FIZER? — LEVAREMOS BOLO!

— Tito de Alencar Lima. Frei da Província do Brasil. Encarcerado, torturado, banido, atormentado... até a morte, por ter proclamado o Evangelho, lutando pela libertação de seus irmãos. Tito descansa nesta terra estrangeira. — "Digo-vos que, se os discípulos se calarem, as próprias pedras clamarão." (Lucas 19-40)

15.12.78

O Homem Absurdo

A abertura é um risco calculado, disse Geisel. Nessa ocasião, estava reunido em Brasília o sistema militar, simplesmente: não (ou sim, tanto faz) militarista. Acontece que todo país tem suas forças armadas e ali se encontravam os generais de quatro estrelas e demais expoentes da hierarquia. Descortinando o futuro próximo, entreaberto por seu risco calculado, o presidente Geisel denunciou o dissidente puro.

Não é comunista. Não é criptocomunista. Não é inocente útil. O que é então? "Desordeiro sem bandeira nem fé", disse Geisel. E as duas pontas do dilema nacional se amarraram num pacto que ainda não ousa dizer seu nome. O desordeiro sem bandeira nem fé, visto de uma perspectiva de direita, não é outro senão o "artista odara", que visto de uma perspectiva de esquerda, vem sendo sistematicamente desmoralizado pelas patrulhas ideológicas.

Ele se chama Korchnoi. Enxadrista. Despojaram-no de sua cidadania. E Korchnoi, o apátrida, teve que se refugiar sob uma bandeira emprestada para jogar xadrez com o campeão dileto do Kremlim, Karpov. Perdeu a partida, mas não perdeu a alma.

Ele se chama Sakharov. Cientista. Tem por bandeira sua própria liberdade e uma incomensurável compaixão ante a sorte de seus compatriotas que não se deixam planificar pelos burocratas do Kremlim. Seu nome é Amalrik, é Daniel, é legião de espíritos indomáveis expulsos da União Soviética ou condenados à humilhação no Arquipélago Gulag.

Seu nome é Sartre. Esse recusou o Prêmio Nobel de Literatura. Podia ir apanhar o prêmio em Estocolmo e enviá-lo aos guerrilheiros sul-americanos. Mas depois disso, pelo resto da vida e depois da morte, sempre se haveria de ler — J. P. Sartre, *Prêmio Nobel*... Melhor, portanto, não ir à Suécia. Sartre pensa que este nosso mundo precisa de ações violentas urgentes — contra a tirania, a usurpação, a miséria, a fome, a ignorância — de forma que a maré não está boa para um romancista escrever romances. Contudo, se alguém pretende hoje escrever um romance, deve escrevê-lo como o tem feito Samuel Beckett. Será Sartre maluco? Não; é absurdo. Um legítimo desordeiro sem bandeira nem fé.

Seu nome é Samuel Beckett. Irlandês, escritor de língua inglesa. Optou pela língua francesa. Vive indignado com Deus, que não lhe dá o ar de Sua graça. Também ganhou o Prêmio Nobel de Literatura. Aceitou, mas mandou um amigo recebê-lo em seu lugar. Mandou dizer aos suecos que, sendo "muito tímido", não teria coragem de comparecer à solenidade a fim de pronunciar o discurso de praxe. Beckett: irlandês — a Irlanda dividida em duas e por isso dilacerada; escritor de língua inglesa que escreve em francês sobre a humilhação do homem lançado num planeta cujas regras ele não entende e, querendo chegar a Deus, não sabe qual o caminho que leva a Ele. Eis aí um desordeiro sem bandeira nem fé.

Ele se chama Fernando Arrabal. Espanhol. Dramaturgo. O pai assassinado na Guerra Civil. Numa carta aberta ao Generalíssimo, Arrabal desmontou o mito de Dom Francisco Franco. Estupefação na cena internacional: deixando por instantes os seus afazeres ditatoriais, o Generalíssimo honrou Arrabal, mandando-lhe uma resposta violenta. Discussão insólita e maravilhosa: Arrabal contestava que Franco fosse "caudilho de Espanha pela graça de Deus" — ao que Franco replicava que era, sim, "caudilho de Espanha pela graça de Deus"... Visto da perspectiva do Generalíssimo, Arrabal não passava de um desordeiro sem bandeira nem fé.

Beckett, Sartre e Arrabal telegrafaram a Korchnoi, estimulando-o no momento em que ele, através de Karpov, desafiava os senhores de sua pátria. Perdeu a partida, mas não perdeu a alma. Arrabal, Beckett e Sartre conhecem a verdadeira identidade de Korchnoi: é o Homem Absurdo.

No Brasil não temos ainda o Homem Absurdo. Mas seu advento foi pressentido pelas patrulhas ideológicas e pelo sistema militar. Vão massacrar suas imitações *gauches*, involuntárias: Glauber, Caetano, Gil...

Não estarão massacrando o Homem Absurdo. Ninguém massacra o Homem Absurdo.

Entrementes, alguém se dirige ao Homem: "A todo o homem, onde quer que trabalhe, crie, sofra, combata, peque, ame, odeie, duvide; onde quer que viva e morra. (...) O homem não pode ser destruído, não é permitido humilhá-lo, não é permitido odiá-lo." Palavras de João Paulo II. Esse tem conhecimento de que o Homem Absurdo está mais perto do Cristo que seus irmãos brindados desde o berço com a graça da fé. Porque o Homem Absurdo não crê, mas sofre as conseqüências. E por isso tem até uma santa padroeira — Teresinha de Lisieux, a popular Teresinha de Jesus, protetora dos ateus, dos materialistas e dos existencialistas.

Em 1980, o papa e a ONU bem poderiam proclamar o Ano Internacional do Homem Absurdo.

7.1.79

Meu partidinho

Mesmo insatisfatória, não me parece que essa anistia que vem aí precisava ser também vagarosa. Acho que, depois de anunciá-la, o Figueiredo[1] deveria enviá-la a um Congresso aberto, com prazo de sete dias para discuti-la, emendá-la, aprová-la ou reprová-la. Assim, já hoje estariam entre nós os anistiados que se encontram no estrangeiro. Mas eles não estão aqui. Após tantos anos de espera, sofrem uma angústia desnecessária, um castigo suplementar. Enfim, antes tarde do que nunca.

Já eu me preocupo com os novos partidos que surgirão após a dissolução (se for o caso) da Arena e do MDB. Acompanho as articulações e adivinho as escaramuças envolvendo nomes que, cada qual, significam por inteiro uma tendência: Magalhães Pinto, Brizola, Ulisses Guimarães, Miguel Arraes, Tancredo Neves... Gostaria de acrescentar Luís Carlos Prestes. Pois estou convencido de que começa mal essa democracia do Figueiredo, se não pretende abrir espaço à atuação dos comunistas, no seu partido devidamente legalizado. Um comunista na clandestinidade produz um ferimento real (porquanto sangra) na consciência de um verdadeiro democrata. No festim de nossa liberdade, haverá sempre esse veneno, essa sensação de culpabilidade, a suspeita de estar envolvido numa farsa ou numa contrafação. Depois, tem o problema dos bons modos. Você entra num bar (daqui a cinco ou seis meses) e um grupo de pessoas, que até ali discutia animadamente, silencia. São os comunistas. Você se aproxima e eles mudam de assunto. Por mais livre-pensador que você

[1]General João Baptista Figueiredo, último presidente militar da ditadura.

seja, acabará sempre representando para eles um elemento do Sistema Repressor. Pois, se você goza de liberdade e eles não, é natural que vejam em você um cúmplice no esquema político que os chutou para córner. Desagradável?

E, no entanto, tenho bons argumentos para contraditar os comunistas, para chateá-los, para denunciar a ilusão em que se afundaram e da qual não querem sair por mero orgulho; gostaria imensamente de discutir esses temas numa mesa de bar, em voz alta, sem atrair contra eles a truculenta atenção da polícia política — e, em contrapartida, sem provocar neles a suspeita de que eu seja um agente provocador... Democracia é isso: cada qual dizendo os seus disparates sem o temor de ser mal interpretado pelos interlocutores.

Disparates, diria eu, por exemplo: gostaria de me inscrever num pequeno partido socialista, cristão, ecológico e feminista. Um partidinho, não um partidão; uma facção modesta mas ativa, alheia à briga dos regionalismos (gaúchos vs. mineiros vs. paulistas vs. etc...), internacionalista, favorável à liberdade de pensamento e de expressão, à livre disposição dos corpos (revolução sexual), para só falar nos pequenos temas, em geral simpáticos. Quanto aos grandes temas, haveria de concordar com as teses e programas de esquerda, em aliança inevitável com os católicos, comunistas, trabalhistas, liberais, militantes e, em resumo, todas as gentes de boa vontade. Creio que mesmo os partidos de centro e de direita, legalizados ou reunidos em grupinhos, não poderão negar que a prioridade nacional é o combate à miséria, à doença e à ignorância. Em outras palavras, o Brasil é socialista a longo prazo, e assim, a longo prazo, o meu partidinho socialista, cristão, ecológico e feminista acabará empolgando as massas. Disto não tenho dúvida.

Eh... será que hoje me levantei da cama com disposições espirituais de animal político? Ou estarei imaginando o Brasil que eu construiria depois de ganhar o bolão da Loteria Esportiva?

Nada disso. Politicamente, há anos, sou o próprio Moita. Há muitos anos me inscrevi, sem alarde, no saudoso Partido Socialista do velho Mangabeira, do Mário, do Magalhães. Nossa agremiação acabou-se e os tempos, transformados, fizeram dela outra coisa que será justamente —

vou repetir — esse partidinho socialista, cristão, ecológico e feminista dos meus sonhos atuais. Resta saber onde está o líder carismático que nos reunirá sob essa legenda. Será jovem? Creio que sim. Surgirá como que do nada, não trazendo atrás de si nenhum conluio, mesmo aceitável? Acho que, de fato, sua biografia começará no momento em que fizer sua aparição. Será, finalmente, uma mulher? Bela pergunta! E aqui vai a resposta: por que não?

20.7.79

Fla-Flu de doidos

Escrevo, por assim dizer, no meio do tumulto. Discursos, passeatas, greves de fome provocam uma zoada na minha cabeça. Me refiro aos discursos, às passeatas e às greves de fome desencadeadas em torno de uma questão: a anistia. Sei discernir outro barulho por trás desse: o dos trabalhadores que pedem aumento de salário. Mas a zoeira da anistia abafa esse outro barulho, e não me deixa pensar outra coisa. O Congresso está reunido. Do Congresso sairá um projeto de anistia ampliado, em relação ao que lhe mandou já faz tempo o presidente Figueiredo. Em face desse projeto ampliado, o presidente dirá se está ou não de acordo. Ele vai sancioná-lo, pois tudo foi previsto. Sabe-se que os chamados "crimes de sangue" continuam tolhendo o famoso ânimo pacificatório do general-presidente. Ou seja: a depender dele (e tudo depende dele), os terroristas condenados continuarão na cadeia, e os terroristas que estão fora do Brasil serão anistiados. Não entendo essa lógica; mas desde quando o Brasil tem sido lógico, de 1964 para cá? Entendo, porém, algo mais simples — que, por exemplo, dois e dois são quatro. Anistia é anistia. Em sua penúltima entrevista (pois a última, como dizem os boêmios em relação à última dose, "só na hora da morte"), o nunca assaz entrevistado Caetano Veloso declara-se a favor da anistia não só para todo mundo, como também e principalmente para si mesmo.

Falou por mim. Sou pela anistia que declare isentos de culpa todos os brasileiros adultos, a começar por mim. Todos nós, de um modo ou de outro, atualmente chafurdamos na culpabilidade. Ou bem desencadeamos a baderna antes de 31 de março de 1964, ou bem demos um golpe de Estado no dia seguinte, ou promulgamos atos institucionais, ou aderimos à guerrilha urbana, ou seqüestramos embaixadores estrangeiros, ou torturamos indiscriminadamente, ou passamos todo esse tempo nas praias e nas boates ou vendo novelas — o que de modo algum nos exclui do drama. Somos todos culpados: Caetano Veloso, você e eu. Que a anistia desça sobre nós como a chuva que purifica!

Riscando num simples gesto um passado de violência e loucura, o governo nos deixará a consciência livre para outras preocupações, decerto mais torturantes. Precisamos pensar o problema verdadeiro: quem, com extremada delicadeza, pôs o dedo na ferida, foi aquela freira que veio da Índia, Madre Teresa de Calcutá. Ela foi aos Alagados, na Bahia, e mostrou onde está e como se chama o problema. Tem um nome que faz estremecer os mais empedernidos: miséria absoluta. É urgente voltar os olhos e o coração para essa gente, a multidão de brasileiros das favelas, dos mocambos, dos alagados, dos monturos. Precisamos salvar as crianças que deixamos morrer enquanto discutimos quantos partidos merecerão participar na luta democrática pelo poder. As greves, em especial a dos operários na construção civil, são apenas um débil sinal indicando a temperatura do monstruoso desespero sobre o qual construímos a nossa precária civilização tropical. Por isso, discutir se a anistia deve abranger tais e tais pessoas, excluindo tais e tais outras, a mim me parece uma batalha inútil, uma guerra de palavras ocas, um fla-flu de malucos.

Em 1964, abortou-se aqui uma luta político-ideológica. Agora, os militares parecem dispostos a permitir que as ideologias se enfrentem livremente nas assembléias. Eu sou de esquerda, você é de centro-esquerda, fulano é de extrema-esquerda, beltrano não diz, mas sabemos que joga na extrema-direita... Tudo bem. Discutam, gritem, procurem convencer o povo a seguir essa ou aquela tendência. Mas depressa! Por baixo desse simulacro de democracia (que ainda nos será oferecida como dádiva!), por baixo desse edifício ocupado por idealistas, carreiristas, revolucionários, contra-revolucionários, inocentes úteis e inúteis — por baixo, senhores, vem vindo o clamor da miséria absoluta, aquela cujo discurso é feito de ais e rugidos! Madre Teresa de Calcutá veio da Índia e, na Bahia, pôs o dedo na ferida. Ela ama os miseráveis. Ela trabalha para os miseráveis. Ela aniquila a miséria que aniquila um homem, fazendo desse homem aniquilado um ser inteiro, um homem consciente de sua humanidade e disposto a lutar por ela. É esse o trabalho que o Brasil espera de todos nós. O Brasil — a pátria que ainda não temos, que sequer conhecemos, surdos que somos ao clamor dos miseráveis.

Tenho medo dessa zoeira, esses gritos abstratos que nos falam de grandiosos ideais; tenho medo de tudo não passar de mais uma crise existencial da elite dirigente, nela incluídos os intelectuais de esquerda e os próprios beneficiários da anistia. Do fundo negro da miséria absoluta, uns olhos infantis aterrorizados nos espiam, são as crianças que deixamos morrer de fome enquanto encenamos a nossa tragicomédia de filisteus.

22.8.79

Anistia e trégua

Está em liberdade, beneficiada pela anistia, a moça que ficou zangada comigo por causa de uma entrevista que dei, no ano passado, e na qual critiquei rudemente determinada ação de guerrilha praticada pelo ex-capitão Lamarca.[1] Essa moça, por sua vez entrevistada no presídio Talavera Bruce, no Rio, declarou-se incompatibilizada com meus escritos. "Lamarca era lindo", disse ela. Fiquei quieto — que diabo, a extrema esquerda e os esquerdistas de araque decretaram contra mim um AI-5 moral, porém, se essas pessoas estivessem no poder, eu teria que fugir do país por causa de um lance de humor negro, exatamente como Márcio Moreira Alves foi forçado a deixar o Brasil em razão de um discurso estruturado em forma de *boutade*. Tenho plena consciência da similitude entre as duas situações — porquanto, se Márcio foi infeliz evocando o episódio de Lisístrata, eu desconsiderei o falecido Lamarca da mesma maneira usada pelos surrealistas franceses para desconsiderar brutalmente Anatole France no dia mesmo de suas exéquias. Tenho pois argumentos — o mencionado e outros mais — capazes de animar um debate em torno dessa questão ainda explosiva — a eclosão da guerrilha urbana e rural entre nós.

No entanto, meus antagonistas, se quisessem discutir comigo, teriam que se pronunciar de dentro das prisões, ou dos países onde estavam exilados, ou na meia clandestinidade em que ainda se movimentavam.

[1]Na entrevista, ao *coo-jornal*, Carlinhos disse: "O capitão Lamarca é um assassino, tão assassino quanto os torturadores do DOI-Codi. [...] Eu cuspo no cadáver de Lamarca", repudiando a execução do tenente da PM Alberto Mendes Júnior, a coronhadas de fuzil, pelo grupo de Lamarca durante uma fuga.

Por isso, me mantive calado, e suponho que muitos meses passarão antes que o terreno se mostre favorável a uma crítica que não venha crivada de suspeição.

Vejo aquela moça alegre, de óculos, festejando sua liberdade na porta do presídio. Estou feliz por vê-la devolvida ao convívio social e à atividade política. Imagino que precisará de um banho de futilidades estimulantes, de um mergulho sensual no cotidiano, digamos assim, normal, revisitando o mar, respirando o perfume das florestas, convivendo com seus amigos-amigos (ou seja, apolíticos) e deixando de lado por uns tempos a preocupação ante as injustiças que, por lhe parecerem intoleráveis, conduziram-na à contestação armada do regime militar, e depois à prisão.

Vejo na televisão esse homem longilíneo, muito magro, barbudo, que tem no colo um filho pequeno. Seu primeiro dia de liberdade, ele o passou com o garoto, na praia, curtindo a glória de ser pai; sua primeira noite ele a passou acordado, e viu o sol se erguendo no horizonte — ele que durante alguns anos, conforme se diz, só pudera contemplar o sol nascendo quadrado...

Eis aí. Depois da anistia parcial e antes da batalha (por todos anunciada) pela anistia ampla, geral e irrestrita, algumas semanas de trégua seriam bem-vindas. Mesmo porque os exilados de 15 ou 10 anos, após 15 ou 10 anos remoendo um país abstrato, encontrarão pela frente um país concreto, transformado, e precisarão de tempo para se diluírem na paisagem antes de (se quiserem) dela se destacarem novamente. É mais ou menos o que diz Marcito a Teresa Cesário Alvim, que foi encontrá-lo em Lisboa:

— Chega! Estou cansado. Estou cansado do exílio... estou cansado de ver a minha terra como se fosse uma lua distante e inatingível.

Quem ficou no Brasil e, de um modo ou de outro, se envolveu no drama, também evoluiu, também teve clarificada sua consciência e pode agora, ao contrário daqueles que participaram de um confronto direto, olhar a realidade tal qual se apresenta. Desse ângulo privilegiado, decorre a constatação de que as paixões de 10 anos atrás se tornaram anacrônicas, quando não incompreensíveis. Por exemplo: essa briga que estão armando no Recife, envolvendo anticomunistas de baixa extração, exala um odor de algo capaz de nausear um urubu famélico. Querem uma briga com Miguel Arraes, travada 15 anos atrás; já se manifestam com os mesmos velhos slogans e as mesmas velhas ameaças. E se por infelicidade desembarca em Pernambuco um Arraes também velho de 15 anos a nação estarrecida só poderá livrar-se da melancolia fazendo renascer os concursos de Miss Brasil e exigindo que a Souza Cruz reponha no mercado os cigarros Hollywood sem filtro.

Seria estúpido. A máquina do tempo do dr. Papanatas só funciona nas histórias em quadrinhos. E de qualquer modo a dinâmica do processo só deixa espaço para novos acontecimentos. Enquanto isso, cabe estar alegre — perto ou longe deles — ante o espetáculo da moça de óculos que recuperou a liberdade, e ante a terna imagem daquele homem magro que ergue nos braços o seu filho querido, na luz de setembro, em face do mar que incansável desenha a mesma história, mas que é sempre diferente, e logo ele próprio a desmancha, ansioso por começar tudo outra vez.

3.9.79

Reencontro feliz[1]

Foi uma bela noite. Eu já me preparava para ir dormir quando surgiram os dois amigos que não via há tantos anos quantos houve AI-5 neste país. Nos abraçamos. Estavam alegres, soltos, de olhos claros, perfeitos cariocas — nada tisnados pela tensão política, pela desconfiança, pela amargura. Sem o bigode, C. continuava com a mesma cara juvenil, e comentou:

— Lá na Dinamarca, de vez em quando a gente se perguntava: "O que é que o Carlinhos Oliveira andará fazendo em Ipanema?"

— Eu também me perguntava, aqui, o que é que vocês poderiam estar fazendo no Chile, depois na Dinamarca, depois em Portugal, depois em Paris...

— Em Paris, aliás, a Lili a todo instante pede notícias de você.

— Ah! A querida Lili. Pois olhem, vou mandar a ela uma carta-aberta. Publico aqui na coluna e ela recebe o jornal na França, tão certo quanto a liberdade aproxima homens e mulheres de coração límpido.

Nesse momento passou por nós, o cenho franzido, visivelmente cansado de tanto trabalhar, o poeta. Passava de meia-noite. Não sei se o poeta não me viu ou se não quis me ver. Houve entre nós um mal-entendido. Mesmo ao preço de ser enigmático, direi que o poeta tem razão na sua mágoa, mas quem está certo sou eu. É meu velho amigo e não fiz nada que pudesse feri-lo irremediavelmente. Nem sequer lhe citei o nome — isto quando procurava, num texto complexo publicado em série, tra-

[1]Este texto deu origem ao romance *Um novo animal na floresta*.

çar a grande roda de sofrimentos na qual giramos, cada qual de seu lado, por tanto tempo. Ele estava zangado — nessa ocasião — e eu por meu lado não me sentia disposto a aceitar seus argumentos dogmáticos. Ele tomou a iniciativa de romper a amizade — que no entanto perdura, disto estou certo. Somos quase irmãos, devido a um passado juvenil pleno de graça. Enquanto ele passava por mim, sem me olhar, no início da madrugada, pensei: "Só vou acreditar em anistia ampla, geral e irrestrita; só vou ter certeza de que a reconciliação é possível, quando o poeta fizer as pazes comigo..."

Fiquei então só e me lembrei daqueles dias. Ipanema sabia tudo. Pequenas histórias que fluem para dentro da grande história, ocorreram em Ipanema e a seu tempo serão narradas. Ipanema esteve representada na guerrilha urbana pelo MR-8 — que no princípio era um bando de garotos audaciosos e bem-humorados, praticando ações de provocação em estilo de legítimo *happening*. Foi o espírito de Ipanema, e não outra circunstância, que cativou o embaixador Elbrick, a ponto de ele sair do seqüestro elogiando seus seqüestradores. Depois, nós sabíamos onde eles estavam, os foragidos. Andavam malocados em Ipanema. Era um segredo enorme, cuidadosamente guardado por boêmios que, à primeira vista, pareciam tagarelas incorrigíveis. E finalmente partiram, banidos ou atravessando fronteiras com documentos falsos.

Senti então uma longa e suave saudade de Leila Diniz. A destemida Leila, a desbocada, a mulher liberada, a amiga adorável, a amante fiel incapaz de escapar à monogamia, a atriz inesquecível — ela, enquanto enfrentava a repressão, pois o sistema militar não suportava sua liberdade de espírito, ela escondia sob suas asas aquele que estava sendo procurado. Ela corria riscos. A sua integridade física estava ameaçada. Sabíamos que a tortura era uma prática corriqueira. Colecionávamos os nomes dos mortos sem sepultura. Enquanto isso, impávida, Leila Diniz arriscava tudo. Não era militante de esquerda. Era um coração generoso. Era a mais bela mulher de Ipanema, com suas gordurinhas de garota displicente e seu biquíni desbotado pelo uso. Também pensei num rapaz de óculos, boêmio atrevido, amigo do peito, filho de classe média alta, que se movimentava nos subterrâneos da sociedade, conduzindo a lugar seguro alguns perseguidos que o outro lado, a repressão, considerava indivíduos de alta periculosidade.

Vivíamos uma paranóia autoconsentida. Bebíamos mal. Éramos expulsos dos bares. Aprendi nesse tempo tudo o que é preciso saber sobre solidariedade e compaixão. Me enamorei do catolicismo, em cujo regaço podemos ser decentes sem por isso deixarmos de ser brincalhões. E se digo "nós" me refiro a nós de Ipanema, não a mim: a Leila, ao rapaz de óculos, ao adolescente cujo irmão era procurado por todas as polícias e que vinha a mim, não esperando consolo, mas apenas para ouvir duras lições de política de fato: seu irmão escolheu o caminho da guerra — eu lhe dizia — e se for torturado ou morto, foi assim que desejou sofrer e morrer. Era um modo meu de lhe dizer que devia admirar o irmão, em vez de se deixar roer pelo ódio aos seus perseguidores. Era uma atitude, a minha, de católico infante, católico de catecismo, de primeira comunhão.

É suave a saudade de Leila Diniz. Gosto de pensar que o avião em que embarcou, fazendo uma conexão internacional complicada, foi explodido por equívoco. Na época, essa hipótese foi levantada. Teriam pensado que Leila Diniz seria, na verdade, Leila Khaled, a guerrilheira da Organização de Libertação da Palestina, tão famosa, ubíqua e temível, naqueles dias, quanto o misterioso "Carlos". Ela era doce e altiva, nossa querida Leila Diniz.

28.9.79

O guerrilheiro nu

O guerrilheiro está nu. Eis o que Fernando Gabeira nos diz. Foram buscar no Galeão o seqüestrador do embaixador Elbrick. A esquerda romântica, em sonhos, vestiu-lhe a farda verde-oliva, sem insígnias, e lhe amassou na cabeça a boina do Che Guevara. Mas ele não desceu da Sierra Maestra, e sim da Suécia. Palavras textuais: "Nunca imaginei que houvesse tanta potencialidade na política do corpo, na política das cores. Eu vinha da Suécia. Agora compreendi melhor." Usou pesados capotes no frio escandinavo, mas também conheceu a promiscuidade, a licenciosidade, a pornografia — conceitos aqui enumerados por serem de uso corrente, não me parecendo necessário procurar sinônimos escoimados de juízo moral.

A política do corpo. O uso político que se faz do corpo, no tempo da guerrilha urbana e da tortura. Gabeira tomou plena consciência de seu corpo ao ver sua inteligência prisioneira de um corpo escangalhado: "Senti apenas uma dor aguda (...) e deixei o corpo cair. (...) Pensava: vou levantar e continuar minha carreira, mesmo com esse tiro nas costas. Vou levantar e me meter no mato. Tudo isso se passava, mas meu corpo estava afundado na poeira da rua." (*O que é isso, companheiro?*, p. 150.) O corpo já não obedece ao comando do espírito preparado para a luta. Mas eis que isto é crucial: — sem o corpo, nada feito.

Frei Tito lia e relia, emocionado, a passagem de Lázaro. Aqui se devolve o corpo à alma. Morto em vida, frei Tito esperava talvez, lá nas profundas de seu terror, que se operasse o milagre ainda uma vez. Que refizessem a ligação de seu corpo com sua alma. Mas a sua disciplina era circunscrita ao espírito, ele estava embaraçado no voto de castidade. Desde o princípio ele recusara ao corpo os seus prazeres banais. Mas, por desgraça, não lhe pouparam horrores, a esse corpo purificado na obediência Benedita. Livrou sua alma da contradição, pendurando o corpo na corda, como um sino sem badalo, um sino oco, enferrujado, desprezível. Lázaro teria recuperado miraculosamente o uso de seu corpo para, finalmente, negar-se a fruir seus gozos? Se é isto, melhor fora não ressuscitar.

O guerrilheiro está nu. Desveste a túnica imaginária do comando MR-8, que seus românticos amigos de esquerda (mas não seus antigos companheiros de combate clandestino) costuraram para si. E se mostra em tanga de crochê lilás. E se declara bissexual. "É preciso repensar o corpo em relação à roupa que o veste." Uma política do comportamento. A sensualidade repensando Marx, o homossexualismo não mais latente, em confronto com o ascetismo maoísta. Quando perdeu a batalha, mas não a guerra, Gabeira aprendeu a lição: os especialistas da Oban[1] precisavam de seu corpo, era nele que iriam trabalhar com seus ferros; o caminho para quebrar o espírito passava pela administração de dores físicas intoleráveis. Veio do inferno ciente de que, em quaisquer circunstâncias, o corpo é sagrado. Não se trata de levar uma bala na cabeça e tudo terminar. Ele esperou o tiro de misericórdia, quando rolou no chão, a cintura violada pelo chumbo quente. Não teve essa alegria: precisava do corpo, pretendiam desmentir sua sacralidade.

Agora, ao sol, nos trópicos, ei-lo nu, e maliciosamente se espanta:

— Mas o que é isso, companheiro? Corpo é escândalo?

Humanista irrecuperável, eis o que é Fernando Gabeira. Ou coisa ainda pior, se me permitem os patrulheiros que o fecharam num círculo de afetos exclusivos, que não o deixam escapulir desse amor generoso, porém equivocado nos aspectos mais importantes. A coisa pior que o Gabeira é: um homem cordial. Ele e o embaixador seqüestrado perceberam isso simultaneamente:

"Eu estava com o revólver apontado para ele, por causa da janela à sua esquerda. Imediatamente baixei o revólver para prosseguir a discus-

[1]Operação Bandeirantes, órgão de repressão política sediado em São Paulo.

são. Ele percebeu que fiquei perturbado em discutir nessas circunstâncias. Afinal, meus argumentos eram bastante bons para que eu apontasse uma arma para o interlocutor. Ele captou muito bem a relação incômoda que tínhamos com a arma. Éramos intelectuais, querendo dizer alguma coisa, e os tanques estavam apontados contra nós, no Brasil. Não queríamos de forma alguma trocar de papel." (p. 119.)

A felicidade aqui e agora, ainda que se continue a atividade política orientada no sentido do socialismo. A jovialidade como disposição de espírito, em si mesma, transformadora. A jovem (Gabeira adora proclamar que os jovens o compreendem de estalo, sem maiores encucações) — no restaurante natural, a jovem garçonete manifesta surpresa: "Ouvi dizer que, faz uns 10 anos, o compadre aprontou um tremendo agito..." Sim, Gabeira com a arma na mão, vivendo na clandestinidade, empenhado numa tarefa de vida e morte, fez bastante barulho neste país. Mas a garçonete ficaria realmente espantada se pudesse compreender que, para os "adultos", o verdadeiro agito de Gabeira se realiza agora, quando ele se põe nu de corpo e alma e diz: — me aceitem assim. Pois há quem veja no desejo de ser feliz o sinal certo de um tremendo sufoco!

28.11.79

O espetáculo do ano

— É uma tragédia? Um drama? Uma comédia? Uma farsa? Uma pornochanchada?

Na verdade, todos os gêneros teatrais comparecem, com maior ou menor ênfase, na tessitura do grandioso espetáculo encenado na atual temporada pelos Comediantes do Brasil. Intitulada *Abertura — 1979*, essa peça escrita por muitas mãos e poucos cérebros, e defendida no palco por numeroso elenco, se inscreve entre os já tradicionais fracassos, tanto de crítica quanto de bilheteria, incluídos no repertório da persistente, patética e laboriosa trupe mambembe mundialmente conhecida pelo nome de Comediantes do Brasil.

Devemos contudo assinalar um progresso: desta vez, se houve choro e ranger de dentes, como é de praxe, não transcorreram nos bastidores, onde vilões desalmados torturavam sem dó nem piedade uma legião de espectadores apanhados ao acaso na platéia. Desta vez, a violência foi improvisada, em obediência a impulsos obscuros de que se revelaram portadores alguns atores de segunda ordem, cujos nomes nem sequer constavam no programa, entre os de tantos astros e figurantes. Foi uma violência de cunho psicodramático, e nos congratulamos com os promotores do espetáculo pelo fato de terem permitido a livre manifestação da crítica, que se pronunciou de forma unânime contra esses resquícios do teatro medieval. A caça às bruxas, historicamente inserida entre um e outro ato, desta vez foi suprimida, para satisfação do público especialmente reunido pelo Clube dos Defensores dos Direitos Humanos, entidade sem fins lucrativos que luta pelo decréscimo do realismo brutal introduzido nos shows realizados, a cada temporada, em todos os palcos do mundo.

Não se pode dizer que os Comediantes do Brasil tenham encenado, desta vez, um espetáculo digestivo — mesmo porque, em razão de sua crônica situação deficitária, a trupe mal tem o que comer — e se bem que, no proscênio, um número reduzido de atores venha promovendo todas as noites um debochado número de contracultura intitulado *A comilança*. Esses elementos indesejáveis são por demais conhecidos, não gozam do mínimo prestígio entre os espectadores médios, e com o tempo haverão de desaparecer, tão logo sucumbam ao insopitável impulso de se entre-devorarem, como foi previsto aliás pelo velho e sábio comentarista Karl Marx, em sua monumental historiografia: *O teatro burguês e sua esplêndida agonia*.

Uma novidade auspiciosa: veteranos comediantes que nos últimos 15 anos estiveram proibidos de representar no país, tornaram à boa terrinha e arrancaram aplausos da platéia, mais por simpatia ante a injustiça de que foram vítimas, do que pelo talento histriônico demonstrado na ocasião de seu reaparecimento e nos dias que se lhe seguiram. Estrelas de primeira grandeza nos idos de 1964/68, os srs. Prestes, Arraes, Brizola e poucos outros deixaram patente que a passagem do tempo, a ausência forçada dos palcos, lhes terá sido quase desastrosa. Esperemos que se reabilitem na próxima temporada, como participantes da comédia ligeira *Eleição direta e voto popular*, prevista para 1986, se não chover. Mas, mesmo ao risco de sermos cruéis, daremos um palpite: o sr. Prestes, com sua monomonia, sua insistência em monologar *ad nauseam* o espetáculo satírico *A mais-valia vai acabar, seu Edgar* — o sr. Prestes, repetimos, melhor faria se abandonasse seu lugar na boca-de-cena, nela colocando talentos mais jovens e esclarecidos, e optando pelo digno ostracismo no Retiro dos Artistas.

Devemos aplaudir, com reservas, as audácias ocorridas no setor de figurinos. Em vez de farda, do fardão e da camisola de dormir, o astro principal em cena, sr. J. B. Figueiredo (que não pertencia ao sindicato da classe mas nele penetrou na marra), apresentou-se de sunga e portando halteres. Já o sr. Gabeira, até aqui integrado ao elenco de apoio — e considerado, sem desdouro, um marginal do sistema, um típico produto *off-Broadway* — o sr. Gabeira irrompeu espetaculosamente em cena, trajando uma tanga de crochê lilás que provocou desvario orgástico naquela parte da platéia composta de *exiletes*. O sr. Gabeira introduziu com êxito, na cena brasileira, a técnica da expressão corporal, para desespero da crítica (uns senhores de São Paulo).

Em resumo: *Abertura — 1979* foi espetáculo que ninguém teve a chance de perder, sendo obrigatório o envolvimento emocional de todos e de cada um. Obviamente mais alegre do que a tragédia anteriormente encenada, *Fechadura e tortura* (cujos autores permanecem embuçados, mas não por modéstia), ele só apresentou um senão, aliás não previsto no texto: todas as noites, o numeroso elenco e a seleta platéia foram assaltados por bandidos oriundos da favela da Miséria. Houve muitos mortos, muitos feridos, e quase todos perderam dinheiro, jóias e toda sorte de objetos de valor. Muitos atores e atrizes ficaram nus, pois os ladrões levaram suas roupas.

Donde se conclui que o figurinista é que estava certo. Na próxima temporada, para segurança geral, como também para simplificar, tanto o público como os Comediantes do Brasil deviam adotar o vestuário popularizado por J. B. Figueiredo (sunga com halteres) e F. Gabeira (tanga lilás).

Em tempo: Lula, o Metalúrgico, foi liberado pela Censura e anunciou que vai botar pra quebrar com a encenação de um texto até aqui desconhecido, intitulado *PT — Partido dos Trabalhadores*. O elenco será todo apanhado nas fábricas, não tendo experiência teatral anterior, e adotará uma técnica de interpretação neo-realista. Esperemos para ver no que dá.

Enquanto isso, prossegue nos palcos de todo o pais a encenação de *Abertura — 1979*, que ficará em cartaz até 31 de dezembro. Mas pode encerrar bruscamente sua melancólica (mas inevitável) carreira, caso os árabes resolvam aumentar o preço do petróleo em mais 0000000,1 por cento.

16.12.79

Remirando os 70

Em vez de fazer um exame de consciência, exercício a que me entrego no primeiro dia de cada ano, desta vez achei menos doloroso comparar as posições que tinha ontem — quer dizer, nos anos 70 — com as que tenho agora. Coincidirão? Folheio uma revista ilustrada e vou anotando:

O Governo Geisel — Carrancudo, cabeça-dura, o general. Eu o detestava. Agora reconheço que fez um belo trabalho acabando com a tortura em São Paulo e, no mesmo processo, liquidando o AI-5 e tornando mais respirável o país que habitamos. A contradição está em que ele foi um dos responsáveis indiretos pela tortura, ao cerrar fileiras com seus camaradas em torno da vigência do AI-5. Se porém estivesse em julgamento, seu governo e ele próprio seriam absolvidos graças a uma fórmula de Sartre: nesse tempo todo, como todos nós, teriam sido vítima e cúmplice. (Obviamente, excluo as vítimas reais, aquelas que sofreram o diabo nos porões da ditadura.)

O Terrorismo — Qual dos dois? Simpatizei durante certo tempo com as ações do MR-8. Acompanhei pasmo, sem tomar partido, as aventuras de Lamarca. No último ato da vida de Lamarca, me convenci de que ele lutava por uma ditadura de esquerda, incompatível com meus princípios (vá lá) de pequeno-burguês aturdido. Mas o DOI-Codi era um punhal nas minhas costas e eu preferia qualquer solução, fosse qual fosse, desde que tivesse por objetivo nos livrar do terrorismo de Estado, não apenas semiclandestino mas entrelaçado às atrocidades e corrupção do Esquadrão da Morte.

A Anistia — Era intolerável viver com a certeza de que milhares de brasileiros erravam pelo mundo, sem pátria, sem futuro, sem passaporte.

Os gloriosos verões na beira do mar me humilhavam; eu era um privilegiado; um omisso; um...

Os Costumes — Sempre estive francamente do lado dos marginais e das minorias: hippies, desbundados, andróginos, contestadores. Acreditei e ainda acredito que a cooptação — até onde o regime se alonga — é coisa detestável.

Religião — Se posso dizer assim, tornei-me menos ateu, quase-quase católico. Entendo que ser de esquerda sem ser totalitário é ser, de algum modo, católico. As outras confissões não entram em cogitação: a religião que me atrai é mesmo o catolicismo, minha infância, o chão que me falta sob os pés.

O *Feminismo* — Se fui um machão ciumento e dominador até os 30 anos, humildemente procurei dialogar com a nova mulher. Ainda acho que os homens estão confusos e elas também; creio que só a próxima geração (atualmente com 16 anos) alcançará a plena igualdade sem dilaceramento.

O Vietnã — Horror, horror e horror sem fim. E agora: genocídio no Camboja, invasão do Laos e do Camboja por um Vietnã ultramilitarizado. Fora do alcance das ideologias, me sinto compelido a ter compaixão pela raça humana, que não toma jeito.

A China — Lamentei antes a morte de Chou En-lai do que o grandioso passamento de Mao Tse-Tung. Mas tanto Mao quanto Chou me encantavam. A China, a pobre China, orgulhosa em sua pobreza — eis um dos mais edificantes espetáculos do século.

Árabes e Judeus — Estou sempre do lado do povo judeu. E sempre do lado do povo palestino. As guerras dos governos árabes contra os governos judeus não tocam no problema fundamental: israelenses e palestinos devem coexistir. O terrorismo palestino me horroriza. Mas sou a favor da pátria palestina enquanto não abro mão do glorioso Estado de Israel. Aqui não estou sendo contraditório. Aprecio o movimento *Peace Now* de Israel — a facção que quer fazer as pazes. Não creio na sinceridade de Begin e creio na sinceridade de Sadat.[1] Mas os povos não são os seus governos...

[1]Menahem Begin e Anwar Sadat eram, respectivamente, primeiro-ministro de Israel e presidente do Egito.

O Gulag — Ninguém me convence de que a vida na União Soviética possa ter algum encanto. Stálin nunca me enganou, mesmo porque de longa data me afeiçoei ao solitário e infortunado Trótski. A invasão da Checoslováquia pelos seus "companheiros solidários" do Pacto de Varsóvia... Quanta hiprocrisia e que brutalidade enorme! Cada vez que um escritor soviético é condenado aos trabalhos forçados ou internado na clínica pseudopsiquiátrica, mais me entristece pensar que Marx, no fundo do coração, querendo transformar o mundo, pretendia torná-lo melhor.

O Brasil — Não me canso de repetir esta banalidade, ela me consola: "É o único país que nós temos..." A fórmula de Madre Teresa de Calcutá, em minha opinião, devia constituir a premissa de um projeto de salvação nacional. "Todo mundo se preocupa com os pobres", disse ela, "mas ninguém conversa com os pobres." Olhar a pobreza de igual para igual é, no ato, tornar-se parte dela. A idéia de um "Brasil grande" é doença mental de homens ricos e avarentos. O Brasil deveria medir-se por sua pobreza, não por sua riqueza. Ambas pesam na balança, não há dúvida, mas a miséria absoluta, que nos rodeia, torna mesquinha e suicida qualquer veleidade de grande potência.

Nada mais tenho a dizer...

2.1.80

Carta a Jânio Quadros

Jânio Quadros:

Você não me conhece pessoalmente, mas em compensação eu também nunca o vi mais gordo. Quer dizer, nunca o vi tão robusto, estalando de saúde, quanto atualmente. Se você fosse tomado por medida morfológica de comparação, considerado por hipótese o tipo físico universal do *Homo Brasiliensis*, teríamos que: — o Brasil prosperou espantosamente desde os idos de 60, a partir dos quais o Jânio dos anos 50, magrelo, com olheiras fundas, com caspa no ombro do paletó mal-ajambrado, deu lugar ao gordo senhor que vemos hoje, dedicado à patológica fixação pictórica de meninas evidentemente mortas, antigas, de redondos olhos e coração oprimido pela ausência de um futuro. Nem necrófilo nem taxidermista, mas pintor acadêmico de cativante lirismo, você é o Brasil gordo, paulistano, guarujânico, que resultou dos sucessivos desastres inscritos claramente nos céus da meteorologia política, tão claramente que você os viu, decifrou e fugiu.

Isto foi no albor dos anos 60. Transformações que pareceriam miraculosas — mas indicavam apenas a metabolização feliz de nosso destino — estremeciam de júbilo cada consciência militante. Brasília, que Malraux chamou "a Capital da Esperança", e que é a antecipação arquitetônica do que poderemos ser no século XXI, inaugurava um estilo civilizado de convivência política. O presidente Kubitschek passava a faixa presidencial ao presidente eleito Jânio Quadros. Foi uma sucessão sem traumas. À ilharga do presidente, simbolizando as inquietações sindicais domesticadas pelo tempo em que vigorasse um governo legitimamente eleito e empossado, víamos a doce e incompetente figura de Jango Goulart, temperamento afeito à especulação sobre o valor monetário e metafísico das vacas, mas completamente ignorante em relação aos apetites dos políticos profissionais e à psicologia (logo, aos anseios) das massas populares. Não era um estadista, o Jango; era um fazendeiro; era honesto e ingênuo, contemplando com olhos rurais a industrialização acelerada que por sua vez, dando-lhe um sentido, acelerava o êxodo rural.

Um presidente passa a faixa a outro. Ouve-se o Hino Nacional. E os militares batem continência! Os altos chefes militares, paralisados pelo majestoso momento cívico em que foram pilhados por força das circunstâncias favoráveis a todos nós! Carlos Lacerda, o Demolidor, estava quieto: representando numa extremidade do espectro aquilo que Jango representava na outra, ele também vinha comprometido com Jânio Quadros. Foi o dia mais belo de quantos a ainda jovem Brasília viveu.

E eis você, Jânio, no palácio do Planalto. Você "mandou brasa". Você foi um estadista. Nossas esperanças nacionais agitavam-se em nosso peito, em sucessivas ondas de estuporada euforia. João XXIII uma estrela no planeta, De Gaulle recuperando o orgulho continental europeu, John Kennedy e Nikita Kruschev liquidando a Guerra Fria, em cautelosa mas resoluta convergência; Fidel Castro ainda indeciso, discutindo com Che Guevara a conveniência de se proclamar marxista-leninista; e a jovem África despertando sem ira, olhando altiva o futuro, orientando no sentido construtivo a grande cólera cozinhada no caldeirão do secular opróbrio, da humilhação sem limites.

Você, Jânio, desafiou Salazar, num gesto arriscado que poderia abalar o seu *front* interno. Você formulou uma política externa de não alinhamento automático, de solidariedade com os povos do Terceiro Mundo, de reencontro do Brasil com a África, de padrinho (ou irmão mais velho) disposto a compreender as razões da impaciência dos cubanos, de modo a permitir que a revolução de Fidel se desenvolvesse sem entrar em choque irremediável com os Estados Unidos.

Você foi o maior presidente da República que já tivemos!

E um dia você renunciou. Jogou no lixo seis milhões de votos, nenhum de cabresto, seis milhões de votos conscientes. Aproveitou que Jango estava na China, comprometendo-se (ante os ingênuos) com o arquicomuna Mao, e retirou-se da cena, encenando um drama do qual esperava ter o controle. Seu pretexto: evitar a miniguerra civil que eclodira na Guanabara, onde o governador Lacerda sem dúvida conspirava, por ser de seu feitio chegar ao poder supremo por meio da conspiração político-militar.

Você não acreditou em nós, nos seis milhões que àquela altura já eram cerca de 80 milhões, excetuando alguns milhares de pequenos burocratas chateados e algumas centenas de aficionados das brigas de galo... Você tinha o poder militar na mão: o general Denys e seus dois camaradas da Marinha e Aeronáutica nada podiam contra você, nem pretendiam; você tinha um projeto de nação, esse projeto era viável, e os militares não são burros. E por trás de tudo você contava com o Brasil, também empolgado ante a evidência de que afinal o gigante despertara. Você disse: "Danem-se!" — e foi passear de cargueiro, com dona Eloá.

Quanto sangue derramado desde então, por causa do seu falso prurido humanitário! Quanta desavença, disputa sangrenta de terras, massacre dos índios, divisão nas Forças Armadas, ditadura, terrorismo, tortura, censura, banimento, arrocho salarial, violência desenfreada em todo o país, esse Brasil rachado, fraturado em toda a sua ossatura, que você nos legou.

E vem você hoje e diz:

— Não voltaria à presidência da República nem que o povo, os 120 milhões de brasileiros, unidos, à maneira dos árabes que unidos se postam em orações a Meca, se prostrassem à minha frente e me implorassem.

(A lenda de que você pode voltar à presidência, nas condições por si impostas, vem de uma antiga anedota, segundo a qual o vidente Sana Khan recentemente falecido teria feito esse prognóstico quando você era apenas, se não me engano, prefeito da cidade de São Paulo. Confirmo, em parte, o prognóstico, não a profecia. Se está baseado na entrevista de

Sana Khan publicada então na *Manchete*, tenho autoridade: o repórter que entrevistou Sana Khan fui eu. Mas ele também leu minha mão, também estudou os números de minha vida, concluindo ao final, entre outras coisas, que futuramente — isto é, dentro de dois anos — serei senador da República...)

"Não voltarei nem que o povo... os 120 milhões de brasileiros..."

Alto lá! Você se refere a cada um de nós e a todos nós. Está, portanto, falando comigo. Mas quando você renunciou, eu que votei em você e vibrei com você até o dia 25 de agosto de 1961, eu abri uma revista francesa, na qual você era o Homem da Capa, e li um veredicto. Era uma frase de Napoleão que, desde aqueles dias, ajustei às circunstâncias brasileiras. Dizia, já adaptada por mim: "O mais desprezível dos homens é aquele que não preza o seu ofício."

No dia 24 de agosto de 1961, você se deitou estadista e, no dia seguinte, acordou jogador de pôquer decidido a blefar. Você blefou. Desmentiu sua vocação de estadista. Nos lançou sem bússola na voragem de uma história tempestuosa. Portanto, Jânio Quadros, dobre a língua quando falar comigo. Não sou um árabe religioso, nem você é Alá. Continue praticando a sua necrofilia pictórica, produzindo quadros a óleo com menininhas evidentemente mortas, e deixe-nos em paz. Infeliz foi o país que um dia acreditou em Jânio Quadros; malsinado seria o seu povo, se ainda depositasse um grão de confiança na figura gorda e satisfeita desse demagogo desempregado que se notabilizou pela afeição que tem aos pronomes oblíquos.

Quanto aos famosos cofres invioláveis nos quais estão as provas de que o presidente Quadros foi traído e sofreu outros tipos de constrangimento — documentos cuja revelação depende de que alguns vivos morram, entre eles você próprio — devo dizer que não se pode confundir a História com o Juízo Final. Você pretende acaso estar ao lado de Deus na hora em que formos chamados a explicar nossos pecados? Nada disso: é apenas a sua megalomania que mais uma vez se manifesta. Você — a Meca — ante a qual nos prosternaríamos...

Você, que confere valor de segredos de Estado a papéis que só podem conter intrigalhas políticas sujeitas ao apodrecimento no espaço de uma geração, você que repetiu simbolicamente o suicídio de Getúlio Vargas, perca toda esperança ao entrar no Inferno! Pois nem o tempo nem a história falarão por você...

Do seu indignado patrício.[1]

11.2.80

[1]Dias depois, Jânio enviou ao presidente do *Jornal do Brasil*, Nascimento Brito, um bilhete: "Ao longo da vida sempre mostrei ao *Jornal do Brasil* a consideração que os seus diretores e o seu passado exigem. Mereço essa baba vesânica? Cumprimenta-o o J. Quadros."

Gabeira "s'en va"

Ele chegou nos ombros do povo, ao som da batucada. *O seu povo*: a esquerda festiva, os pequeno-burgueses intelectuais, cuja facção mais impaciente e delirante, depois de beber aquele que seria o último chope da alienação, empunhou duas amas: a cartilha de Marighela e o revólver pesado. Inaugurava-se entre nós — entre nós, os ipanemenhos — a guerrilha urbana.

Deixemos o passado recente para os cronistas-protagonistas desses dias violentos. Enfim, todos sabem tudo a respeito. Convém falar da inquietação atual. Fernando Gabeira vai embora. Escolheu Paris, de onde se perderá no mundo. Passou quatro meses entre nós, e entre nós se deixou fotografar e entrevistar por dezenas de repórteres, e, entretanto, nem sequer, algum dia, desembarcou no Galeão, retornando do exílio. Explica: "Não existe volta quando não existe mais o lugar que deixei nem a pessoa que eu era."

Poderíamos discutir essa colocação — palavra que, nesse contexto, não há no meu vocabulário, mas que ele usa freqüentemente. Diríamos, apenas por espírito de contradição: ele na verdade não deixou lugar nenhum e nem era, ao partir banido, uma pessoa dada. Usava documentos falsos, vivia em lugar incerto e não sabido, disfarçava sua aparência física. Era um militante da subversão. Ao voltar, continuava militante e subversivo, mas sua causa já era outra. Os leitores viram nele um best seller, os fãs o colocaram no palanque das celebridades, e Fernando Gabeira sumiu outra vez. Visto em toda parte, falando em toda parte, discutido por toda parte, não era contudo ele, e sim a mistificação de si, astuciosamente engendrada pela percepção brasileira de homens e acontecimentos. A percepção brasileira é deformante. Pode até resultar bonito o retrato deformado do sujeito para o qual se voltam as atenções, e há até quem viva e prospere à sombra da própria imagem desfigurada, mas aqueles que anseiam pela autenticidade experimentam nessa farsa um desconforto, digamos assim, sartriano.

Agora, reaparece: Fernando Nagle Gabeira. Antigo jornalista, antigo guerrilheiro urbano, antigo (até recentemente) apologista da "política do corpo", atual desenraizado, declaradamente desiludido. Seu lugar não é aqui; seu ser não está aqui; sua breve aventura de retornado se resumiu em passear um ego solitário (pura intelectualidade) num cenário opaco. Pelo menos é o que se deduz de suas queixas (nem sequer lamentosas) e de sua decisão de partir.

Telefonei aflito ao Chico Nelson, nosso amigo comum e seu companheiro de exílio. Pedi detalhes. Solicitei um encontro com o Gabeira, a fim de ouvir seus motivos de sua própria boca. Estou empenhado na formação de um grupo político chamado Pequeno Partido Socialista (PPS), e dependia de Gabeira, na situação em que se encontra, opinar se tal experiência apresenta alguma viabilidade. Seus argumentos não iriam inflar ou esvaziar o nosso balão de ensaio, mas serviriam para avaliar o peso do nosso lastro. Em março, quando ele for embora, sua resposta estará dada sem necessidade de nos encontrarmos. O PPS, como o desejo militante de ser feliz, deverá expungir-se da angústia, essa cadela de estimação dos verdadeiros existencialistas. Ignoram-se ainda o método e a disciplina capazes de operar essa expunção. Mas já sabemos que a experiência brasileira há de ser vivida no Brasil, seja qual for o país que, na ocasião, esteja usando esse prestigioso nome. No momento, em matéria de originalidade política, apresenta uma facção e uma ficção, uma oficial de facto e outra oficiosa: uma se diz democrática e está no poder sem que o povo tenha sido consultado; a outra se chama PDS e pretende ocupar o poder, levando para lá todas as pessoas que já lá se encontram... Não adianta espernear: a realidade é essa. Se você não nasceu na Bélgica, nem pretende belgicizar-se, tem que olhar de frente as lamentáveis condições do terreno, e tem que dizer: "É por aqui mesmo que eu vou, e é indo por aqui que chegarei aonde quero."

Não se trata de desbunde, mas de uma desilusão: Gabeira o disse. Mas acho que ele deveria adiar essa viagem de adeus, ainda que provisório. Ele deveria meditar na sabedoria contida nos versos de uma formosa marchinha carnavalesca: "Quem foi que inventou o Brasil? Foi seu Cabral, foi seu Cabral... No dia 22 de abril... Dois meses depois do carnaval!"

Gabeira pegou o Natal, o Ano-Novo, a Anistia, a Abertura, a Reformulação Partidária, e agora vai pegar o carnaval. Parece-lhe que já reviveu tudo, e no entanto está mais por fora do que bico de peitinho de piranha de topless. Só depois do carnaval é que o Brasil será descoberto, a menos que as caravelas se desinteressem da empreitada e prefiram seguir à matroca.

Sem brincadeira: essa desistência tem um significado profundo que nos cabe procurar. Se não pudermos encontrá-lo, seria conveniente inventá-lo. Esperávamos que Gabeira se diluísse na paisagem, até ser ele próprio a paisagem, e dali começaria a formular seus devaneios de convivência devidamente ajustados às peculiaridades do cenário. Sua ausência tornará mais difícil reconstituir o *puzzle*.

15.2.80

A terceira Teresa

— A miséria não corresponde a nada senão à miséria...

O homem mais inteligente do Brasil, Mário Pedrosa; o homem que dedicou sua vida à tentativa internacional de resgatar os miseráveis à miséria em que foram seqüestrados; comunista militante e aguerrido, depois trotskista, aos 80 anos de idade, Mário Pedrosa lança um olhar em torno do planeta e denuncia, estupefato, que a miséria não se moveu. É desesperador.

Meu pai morreu quando eu era ainda infante e, numa curva da juventude, adotei por pai (sem que ele soubesse) esse homem impecável. Adotei-o à minha maneira funda e tresloucada, ao ponto de vivenciar diante dele o meu complexo de Édipo e, sem que ele soubesse, empunhando uma picareta de alpinista, em sua biblioteca de Ipanema, rachei-lhe o crânio num golpe feroz... Paixões impronunciáveis me acossavam naqueles dias. Eu era espião de Stálin, um traidor da amizade mais generosa, e destruíra ali, em Ipanema, a fecunda máquina pensante de Lev Trótski... Aconteceu no meu coração; logo, aconteceu. Fui sem dúvida o mais audacioso neurótico de Ipanema.

Uma amiga minha escutou o plano das reflexões que eu pretendia iniciar neste momento. Ela disse: "Mas isso não pode ser escrito numa crônica. Tem que ser em livro." Mas me confesso de antemão derrotado: nem em 200 livros, quanto mais numa série de crônicas (sujeitas à lei do olho do leitor, condenadas ao fragmento), eu poderia enfrentar esse problema gigantesco, essa montanha intransponível chamada Miséria. (Intransponível por automatismo lingüístico, na verdade tem que haver uma solução.) Darwin, Malthus, Marx, Lenin, Trótski — de Jesus Cristo a Madre Teresa de Calcutá — uma imponente, uma vertiginosa contracultura busca decifrar o discurso da miséria, a fim de liberá-la de sua miserabilidade. O malogro exemplar: Che Guevara nas montanhas bolivianas, tentando arrancar palavras da boca de homens de pedra, homens mudos, homens de uma sabedoria inabalável... Os miseráveis, sob a manta, fumando cachimbo na montanha áspera, contemplaram impassíveis o sacrifício de Guevara... O Che morria por eles, mas com que direito? Reconheçamos: é desesperador.

As estatísticas, as matemáticas, as sociologias, as ideologias de extrema esquerda e extrema direita, tudo esbarra nessa pedra que não fala, a miséria. O aspecto revolucionário da atividade de Madre Teresa de Calcutá, de suas irmãs de caridade, é que elas mergulham na miséria, elas se tornam miseráveis entre miseráveis, elas varrem a palhoça e abrem as janelas, elas inundam a miséria de sol, e dali de dentro contemplam o outro mundo, o mundo dos não miseráveis, uma escadinha social: pobres, remediados, doutores, ricos, milionários. Do ponto de vista da miséria, é talvez possível entender o que se passa; enquanto isso, tornemos a miséria menos miserável, a fome menos crônica, a decência menos maculada, o orgulho menos espezinhado... O homem miserável é um caso de amor cósmico não correspondido, e neste sentido Madre Teresa de Calcutá atenua os estragos feitos no seio da humanidade pela indiferença de Deus. Essa terceira Teresa, fiel à sua linhagem, não tem muita paciência com Deus, ela quer destruir o obstáculo colocado entre os homens e Deus, os chamados “desígnios divinos”... Se tivesse que escolher entre Deus e a miséria, ela escolheria sem dúvida, sem vacilação, a miséria — e nesta minha frase há uma brusca, assustadora ressonância dostoievskiana...

Sou católico por hipótese de trabalho. Definitivamente não sou ateu. Vejo Deus como a inteligência da caridade. Não entendo a caridade no sentido burguês de dar esmolas. Sou contra a humildade dos humildes e me ponho resoluto ao lado do orgulho. Orgulhemo-nos, em primeiro lugar, de sermos miseráveis; a partir daqui, haverá menos desconforto em nossas vidas. Mas não posso compreender uma criança morrendo de fome, de todas as fomes, quando há tanta comida no mundo. Não posso compreender. É desesperador. Por que não sobraria um prato de comida para as crianças dos Alagados, na Bahia, neste ano precisamente (1980) em que o governo faz propaganda de uma supersafra agrícola? Até quando vamos ter que "pensar" o Brasil como um pai endividado que vê seus filhos morrerem de fome e se apega a uns resquícios de honra pequeno-burguesa, enviando ao credor o alimento sem o qual seus filhos morrerão? Esse pai estróina e megalômano, construtor de transamazônicas, metido a potência emergente... Enquanto isso, as crianças vão caindo de barriga inchada. A barriga inchada dos mortos de fome. São enterradas em caixas de sapato, as crianças. E outras nascem, e contra essas que vão nascer, os estatísticos investem com a arma abstrata que justifica a matança dos inocentes — o tal planejamento familiar. A abstração é o ópio dos intelectuais. Porquanto devemos considerar um miserável de cada vez. É preciso salvar um de cada vez — a pessoa, a dignidade da pessoa, a necessidade corporal da pessoa. Problema de aritmética, não de altas matemáticas.

12.5.80

Medo de palavras

Apontamento de hoje no Diário íntimo. Estou literal, com medo da retórica. Grupinhos políticos se apossaram de palavras, você usa a palavra em sua santa verdade e, no caminho para o entendimento do leitor, ela se torna pecadora. Escrevi: convergência socialista. Mas alguém pode ler com letras maiúsculas: Convergência Socialista. O significado muda completamente. Sei que a Convergência Socialista é um grupelho político, e também a Libelu (Liberdade e Luta). Mas convergência, socialismo, liberdade, luta, são palavras, aliás belas, pesadas, irradiantes de significados outros igualmente estimulantes, tais como fraternidade, justiça social, redenção dos pobres, orgulhosa e inebriante apropriação espiritual e física do planeta em que vivemos, combate em favor do certo, do vero, do necessário.

O Brasil hoje está mesquinho, entregue aos políticos que, todos eles, querem uma casquinha do poder. Intrigantes, ardilosos, dão valor de moeda corrente (valor aviltado pela inflação) às palavras que, conforme mandou o poeta, costumo procurar em estado de dicionário.

A reflexão sobre a miséria, que eu vinha fazendo, deve ser interrompida. Por causa da confusão, do ruído nas comunicações, da ambigüidade dos vocábulos. No curso dessa reflexão, cheguei ao desespero de Albert Camus. No jornalismo superficial, tipo magazine ilustrado, ou seja, um híbrido de jornalismo e publicidade, o nome Albert Camus vem engatado à idéia do homem revoltado. É um título dele: *O homem revoltado*. Mas quem leu o livro sabe que Camus, quando o escreveu, era o contrário do que ficou sendo nos magazines. Ele era, naquele *momentum* de sua vida, um homem revoltado contra o homem revoltado.

Quando o nosso orgulho se aproxima da miséria, nos revoltamos. Quando é a nossa compaixão que se aproxima, retrocedemos. Ou viramos santos. Ou doidos. O compassivo que se debruça na miséria torna-se miserando. Acredito no milagre de Fátima porque, diante do desamparo da infância camponesa, o milagre é a única solução satisfatória. Nossa Senhora Medianeira. Só através dela é que se pode negociar com Deus. Porque Deus é sempre o do Velho Testamento. Jesus Cristo é dos nossos, enquanto a Virgem está em toda a parte. Assim pensam e sentem os católicos ingênuos, que são por coincidência os melhores.

Mas eu não sou mais criança, e assim... Assim nada. Assassinada (a criança que fui). A meditação sobre a miséria me conduziu a Jack, o Estripador. No curso de suas atrocidades, *Jack the Ripper* foi cooptado pela esquerda britânica. Assassinando e estripando quatro mulheres, Jack chamou a si o problema da miséria, "enquanto nós, social-democratas, perdíamos nosso tempo educando, agitando e organizando". Quem escreveu isso foi George Bernard Shaw. Jack, estripando, estaria personificando o homem revoltado. Assim também Baudelaire recomendava que os homens orgulhosos espancassem os mendigos. Um mendigo espancado, que se deixa abater pelo agressor, é um verme; mas se ele se levanta e revida à nossa agressão, torna-se nosso irmão, e devemos abrir a nossa bolsa e dar-lhe metade do nosso dinheiro. Nenhum homem é digno de consideração se não podemos beijá-lo em ambas as faces. Bakunin sonhava um governo tirânico, impiedoso além da ferocidade, cuja pedagogia, essa, mostraria ao povo, de forma cabal, que Deus não existe. Há aqui o mesmo lampejo que fez do Marquês de Sade um gênio.

Jack, o Estripador, Bakunin, o Marquês de Sade... Quem se aproxima da miséria, se aproxima da violência. Quem se aproxima da miséria desta forma: com orgulho, o legítimo orgulho humano. O espetáculo de uma criança morrendo de fome nos provoca uma sede insaciável de sangue. Por que Jeová teria preferido Abel, senão para instilar no coração de Caim a suspeita de que ele, Caim, era um bastardo? Me expliquem!

Não dá. É preciso varrer a casa e abrir as janelas. É preciso levar o otimismo, e não a revolta, à morada dos miseráveis. Os miseráveis não devem ser tomados em sua abstração, e sim individualizados, um miserável de cada vez, um sub-homem de cada vez a ser devolvido à dignidade humana. A revolta e a esperança desesperada, e não sei o que quer dizer tautologia. O otimismo é a esperança saudável, uma esperança desvairada, um ato de fé. Por isso lhes disse e repito que sou católico por hipótese de trabalho. Não me digo cristão: os protestantes são a divergência. O ecumenismo é coisa de profissionais da fé. Comigo fica assim: ou se é católico, ou não se é nada. No momento, sou um nada recheado de experimentalismo religioso. Lanço no dia público uma página do meu diário. Sirvo-me nu. Daqui a pouco me visto de escritor e faço um novo discurso...

14.5.80

Praia do Flamengo, 132[1]

Marreteiro — Estou aqui para derrubar. Me deram esta marreta e me botaram em cima da parede e me mandaram derrubar. Ganho o meu pouco salário sem medo e sem remorso.

Estudante — O prédio é nosso! O prédio é da nação! Não derruba não!

Detetive — A ordem veio de cima. Derrubar à luz do dia, marretar na escuridão. Este prédio é um símbolo de inquietação. Foi aqui que se realizaram todos os bailes de debutantes da subversão. Derruba, crioulo audaz! Que não fique tijolo sobre tijolo!

Marreteiro — Por que me chamar de crioulo? Sou um operário, seja qual for a minha cor.

Cronista — Desculpe, nobre operário... Eu vi você na fotografia, vi seus músculos negros... Eu vi você derrubando a parede, indiferente ao tumulto... Eu me senti seu irmão no meio da confusão...

Juiz (armado de revólver) — Desce daí! A Justiça tem que ser obedecida!

Detetive — O senhor manda, o senhor manda!

Delegado — Vamos fingir que ele manda. Vamos deixar que ele tome conta da situação. Daqui a pouco, chega pelo telex, de Brasília, uma ordem de demolição. O juiz vai ficar sozinho, de revólver na mão, defendendo a Justiça de arma na mão!

[1]Neste endereço, no Rio de Janeiro, funcionava a sede da União Nacional dos Estudantes. O prédio foi demolido então.

Opinião pública — Nunca um juiz honrado esteve menos sozinho! Ele é magrinho, usa óculos *ray-ban*, tem uma inofensiva pistola na mão... Mas seu nome é multidão.

Deputado — Abaixo a ditadura!

Estudante — O povo unido jamais será vencido!

Oficial PM — Água! Água!

Brucutu — Sou uma arma tempestuosa, mas não machuco ninguém. Debaixo dos meus jatos de água, a balbúrdia parece uma festa de criança.

Oficial PM — Cassetetes, cassetetes! Se a água não dá jeito nesses baderneiros, o jeito é apelar para o "santo madeiro".

Jesus Cristo — Alguém me chamou?

São José — Blasfemaram contra a cruz. Fizeram mau uso da madeira. Eu, como carpinteiro, lanço daqui do alto o meu duplo protesto!

Nordestino — Água! Água!

São Pedro — Pediram água? Lá vai!

(São Pedro abre as torneiras. Inundação no Recife. Desabamentos. Mortos.)

Nordestino — Mas era água para a região das secas! Não era para inundar o Capibaribe!

São Pedro — Da próxima vez, seja mais explícito. Não sou obrigado a entender de geografia. Quando não me pedem para chover num lugar determinado, chovo não importa onde.

PM de Minas — Quando a polícia aparece, já não adianta chamar o ladrão. Já não há diferença alguma entre polícia e ladrão.

PM mineira — Aqui na Baixada Fluminense, ladrão rouba e polícia mata. Há uma pequena diferença.

Machista insólito — Viva a pequena diferença!

Feminista infiltrada — A diferença é tão pequena que deixou de ser... Viva a ambigüidade sexual!

Gabeira (de Paris) — E eu que deixei o Brasil pensando que não havia mais o Brasil brasileiro!

Engenheiro — O Cristo Redentor é verde!

F. G. Lorca — Verde que te quero verde!

Figueiredo — Ganhei 26 beijos. Um beijo de cada Miss de cada estado brasileiro.

Miss ABC — Beijo de miss dá sapinho!

Golbery — O pior é que vão botar em mim a culpa por tudo isso...

Delfim Netto — Quem não tem feijão, come soja.

Maria Antonieta — O Brasil é tão diferente que às vezes tenho a impressão de que eu é que estou derrubando a Bastilha!

Estudante — Não derruba não!

Detetive — Derruba! A ordem é derrubar este símbolo da subversão!

Juiz — Desce você também!

Marreteiro — Meu problema é o meu salário. Pouco, mas necessário. Mandaram derrubar, eu derrubo. Se mandarem construir, construo. Não tenho nada a ver com aquela gente ali, aqueles estudantes que gritam, aqueles políticos que discursam e apanham, aqueles policiais que investem e espancam!

Cronista — O operário trabalhando, o juiz ajuizando... Estes são espetáculos dignos de ver. O resto é aquela confusão de sempre, aquela confusão brasileira...

15.6.80

Uma ilusão de ética

O Brasil é uma ilusão de ética. Este enunciado pode ser verificado a qualquer momento, em qualquer ponto do território. Nunca esperei, todavia, que viesse um dia a se erguer diante de mim com a evidência de uma explosão. Uma visão deformada dos fenômenos que, englobados, configuram a pátria — eis o que chamo "ilusão de ética". Ao postular um nome para essa aflição, meu espírito já marchava nos escombros, aliás, já tropegava, já desmoronava junto com as colunas do templo. Antes que me devorasse o maior pavor que hei conhecido, pavor decorrente daquela enunciação, pensei que o único trabalho meritório à minha espera seria debruçar-me na lenda de Sansão e Dalila. Ficarei, pois, algum tempo em silêncio, meditando sobre essa passagem da Bíblia.

A ilusão é aquela coisa torcida que se intromete entre uma visão correta e uma visão fantástica. Iludir-se nem é freqüentar o real nem é viajar no imaginário. Traz em si, portanto, a sua esperança de cura. E assim, o Brasil seguirá sendo uma ilusão de ética até que, mediante um esforço colossal, esta geração consiga provar o contrário. (A menos que, ai de nós, estejamos na dependência de gerações vindouras.)

Só posso falar por mim. Venho da mais baixa camada social. Quando eu era pequeno, e faminto, e maltrapilho, viajava nas asas de uma fantasia rancorosa. Acreditava ser um príncipe que a fada-madrasta metamorfoseara em mendigo. Tudo isto é literal: está escrito no romance daquela infância, O *pavão desiludido*. Mais tarde, ao entrar na escola, julguei que proximamente me descobririam, que reconheceriam em mim o príncipe, que não se deixariam iludir pelos andrajos do plebeu mendigo. E de fato isto ocorreu, porém lentamente, arduamente, não magicamente como nos contos de fada: eu ia lentamente andando na direção da pátria, enquanto a pátria, lentamente, vinha andando em minha direção. Reconheci os símbolos do meu reino: a bandeira auriverde, a constelação do Cruzeiro do Sul, e especialmente o vocabulário, a língua dos meus ancestrais, o tesouro que me haviam usurpado. Teci uma bandeira com palavras de ouro, de grama, de anil, e escrevi a versão secreta, amorável, do hino dos compatriotas. Ser brasileiro, mas ser brasileiro da cabeça aos pés, brasileiro até debaixo d'água, brasileiro até dizer chega, brasileiro desde sempre e para sempre — eis o que eu me sentia, e era, e isto que eu sentia, e era, seria também aquilo por que trabalharia. Nascer brasileiro é fácil; fazer-se brasileiro é difícil, porém magnífico.

Desde que me convenci de ser um príncipe metamorfoseado em pária, e me compenetrei de que, mediante um esforço decente e continuado, poderia algum dia me reconstituir príncipe, e me restituir o tesouro que me haviam roubado, todo o meu esforço se resumiu nisso. Trabalhei, trabalhei e trabalhei, com o objetivo único de devolver ao Brasil um brasileirinho. Hoje sou um brasileiro no Brasil. Mas o Brasil é uma ilusão de ética.

Que faço agora? Passo por cima da pátria e abraço o mundo? Não, eu não posso passar por cima da minha pátria; há de ser nela, através dela e junto dela que finalmente abraçarei o mundo. Entretanto, uma ignorância literalmente cósmica me paralisa. Ignoro o caminho. Obscuramente, confio em que inventarei a cadência da marcha que moverá meus pés e a qualidade do fervor que me conduzirá sempre à frente, ao encontro do mundo e, se lá no fim Ele estiver esperando, ao encontro também de Deus. Confio obscuramente; quer dizer, confio. (Na bandeira da minha pátria mirim, o Espírito Santo, está inscrita a divisa que neste momento costuro no ombro: "Trabalha e confia.")

Mas provisoriamente não tenho pátria, e quero registrar a presença desse vazio imenso no meu coração. Nunca estive tão perto do suicídio filosófico, nunca tão perto do exílio como configuração cósmica do país dos deserdados, nunca antes tão sem pai, tão sem mãe e tão sem irmãos. Me apanhei chorando na madrugada, sem motivo eu estava alegre, todos os meus projetos individuais se aproximam de uma solução satisfatória, tornei-me um adulto decente e um homem bonito, e contudo chorava perdidamente na madrugada, na minha cela de monge experimental, e eu mesmo de mim zombava, murmurando "que ridículo!", mas as lágrimas eram sinceras, elas nasciam de algum sofrimento profundíssimo, de alguma fontana escancarada, e fui forçado a admitir, por ser grandiosamente ridículo, que estava chorando pelo Brasil — o Brasil que havia perdido no instante mesmo em que minhas mãos pareciam prestes a tocá-lo. O Brasil não se afastou de mim: ele se desfez numa explosão que todos viram. Pensei nas paradas de Sete de Setembro: nunca mais o arrepio nervoso ziguezagueando no corpo do brasileirinho orgulhoso de ser brasileiro! Nunca mais a brisa beijando e balançando o auriverde pendão!

Agora não tenho lágrimas, porém a fonte não secou; suas águas se renovam, se acumulam no poço da minha íris, na mina (na menina) dos meus olhos... Agora estou lúcido, calmo e compreendo: o Brasil é uma ilusão de ética. Devo medir as conseqüências dessa verificação. Para poder continuar vivendo, postulo que todos os homens e mulheres com poder neste país são sonâmbulos, e que chegou a hora de acordá-los. E como as coisas ficaram de tal modo claras e evidentes que, sem querer, você adota um tom clarividente, já vemos como acordarão esses zumbis: eles acordarão com remela nos olhos... A ilusão se desfará, mas será substituída pela neblina que desmancha os contornos... Tiraremos então a remela dos olhos dos sonâmbulos que despertam de seu longo sonambulismo, e lhes mostraremos a pátria, o estado atual da pátria, o estado de calamidade em que eles transformaram a pátria comum... E lhes diremos: "Todos os vossos trabalhos, até agora, pretendiam construir, mas apenas amontoavam simetricamente os escombros de uma ilusão. Passemos uma esponja nesse quadro-negro. Escrevamos agora com letras brancas e firmes: A existência da pátria depende da destruição de todos esses simulacros, até aqui justapostos numa tarefa insana."

Não sei se é assim. Talvez não seja. Mas sei que cada pessoa, na solidão mais estrita, é que poderá iniciar a construção do Brasil verdadeiro. Cada pessoa, na solidão mais estrita: eis aí, coerentemente, o meu plano de vida para o futuro próximo...

28.6.81

Cordel da cascavel

Vou contar uma história de arrepiar. Aconteceu em Recife, na Delegacia de Homicídios. O delegado adjunto de lá nunca foi amigo do ofícios. Mas sempre gostou da tortura e da lógica. Quando o preso é ser humano, ele aplica a tortura pura. Quando é animal rastejante, aplica a psicológica.

E foi assim que trancafiou, no mesmo xadrez, um antigo camponês que virou ladrão, e uma cobra com chocalho, dessas que se arrastam no chão.

Botou o camponês no pau-de-arara e lhe propôs uma adivinhação:

— Diga paca tatu, cutia não.

— Paca tatu, cutia não! — repetiu o camponês obediente.

— Você não é nem pitonisa nem vidente — declarou o delegado, e caiu de chicote no ladrão aprisionado. — Você nem burro é, quanto mais inteligente. Diga paca tatu, cutia não!

— Paca tatu, cutia não — gemeu o camponês que virou ladrão.

Nisto apareceu o anspeçada, trazendo uma cobra laçada.

— Mas que cobra é essa, Manuel? — perguntou o delegado.

— É uma cascavel desafinada.

— Mas você tem prova?

— Prova velha e prova nova. O chocalho dela não dá trova; só badala em bossa-nova. Com base nesse repertório, deduzimos que ela deve ter alguma culpa neste cartório.

— Então ponha no xadrez junto com o camponês.

O camponês gritava "ai!", esbordoado no xadrez, no pau-de-arara enganchado. E a cobra lá no local, chocalhando o samba do desafinado.

Os bichos pernambucanos denunciaram aos leões africanos que na cidade do Recife a lei era muito dura. Que botaram um bicho-homem com fome, no mesmo covil, com uma cobra gentil. Que essa era a lógica da tortura: torturado pela fome, o preso humano ia acabar comendo a coleante criatura, dita cascavel, como se ela fosse uma rapadura besuntada de mel.

Houve protesto no mundo inteiro! Passeata no zoológico, greve no reduto biológico, comícios no galinheiro, protesto na ONU dos rinocerontes, rebelião no canil dos perdigueiros. Os bichos do mundo inteiro protestavam contra a tortura cruel a que era submetida a inocente cascavel, ameaçada de ser comida viva, crua, inteirinha, pelo camponês que via nela não uma cobrinha alegre e bela, mas sim uma cuia de saborosa farinha.

O delegado adjunto, escutando esses clamores, falava como um defunto. Minhas senhoras e meus senhores, palavra é como presunto: a gente engole e o som vai junto. Vocês podem gritar, injuriar e reclamar, que eu nada tenho a declarar. Minha escola foi a ditadura, e nela aprendi que a tortura tanto bate até que fura. E quando fura, o preso jura. E quando jura de joelho, mostra ser bom meu conselho. Quem entra aqui tem que me dar a confissão, naquela base do tudo ou nada: "Eu sou um camponês ladrão"; "Eu sou a famigerada cobra desafinada." Mando assinar o depoimento e condeno a 30 anos de confinamento aquele mau elemento. Pau é pau, pedra é pedra e lei é lei. Quem quer viver sossegado tem que aprender isso que aqui falei, porque, se não, vai acabar esbodegado.

O ministro da Justiça anunciou que no Recife vigorava a lei do delegado-adjunto, e por isso ele, o ministro, não podia enfiar o nariz naquele assunto.

E assim ficou a situação: camponês enganchado no pau-de-arara, que nem uma capivara em extinção; e a cascavel arrastando o seu véu no chão sujo da prisão.

Mas foi aí que a fome do camponês ficou tão forte que, se ele não comesse a serpente, ia acabar feito irlandês, que morre de fome sem deixar semente. Se não comesse a cascavel, o camponês esfomeado não durava nem um mês: ia partir daqui direto para o céu, igual a um faquir.

Foi quando a cobra, não resistindo à tortura, chamou o delegado adjunto e disse a verdade pura:

— Me apanharam na rua escura sem a ordem de captura. Mostrei os meus documentos de cascavel, mas ainda assim me tomaram por revel. Agora, um camponês de barriga vazia quer devorar-me, sem temer a azia. Tudo isso atenta contra os meus direitos de cidadã, mas não tenho tempo de fazer valer os meus direitos, pois fiquei sem o meu amanhã. O camponês, que há três meses não vê queijo, já imagina que eu seja uma gostosa puá de caranguejo. Ora, se tudo me é adverso, só me resta ser réu confesso. Eu confesso.

O delegado adjunto chamou o escrivão. O soldado, o prefeito e o capelão, todo mundo veio junto.

— Agora — disse o adjunto, triunfante. — Agora, ouçam a confissão desta senhora.

A cascavel desenrolou seu anel e confessou:

— Capivara não é paca. Aroeira não é jaca. Carneirinho não é vaca. E eu finjo ser uma cascavel, mas sou de fato uma jararacuçu...

Era uma jararacuçu, usando indevidamente o chocalho roubado de uma cascavel, na famosa Feira de Caruaru!

16.8.81

Vandré no umbral do Brasil

Geraldo Vandré reapareceu. Foi visto no lugar onde o artista popular e o homem trágico vivem o próprio destino e o de outrem: no palco de um teatro. A descrição fidedigna desse acontecimento não cabe numa simples crônica.

Vandré reapareceu no palco de um cine-teatro em Puerto Stroessner, na fronteira do Paraguai, separado do Brasil por meio quilômetro de ponte sobre a Foz do Iguaçu. Queria cantar para os operários que constroem a Itaipu Binacional, mas a direção mista da empresa, alegando motivos de segurança, cancelou o show já marcado. O próprio artista entrou em contato com altas autoridades paraguaias e obteve permissão para se apresentar perto dali, no cinema Ópera.

Catorze anos depois, lá estava ele, de regresso a um sistema de palco e platéia de onde sabe passar, e receber de volta, sentimentos delicadíssimos e emoções arrebatadoras. Uma voz, um violão, uma banda de acompanhamento. Quando li essa notícia, pensei aliviado que nessa noite, naquele cine-teatro, encerrava-se de modo suave um capítulo dantesco na biografia pessoal do menestrel maldito de 1968.

Mas me enganava. Veio em seguida a entrevista coletiva. As declarações de Vandré. São amargas, desatinadas, coléricas, rancorosas. E são sinceras. E são verdadeiras.

A cena que guardamos na memória tem uma grandeza de apoteose recheada de dinamite. Estamos em 1968. Geraldo Vandré sentado num banquinho, dedilhando um violão. Ele canta. A voz é agreste, voz de boiadeiro. A canção é trançada em admiráveis versos nos quais esperança e revolta dialogam, procurando uma aliança. "Caminhando — pra não dizer que não falei de flores." Vinte mil espectadores se apossam da canção e fazem dela o seu hino. Mas era uma apoteose recheada de dinamite. Na manhã seguinte, sobre os escombros da ordem institucional, a força bruta começou a caça ao menestrel que nem sequer era de extrema-esquerda, e sim um livre-atirador de formação católica. Fugindo como um bandido, Geraldo Vandré saiu do Brasil e começou um exílio doloroso, especialmente doloroso neste caso, que se alongaria por quatro anos. Na volta, a humilhação imposta pelo sistema em vigor. O ostracismo. A solidão. O inconformismo impotente de um homem que, conforme agora confessa, se considera advogado antes de artista, e sempre pensa como advogado.

Em obediência aos princípios dessa declarada profissão principal, ele agora exige a devolução dos seus direitos de cidadão. Quer tudo: o emprego público que lhe tiraram, a dissolução do quadro legal que evoluiu a partir do AI-5, a volta do país às leis escritas na Constituição de 1946, o abandono da estrutura federativa (República Federativa do Brasil), o restabelecimento da estrutura que ele considera verdadeira, sob a designação de Estados Unidos do Brasil...

Convém repetir: é tudo sincero e tudo verdadeiro. Ele não aceita o estado de coisas gerado pela selvageria que se apossou das elites no confronto sangrento — a direita representada pelos generais-presidentes, a esquerda falando com as armas dos guerrilheiros urbanos.

Mas a causa de um homem só, em particular a de um homem intransigente, amedronta os que só sabem pensar coletivamente, em grupos pequenos ou grandes. A solidão de Vandré se acentua. O mal-entendido que o envolve se agrava. E contudo ele não é um apátrida. Não é um expatriado. Seria antes, e literalmente, um despatriado, como um despadrado (*defroqué*). Um cidadão despojado de sua batina num momento de rebelião (mas não foram as autoridades eclesiásticas que lhe tiraram as vestes sacerdotais) e que continua padre, que será sempre padre, podendo ministrar os sacramentos e, em conseqüência, podendo igualmente cometer sacrilégios.

Vandré foi considerado (e por tal condenado) traidor da pátria quando os donos da pátria não eram legítimos. É preciso devolver-lhe pelo menos a liberdade de ser em movimento, de se apresentar nos teatros, de não sofrer represálias. Mas desde o episódio do Riocentro nós sabemos que o país ainda não está maduro para a reconciliação plena. Resta uma esperança: que, depois das próximas eleições, uma nova Constituição, certamente menos vulnerável que a de 1946, possa entrar em vigor.

O futuro fará por nós, se o ajudarmos a fazer-se. Enquanto isso, não admiro ninguém que consiga dormir tranqüilo, até que Geraldo Vandré pronuncie a palavra perdão. Pois é ele quem deve perdoar-nos, e não nós que precisamos absolvê-lo.

20.8.82

De olho no calidoscópio

O 15 de novembro é um calidoscópio. Tem vários aspectos, nem todos formosos. E é nossa obrigação estudá-los, um por um. Nossa: minha, tua, vossa. Há também aquela precipitação de vidros, num giro de lente, que se arruma em desenho rachado, enigmático, feio, desagradável. Mas só os acontecimentos futuros nos ensinarão a ler essa rosácea ameaçadora; e devemos fazer o possível para impedir que esses acontecimentos venham.

Um aspecto formoso advém da presença, na cena eleitoral, das garotinhas e rapazolas do PT. Venho procurando me aproximar dessas pessoinhas, freqüentando os bares jovens do Leblon, as pizzarias, onde elas e eles se reúnem no princípio da madrugada. Não me faz bem à saúde entrar, com a madrugada, nos bares, fumando sem parar e bebendo litros de cafezinho péssimo. Mas vai contra a minha filosofia a preservação da saúde, se for em troca da solidão espiritual. Quebro a minha disciplina de convalescente, quase curado, e me sento na varanda, rodeado de jovens, enquanto entram, saem, desfilam nas calçadas outras turmas jovens — de 18 a 25 anos de idade. Um sociólogo diria que isto é uma pesquisa de campo; um repórter, que é a atividade preparatória de uma reportagem alentada. Eu digo a verdade: é apenas uma tentativa de minorar a solidão espiritual.

Há de tudo. PDT — a turma calma, confiante. PMDB — a turma agressiva, sem ser grosseiro, por se sentir traída pelo PT, e principalmente pelo PDT. Esses do PMDB queriam votação maciça em Miro. A turminha coesa do PT apresenta uma minúscula facção desorientada, em trânsito para o PMDB. Dias antes das eleições, essa facção vendia os discursos de Lula a Cr$ 1 mil o exemplar; não era fácil passar o volume; mas quem não comprava os discursos, ganhava, grátis, um panfleto acusando Brizola de fazer conchavos pré-eleitorais com os representantes do alto comércio. Portanto, fazendo a crítica objetiva dos comportamentos, sustentaremos que esta facção do PT é, de fato, uma falsa turma do PT. Na verdade, vejo neles um pequeno grupo de pemedebistas infiltrado no PT. Pode ser que subjetivamente pensem de outra maneira, mas objetivamente não há escapatória. São transviados do PMDB. Daqui a pouco, volverão às fileiras do grande partido oposicionista.

Já as meninas e os garotos do PT autêntico... Fiz uma brincadeira perversa, dizendo a um deles que sua turma me parecia composta de "cursilhistas desbundados". É que não resisti a um impulso irreverente, se bem que meu gracejo não esteja muito longe da verdade.

Quando os meninos, e principalmente as meninas do PT, surgiram na Cinelândia vestidos de branco, distribuindo crisântemos aos transeuntes de paletó e gravata... quando eles vieram andando, quase dançando, formando um buquê de quase adolescentes vestidos de branco, sorrindo candidamente, oferecendo flores, com a estrelinha do PT na lapela... Aí então eu reconheci o estilo carioca, a revolução pela interpenetração das classes, o carnaval da liberdade, da igualdade e da fraternidade...

Agora que as urnas mostram os votos, verifico que aquele estilo corresponde a um certo desejo evidenciado na eleição. A vocação desse PT carioca é a de um pequeno partido, uma bonita mistura de ecologistas, anarquistas, pacifistas, socialistas — tudo em tom menor, tudo andando calmamente, tudo impondo suas idéias através do seu estilo, formoso antes de tudo — e acima de tudo... Porque essas garotinhas e esses rapazolas fazem a passagem da classe média alta e da classe média ascendente para a dimensão dos trabalhadores. Falando psicologia elementar, este fenômeno pode ser descrito como "franciscanismo chique", sem querer magoar... São os franciscanos tropicais, até aqui simbólicos — isto é, cuja autenticidade existencial ainda não se manifestou... Mas vai se manifestar, quando eles e elas virem a diferença... Quando compararem a vida que se leva na classe alta à vida que se leva na classe dos trabalhadores... Convém seguir de perto esse movimento ao encontro de um trauma estimulante... E é para observar o trauma, justamente, que ando aqui nos baixos leblons da madrugada, procurando contato e contágio, tomando um banho de saúde espiritual que deixa um tanto abalada a minha saúde física, a convalescença em que me encontro...

22.11.82

O Menestrel é meu amigo

O Menestrel estava sumido.[1] Nós, seus admiradores, de vez em quando escutávamos seus discos e nos perguntávamos: onde andará esse grande artista? A razão do seu desaparecimento era conhecida: perseguição política, naqueles dias de intolerância que nos deixaram feridas. Mas o menestrel era lírico, não estava empenhado em subversões. Em seu lirismo, expressava as aflições e esperanças do povo. Os intolerantes preferiam crer que era ele quem disseminava aquelas aflições "imaginárias" nos meios populares, e também aquelas esperanças "destrutivas".

Passaram-se dez anos e ele reaparece. Nesses dez anos, deliberadamente, sufocou a voz do artista, dedicando-se a atividades novas, viajando pelas áfricas pobres e revolucionárias, estudando as culturas toscas da América Latina, confraternizando com os pobres do mundo pobre. "Irma La Douce" escutou uma entrevista do Menestrel, longa, de hora e meia, concedida a uma estação de rádio. La Douce gravou o programa e me trouxe a fita. Assim, retomei o contato com o Menestrel — contato de fã com artista, uma intimidade vivida à distância. Suas declarações atuais, otimistas, quase cândidas, nos revelam isto: depois de fazer a longa e solitária viagem por dentro de si mesmo, na sua estrada de Damasco, o Menestrel tornou-se militante. Ele hoje é marxista, socialista do tipo nicaragüense. Ao procurar-se, encontrou esse que agora é: marxista, socialista solidário com as causas do Terceiro Mundo (expressão que me agra-

[1]Trata-se do cantor Taiguara.

da), artista que fixou residência num bairro proletário. Nesse quadro, algo não foi dito mas ficou evidente: o Menestrel é materialista e ateu. Ele não viu, ou talvez tenha visto, mas não tenha acreditado — não viu Jesus Cristo na sua estrada de Damasco.

Materialista, ateu, revolucionário que não vê salvação para os pobres antes que os pobres empunhem o fuzil, o Menestrel chegou a esta fé crispada, esta fé na violência necessária, através dos caminhos verdadeiros da sua existência. Sua busca foi árdua e sofrida; a ideologia que agora professa, ele a estudou nos livros e nas estradas, mas sua carne assimilou as idéias, seu organismo metabolizou o ideário. Ele é autêntico na sua revolta. E tem milhões de companheiros, com os quais marchará agora, na segunda etapa da sua viagem, a etapa do homem maduro.

Todos os descaminhos que palmilhei convergiram para quem sou hoje: cristão e católico. Esta é a minha conquista; o catolicismo é a minha morada; a minha fé não se sujeita ao exame de quem quer que seja. Do mesmo modo, o Menestrel chegou à sua morada. A minha casa é governada pelo Pai, pelo Filho, pelo Espírito Santo. A casa do Menestrel é governada por uma idéia que se tem por científica, o materialismo histórico, o marxismo, o comunismo. São casas diferentes. As portas do Menestrel estão fechadas para a Santíssima Trindade; mas as minhas portas não estão fechadas para Karl Marx; a quem considero um franciscano selvagem, um São Francisco de Assis que se aliou ao Lobo em lugar de domá-lo. O homem oprimido, alienado de sua humanidade, deve elevar-se à sua dignidade de homem: é este o catecismo do Menestrel, sintetizando o Manifesto Comunista de 1848. O meu catecismo é outro; porém, impregnando a minha fé católica de consciência social, ela me vem embebida da mesma água cristalina (socialmente falando) em que se banha o Menestrel. Católico, eu também vos digo: o homem oprimido, alienado de sua humanidade, deve elevar-se à sua dignidade de homem.

O Menestrel acredita que o sub-homem do Terceiro Mundo, uma vez elevado à sua dignidade de homem, naturalmente, cientificamente, matará Deus em seu coração. Eu acredito, ao contrário, que no mesmo instante, em seu coração de homem, o Filho de Deus se confirmará, e marcharemos juntos para os amanhãs radiosos, em estreita aliança com o Cristo.

Enquanto não chega essa hora, quero andar numa estrada paralela a essa por onde vai o Menestrel. E se me perguntarem de onde tirei esta certeza firme, de que a vitória final do homem redimido coincidirá com o segundo advento do Cristo no coração da humanidade, eu lhes responderei singelamente, que já tenho direito à dúvida.

17.10.83

Nosso direito: as diretas

Como toda a gente, me vejo cada vez mais envolvido no caso da sucessão presidencial. Não gosto: o trabalho íntimo a que me entrego ultimamente, na constante luta comigo mesmo, tem por objetivo separar minhas emoções dos meus pensamentos. Quero pensar "nu de afetos", como diria T.S. Eliot. Mas o dilema atual — diretas ou indiretas — a propósito do mecanismo da próxima eleição do presidente, tornou-se bruscamente menos importante do que o fenômeno da *pressão* popular *direta* nas praças públicas. Aquilo que se pede (ou exige) passou a segundo plano, dando o lugar de destaque ao modo como se pede. A manifestação organizada da multidão, que se reúne quase espontaneamente, que descobre seus líderes na hora do comício, que inventa um futuro assombroso e lindo para o antiquíssimo plebiscito — eis o acontecimento novo entre nós, a prática da democracia metabolizada em vivência coletiva. Dessa emoção não posso escapar, porque justamente é emoção inédita.

Mas só agora me dou conta de que essa novidade me surpreendeu e me ultrapassou. Neste comentário, procurarei alcançá-la. Suponhamos que ainda não falei no problema (diretas? indiretas?) e, por favor, ouçam a minha opinião. Eventualmente, concordo com a tese defendida pela unanimidade da opinião pública. Mas só nesta eventualidade: porque em geral, quando há uma idéia, e há unanimidade em torno dela, podemos pressentir a aproximação dos fascismos — o fascismo de direita e o fascismo de esquerda.

A palavra fascismo vem de feixe, um símbolo de união que exclui os diferentes. Ora, quando a questão é política, não se conhece nada mais perigoso do que a união dos iguais, excluindo os desiguais; convém que trigo e joio andem legalmente misturados, quando a questão é política; trigo e joio misturados quer dizer: democracia parlamentar. Infelizmente, a palavra democracia em si mesma já não nos diz nada, é preciso botar a reboque outro vocábulo esclarecedor. Democracia sem aspas; "parlamentar" com aspas. Infelizmente, é assim.

Bom. Desejo recordar um episódio político não muito antigo, ocorrido neste século. Nos anos 40, em plena guerra mundial, reuniram-se em Ialta os Três Grandes da época. Eram eles: Roosevelt (Estados Unidos), Stálin (União Soviética) e Churchill (Grã-Bretanha). Eram os comandantes da guerra global contra o perigo também global e mortífero, conhecido pelo infamante nome de Nazismo. Churchill, Roosevelt e Stálin faziam a partilha da Europa. A França só entraria nesse jogo mais tarde, graças à grandiosa teimosia de Charles de Gaulle.

Então, os Três Grandes chegaram a um impasse. A questão polonesa dividia as opiniões, instalava na conferência de Ialta uma atmosfera de desconfiança e medo. Stálin queria engolir a Polônia; Roosevelt queria agradar a Stálin; Churchill, o clarividente, percebia o imenso perigo que se aproximava, porque uma Polônia comunista tornava quase certa a comunização de todo o continente europeu. O mundo que nós conhecemos hoje ainda não existia; as fronteiras não eram as atuais; os Três Grandes estavam justamente fazendo a rearrumação geopolítica do nosso velho e torturado planeta.

Numa pausa para chá e conversa amena, Churchill explicou que não podia decidir coisa alguma antes de consultar o povo britânico. Stálin, ditador feroz, permitiu-se um gracejo a respeito da debilidade do cargo de primeiro-ministro na Inglaterra. O primeiro-ministro Winston Churchill ia atrasar a Conferência de Ialta por causa dessa necessidade aparentemente característica da democracia britânica. Ao contrário do marechal Stálin, tirano inamovível do povo soviético; ao contrário também do presidente Roosevelt, que falava por todos os norte-americanos enquanto durasse o seu mandato presidencial, o primeiro-ministro britânico, caso decidisse sobre a Polônia contra a vontade dos ingleses, seria derrubado no dia seguinte.

Ouvindo o gracejo de Stálin, o genial Winston Churchill replicou dramaticamente:

— É verdade, marechal Stálin. Posso ser derrubado a qualquer momento pelo sufrágio universal do meu povo. Pessoalmente, porém, não tenho nenhum medo desse perigo que corro constantemente. Ao contrário, eu me orgulho dele.

Soprou uma baforada do seu famoso charuto e continuou, solene:

— É verdade. Eu me ufano do direito que tem o povo inglês de mudar seu governo em qualquer ocasião que julgar conveniente.

Era essa a anedota que eu queria contar. Acho que o povo brasileiro também deve ter o direito de escolher quem será seu presidente.

20.2.84

Pensamento quente

A semana que se fecha hoje é aquela da fantástica reunião popular diante da Candelária. Alguma coisa aconteceu que desborda, transborda, ultrapassa o pensamento frio das questões políticas. Aqui só podemos *pensar quente*; e pensando quente, nos aquecemos no pensamento, nos vivificamos nele, mas não sabemos para onde ele vai... É pensamento que é sentimento, por isso gera calor. Carlos Gomes diria essas mesmas coisas numa lindíssima canção, assim:

— Tão longe, de mim distante, onde está, onde está meu pensamento?

O comício da Candelária, envolvendo menos e mais de um milhão de pessoas, numa largura de tempo não inferior a cinco horas cronometradas, apresenta características desconcertantes, todas positivas, e que nos desconcertam por serem positivas. Começa pelo conteúdo da coisa. O conteúdo da coisa não é contra nada, mas a favor de tudo. O conteúdo da coisa é este: queremos eleições diretas, queremos escolher o presidente da República, queremos viver a democracia na democracia, queremos que a prática política e o nosso viver coincidam, queremos respirar, queremos beber água potável, queremos comer feijão com arroz, queremos ser brasileiros, queremos ser responsáveis — coletivamente — pelo nosso destino coletivo!

Lá do Marrocos, o presidente Figueiredo mandou dizer que está de acordo com tudo isso — mas, porém, todavia, contudo... Por trás desses poréns e todavias, existem outros animais políticos que se sentem ameaçados pela democracia, essa democracia em movimento avassalador, cujo movimento foi precipitado pelo presidente Figueiredo, no processo desestrutural extraordinário, chamado "Abertura". O presidente Figueiredo é sincero ao nos dizer que, estivesse aqui e não no Marrocos, seria a milionésima primeira pessoa gritando "Diretas!" na Candelária... Só que ele não gritaria "Diretas já!". Seria um solitário no meio de um milhão de pessoas *solidárias*... Ele gritaria: "Diretas em 1988..." Ora, Figueiredo sabe muito bem que não se pode estabelecer uma data para terminar uma situação indesejável, para não dizer intolerável. Uma situação indesejável, ou intolerável, a gente liquida exatamente na hora em que se sente forte para liquidá-la. No momento em que o presidente Figueiredo entrou no palácio do Planalto, a ditadura que o conduziu até lá começou a desmoronar. O povo reunido na Candelária quer que o trabalho de demolição termine imediatamente, porque ninguém pode viver no meio de escombros, em especial esses escombros de algo desagradável como foi, como é, como será para sempre desagradável o período ditatorial que teve seu pique ignominioso no dia 13 de dezembro de 1968 (Ato Institucional Número Cinco) e veio a falecer uns 10 anos depois, quando o presidente Geisel foi pessoalmente a São Paulo verificar quem havia suicidado um operário e um jornalista. Quem suicidou o operário Fidel Filho e o jornalista Herzog? Esta pergunta, com a investigação que implica, constituiu a primeira marretada no edifício sombrio da ditadura. Quem suicidou Fidel e Herzog foi o Sistema Ditatorial. A pergunta de Geisel trazia embutida em si mesma a resposta correta. Hoje, esta semana, na Candelária, o povo gritou: "Não queremos mais esse sistema onde as pessoas se enforcam com cintos inexistentes! Já não toleramos assassinos disfarçados em carcereiros inocentes! Derrubemos a Bastilha agora, já, porque estamos fortes para fazê-lo!"

É isso aí, Carlos Gomes! Veja só onde foi parar nosso pensamento...

Bem, hoje as coisas estão nesse ponto. Mas o acontecimento da Candelária só se tornará concreto, só se realizará na vida prática, se a Emenda Dante de Oliveira for aprovada na Câmara dos Deputados, em Brasília, dia 25 de abril que vem. A Nação espera que cada deputado, tendo ouvido a voz do povo, cumpra o seu dever etc. Caso contrário, pode acontecer o que ninguém quer ver, mas eu desejaria, ardentemente, ver. Pode acontecer isto: um espetáculo inédito nos trópicos, a Desobediência Civil!

Suponhamos que num certo dia, após o 25 de abril, todos os brasileiros compareçam aos seus locais de trabalho. Suponhamos que todos eles cruzem os braços, dizendo: "Não estamos em greve. Estamos em nossos locais de trabalho. Mas vamos desobedecer à autoridade que não reconhecemos. Ficaremos de braços cruzados, em nossos locais de trabalho, até que..."

Até quando, presidente Figueiredo?

15.4.84

Adeus à política

Cheguei ao Rio sem avisar ninguém e durante algum tempo andei na cidade como o faria um forasteiro, olhando tudo com olhos inéditos. Quando embarquei para a França, levava algumas mudas de roupa e uma Bíblia de capa preta; agora desembarco no Galeão com a mesma bagagem, acrescentada de um grosso dicionário, bastante original e útil: o dicionário dos personagens de ficção no mundo inteiro.

Na viagem, amadureci um velho desejo que doravante, é o que pretendo, se tornará atitude sistemática. Esta: nunca mais — tomem nota —, nunca mais me debruçarei sobre o conflito ideológico que, como se diz (e se diz com justeza), dilacera este nosso mundo. Vou deixar em paz o velho Marx; deixarei sossegado, também, o Tio Sam. Meu modo de escrever crônicas, aqui, discutindo comigo mesmo os dois termos da questão (capitalismo, comunismo); mas discutindo com veemência, deixando escapulirem às vezes frases truculentas e sempre apaixonadas; esse meu modo estava me criando inimigos gratuitos entre os admiradores da chamada "área socialista". Essa desavença é antiga e me parece despropositada, e tenho argumentos e documentos (assinados por mim) capazes de demonstrar que é despropositada. Mas já não quero demonstrar nada.

No calendário político para 1985, a questão da Constituinte será posta em debate. Dentro dela, estão outras questões cruciais:

1. Legalização do Partido Comunista.

2. Reatamento de relações diplomáticas (e outras, de povo a povo) com Cuba.

Digo o que já disse várias vezes no correr deste ano que se vai: sou a favor da legalização do Partido Comunista; acho que os chamados "democratas" estarão prestando um favor a si mesmos e à democracia, se fizerem isso. Esta situação anômala — comunistas na ilegalidade cerrada ou na semiclandestinidade — vem bloqueando os caminhos da sinceridade brasileira, fazendo que cada um de nós proceda como hipócrita por solidariedade passiva. Ora, o bloqueio de sentimentos e emoções, em nível de coletividade, gera graves distúrbios neurológicos coletivos, provocadores de acontecimentos retorcidos... De modo que é necessário repor os comunistas em cena aberta, por dois motivos: a) recuperarmos parte da nossa saúde social; b) recolocarmos o Brasil no caminho que nos levará, seguramente, ao ano de 1947, onde ficamos atolados por causa de uma medida brutal, intempestiva, incompreensível, do então presidente-marechal Eurico Gaspar Dutra...

Sou também favorável ao reatamento de relações diplomáticas com Cuba e com todos os povos do mundo inteiro. Neste episódio — o rompimento com Fidel Castro — todas as indicações, consideradas hoje, nos levam a suspeitar que nossos governantes de então se deixaram arrastar por um ato irrefletido, e desnecessário, de vassalagem em relação aos Estados Unidos.

Tendo em vista o espírito mediador do Itamaraty, gerado pela psicologia do povo brasileiro, e transformado em fina arte pelos rapazes da *carrière*, caberia ao Brasil naquela época, e ainda agora está à nossa disposição, o trabalho delicadíssimo de ir aparando as arestas mais rombudas que tornam insuportável atualmente a convivência de Cuba e Estados Unidos, no famoso "concerto das Nações"...

12.12.84

Isso? Nunca mais

Quando eu era redator em tempo integral, num semanário onde fiquei muitos e agradáveis anos, só me confiavam as reportagens e artigos políticos para "pentear", como se diz na gíria jornalística: dar um retoque final no texto geralmente bem escrito, apenas para tornar ainda mais fácil a leitura pelo leitor de numerosas cabeças — o chamado "grande público". Eu não me interessava pela política brasileira, a não ser como espectador. Mais tarde, veio a ditadura militar e fui forçado, por solidariedade, e também para não ser uma das vítimas, a estudar de perto, a sujar as mãos no fenômeno impuro. Parece que fiquei atolado nesse brejo. Agora chegou o momento de cair fora.

Meditando em Paris, no bairro judeu, misterioso e encantador, cheguei à conclusão de que a política, mesmo essa grandiosa, sombria, perversa, fascinante — essa grande política que já está fazendo manobras para a futura guerra das estrelas —, cheguei à conclusão de que, nela, só me seduz o estilo dos homens envolvidos. De certa forma, me vejo na posição da qual André Malraux extraiu sua cosmogonia e sua arte. O fenômeno político na dimensão planetária me seduz naquilo que ele tem de estético; é propriamente a beleza o que eventualmente vejo — e que, eventualmente, me arrasta para esse vórtice; uma beleza toda especial, que pode ser tenebrosa, pode ser horrível.

Em Mao Tse-Tung, o franciscanismo sem transcendência; em Chou En-lai, a sutileza oriental; em Che Guevara, o auto-sacrifício de ressonância cristã; em Fidel Castro, o trágico dilema do burguês intelectual optando pela situação proletária, uma das mais difíceis e controvertidas façanhas existenciais testemunhadas pela minha geração; em Getúlio

Vargas, a sagacidade, o instinto aguçado para as oportunidades do Brasil na cena internacional; em Golda Meír, a maternalidade (ou a popular mãe judia) transferida, em forma de técnica, para o exercício do poder no mundo; em John Kennedy, o otimismo jovial e a elegância propriamente aristocrática; em Pol Pot (o genocida do Camboja), a transformação da ideologia em demonologia evidente; em etc. a "grandeur", o carisma; em etc. e tal, o bom senso e esperteza do camponês (Kruschev, o simpático!).

Nos outros aspectos, a política só me causa aborrecimentos, desavenças nas minhas proximidades afetivas, angústia e humilhação. Ora, os outros aspectos compreendem praticamente a totalidade dos fenômenos políticos.

Só agora me dei conta — no bairro judeu, em Paris, meditando naquelas ruas tortas, almoçando no restaurante de Jo Rosemberg onde recentemente o terrorismo internacional provocou chacina que não pode ser esquecida, nem deve ser perdoada, e espero que os comandos de Tel-Aviv, neste exato momento, estejam agarrando os bandidos, um por um, para dar-lhes o merecido castigo...

... E lá vou eu tomando partido — eu, que botei um chapéu em Paris, um chapéu de feltro, achando que me tornava parecido com Fernando Pessoa, e fiquei com aquela cara de judeu que foi, sem dúvida, a minha, antes de Isabel e Fernando, em Castela e Navarra, me forçarem a abjurar o Moisés, para em seguida me transformarem em novel cristão-novo... Meus cromossomos não esquecem, meu código genético refloresce em antropologia cósmica — e bendito seja Deus, de Jahvé a Jesus!

14.12.84

Razão da Constituinte

A dramatização de um acontecimento histórico, tendo por objetivo atualizá-lo, deve começar pela redução da cronologia dos eventos ao mínimo necessário. Reduzido o material aos seus elementos puramente dramáticos, o encadeamento dos dias, e das semanas, e dos meses, se desfaz, como por encanto, por não ser necessário ao objetivo principal: o drama. Temos então — essência do projeto e do futuro objeto — uma seqüência de acontecimentos que se aproximam uns dos outros por analogia, igual a uma seqüência de cartas arrumadas no jogo de baralho. Vejam as cartas: a dama de ouro é igual à dama de copas; mas numa seqüência (joguemos canastra, biriba, buraco ou semelhantes) — numa seqüência, a semelhança se dá por analogia: aqui, a dama de copas é igual ao valete de copas, igual ao 10 de copas, igual ao rei de copas. Para fazer essa canastra, admite-se a convenção dos números crescentes, abolindo a convenção pela semelhança das figuras. O 10 de espadas é igual ao valete de espadas porque o valete de espadas, nessa convenção, vale 11; a dama, igual ao 10 e ao valete, porque vale 12. Ordem numérica crescente: 8 de espadas, nove de espadas, 10 de espadas, valete de espadas (figura), dama de espadas (figura), rei de espadas (figura), às de espadas (o maior número no fim da seqüência e o menor, no início).

A dramatização do acontecimento histórico obedece a essa mesma hierarquia. Vejamos, por exemplo, o que aconteceu no Brasil de 1945 a 1948, na ordem dramática dos acontecimentos, jogada fora a sucessão cronológica dos eventos:

1. O marechal Dutra eleito presidente da República.
2. Luís Carlos Prestes, líder do Partido Comunista Brasileiro (PCB), recupera a liberdade após anos de confinamento, tortura, humilhação, nos cárceres do Estado Novo.
3. As tropas brasileiras (FEB) regressam da Segunda Guerra Mundial, onde lutaram, em território italiano, ao lado dos exércitos Aliados.
4. Luís Carlos Prestes, ainda ofuscado, traumatizado, obliterado pelos anos de prisão, se deixa prender na cilada verbal que lhe armam seus inimigos. Irrefletidamente, Prestes afirma: se o Brasil declarasse guerra à União Soviética, ele, Prestes, comunista histórico, ficaria ao lado da União Soviética, e portanto contra o Brasil...
5. Tem início uma campanha feroz de descrédito ao comunismo mundial, ao seu líder Prestes e aos comunistas brasileiros, tidos por traidores da pátria...
6. A Assembléia Constituinte, reunida para esse fim, proclama a nova Constituição da República, em texto democrático e liberal. Esta é a única data digna de registro, ulteriormente, em qualquer dramatização daquele período: 19 de setembro de 1946.
7. Em plena restauração democrática, quando a sociedade vive em liberdade e no entusiasmo político, a campanha contra a declaração infeliz de Prestes se avoluma, atinge a exasperação, e alcança o desfecho absurdo: o Partido Comunista Brasileiro (PCB) é posto fora da legalidade.

Passaram-se 37 anos.

Em 1985 — dentro de alguns meses — toma posse o novo presidente da República.

Em 1986, de acordo com o calendário estabelecido, reúne-se a nova Assembléia Constituinte.

Em 1987, se tudo for avançando sem obstáculos perversos, teremos a nova Constituição da República...

Quarenta anos depois, recomeçaremos a caminhar desde 40 anos atrás...

17.12.84

POLÍTICA INTERNACIONAL

Holocaustos

Uma vez eu me rebelei contra a hipocrisia internacional. Falava-se muito a respeito do contraste entre os costumes da Europa, culta e civilizada, e o estado semibárbaro das populações da Ásia, da África e da América do Sul. As mais elegantes virtudes, os mais belos sentimentos, os mais nobres pensamentos eram cultivados pela Europa, luz e guia das populações que mal emergiam da obscuridade do passado sem história. Contra isso me rebelei quando me passou pela memória o espetáculo sangrento que os países ditos civilizados ofereciam vinte anos atrás. Cultura! Belos propósitos! Palácios, museus, bibliotecas, laboratórios, humanismo, tradições! Tudo isso não passava de montanhas de destroços fumegantes, no meio dos quais gemiam e estertoravam os homens. Nas fossas, nos campos de concentração, nas carlingas incendiadas, nos barcos à deriva, nas casas em ruínas, nos subsolos infectos, os filhos da velha Europa eram figuras embrutecidas, fraturadas, famintas e desamparadas sob o fogo e o estampido contínuos.

Hoje, novamente, contemplo, com náusea, o espetáculo desencadeado pelo ressurgimento daquele orgulho irracional. Desta vez é, apenas, uma parcela que se obstina, mas nós sabemos há muito tempo — desde o caso Dreyfus — que essas coisas são sintomas de algo que pode surgir mais tarde, incontrolável e indecifrável. Vejam esses fanáticos que na França e na Argélia disseminam o terror. Lutam eles contra o futuro e reivindicam, mais uma vez, o privilégio da superioridade racial e histórica. E eis como são superiores: invadem sanatórios e fuzilam tuberculosos; alvejam civis, matando mulheres e crianças; estabelecem a lei do terror em nome das mais caras tradições francesas.

Essencialmente cruéis, indiscriminados na crueldade, cegos de ódio, contentes diante do sangue e da orfandade — e ao mesmo tempo franceses, patriotas, civilizados! Posso imaginar a vergonha que se instalou em Paris — porque quem fala a linguagem da loucura é uma parcela da França, queiramos ou não.

A atenção do mundo devia concentrar-se toda na tragédia argelina, onde se colocam, novamente, com a conhecida selvageria, os mais obscuros problemas da humanidade.

Está claro que devemos meditar na advertência do secretário-geral da ONU, U Thant, de que um simples curto-circuito em instalações eletrônicas pode determinar o holocausto nuclear. Mas se não compreendermos a tempo o que se passa na Argélia, continuaremos surdos, também, àquela advertência. A mesma ignorância que torna possível o massacre dos muçulmanos determinará o defeito fatal no sistema de propulsão dos balísticos.

19.4.62

Kennedy

A morte transforma o acaso em destino e, escrita a última página na vida de John Fitzgerald Kennedy, deparamos com um destino extraordinário, quase inverossímil. Nascido, como se diz, em berço de ouro, não teria ele nada mais a fazer na vida, além de esperar a maioridade. Aos 21 anos, receberia um milhão de dólares do papai. Esse pai cheio da grana tinha um capricho singular: queria um filho seu na Casa Branca. O escolhido morreu: John Fitzgerald Kennedy foi então preparado, em seu lugar, para a grande aventura política. E logo se revelou uma vocação fora do comum. O seu futuro, matematicamente organizado, esteve uma única vez em perigo, quando o jovem Jack, naufragando durante a guerra, salvou alguns companheiros num lance de heroísmo que, por si, lhe valeria a imortalidade. Veio em seguida um intenso programa de estudos, e afinal surgiu na cena política esse homem cuja morte brutal agora consterna o mundo.

Ele era da melhor geração deste século — a mais sofrida, em todo caso. Ao tomar posse na presidência dos Estados Unidos, deixou claro que a tocha havia passado para as mãos de uma geração norte-americana forjada em duas guerras e temperada por uma paz fria e amarga. Era um homem lúcido; um otimista cauteloso. Tanto que, no palanque borrifado de neve, diante de milhares de concidadãos, após sugerir ao mundo a construção de uma era de paz e de progresso, acrescentou: a conquista dessa paz e desse progresso não se fará "nos primeiros cem dias nem nos primeiros mil dias, nem durante a vida do presente governo nem sequer talvez durante a nossa vida neste planeta... Mas, seja como for, comecemos". O filhinho do papai era, na verdade, um estadista capaz de conduzir o mundo sobre o fio da navalha da desconfiança mútua. Desde a crise do ano passado, quando pesou sobre cada cabeça humana a ameaça de um foguete atômico, houve um alívio geral. Não apenas Kennedy e Kruschev se mostravam capazes de controlar os belicistas de seus respectivos países, como reciprocamente se aplaudiam e ajudavam nessa tarefa. E no meio desse esforço gigantesco, no meio dessa escuridão que se esforçava para vir a ser uma luz, surgiu de repente um grande farol: era João XXIII, o fenômeno mais desconcertante deste século, pois inoculou uma suspeita espantosa no cerne da mais negra desesperança, isto é: ainda há santos? E de repente o farol se apaga (porém não a verdade que iluminou), e agora é assassinado John Fitzgerald Kennedy.

Como é estranho alguém nascer para ser presidente dos Estados Unidos e acabar morrendo em Dallas, Texas, sob uma violência por todos os títulos ultrajante! Com a bala na testa, o rochedo no qual Jacqueline se amparava teve que ser amparado por ela. Ele tinha o poder e o discernimento; tinha a autoridade e a exercia com majestade; e agora ali estava, ensangüentado, incapaz de dar ordens, desamparado. O mundo estupefato não sabia se devia chorar ou se era preciso, com urgência, perguntar por quê. Por quê? Ainda não há resposta. A história entrou na escuridão.

26.11.63

A solução final

Mas afinal de contas, quem foi que começou a guerra no Oriente Médio?

— Ora, é claro que foi o bode.

— Qual bode?

— O bode expiatório. É ele quem começa todas as guerras. Qualquer confusão, conflito, desavença amorosa, tudo tem seu início no bode. Esta vida mais parece um jogo do bicho: por causa do bode expiatório, a vaca acaba indo pro brejo.

— Mas não há interesses imperialistas por trás disso?

— Deve haver. Petróleo e coisas assim.

— É. O mundo é meio confuso.

— Nada disso. O mundo é muito fácil. Basta você adotar o Plano Marcos de Vasconcelos que as coisas se resolvem.

— Qual é o Plano Marcos de Vasconcelos?

— O Plano Marcos de Vasconcelos de Extermínio em Massa prevê uma chuva de bombas atômicas em cima dos três bilhões de patetas que vivem neste planeta.

— E quando será adotado?

— Não sei. A ONU está estudando. Parece que Moscou não se opõe. Washington também não, só faltando a aprovação do Congresso americano. Mao Tse-Tung telegrafou ao Marcos, dando-lhe integral apoio.

— Mas haverá bombas atômicas em número suficiente?

— Bem, este aspecto da questão ainda não foi examinado. De qualquer modo, nem Marcos nem eu somos ortodoxos. Quando acabar o estoque de bombas atômicas e de hidrogênio, recorreremos ao napalm, às bombas tradicionais. As regiões menos favorecidas serão destruídas a dinamite e pólvora. Cada chefe de Estado receberá uma cápsula contendo cianureto, para que tudo termine em suicídio de cúpula.

— Impressionante! Tudo previsto cientificamente! Mas há um problema: e se sobrar alguém?

— Os sobreviventes serão fuzilados ou morrerão a golpes de armas brancas. Os sobreviventes dos sobreviventes aplicarão a estes últimos algumas pauladas bem dadas.

— E no final?

— No final, o mundo estará salvo e conhecerá uma longa era de paz. Não haverá mais bode expiatório. Os cadáveres dos capitalistas serão vistos nas ruas ocidentais, carbonizados. Os chineses ficarão empilhados uns por cima dos outros, formando uma montanha maior do que o Himalaia. Os comunistas russos agonizarão lentamente, debaixo do rigoroso inverno atômico. A exploração do homem pelo homem terminará de vez, por absoluta falta de homens.

— Bem bolado!

11.6.67

Palavras

Quer dizer que as hostilidades podem recomeçar a qualquer momento? É o que acabo de ouvir no rádio. E ninguém prende esses governantes? Ninguém toma nenhuma providência? Suponho que vocês leram domingo o artigo de Ionesco, publicado no *JB*. Ele o escreveu antes da guerra no Oriente Médio; contudo, suas palavras são sombrias. O velho Ionesco, humorista impenitente, perde completamente o rebolado quando considera a situação do Estado de Israel. Procura palavras para dizer o que pensa, o que sente, aquilo que está na cara. Ionesco procurando palavras, vejam bem! Ele que nos ensinou, com insuperável formosura, que é justamente nas palavras que começam todas as nossas dificuldades. ("Todo gato é mortal. Ora, Sócrates é mortal. Logo, Sócrates é um gato.") A Torre de Babel é uma tragédia em permanente exibição. Mas então o pobre Iô percebe que tudo aquilo que ele andava escrevendo como sendo literatura, teatro, começara a acontecer real e gritantemente lá fora, naquele planeta em que labutam, sofrem e dizem besteiras os nossos três bilhões de patetas. E lá foi ele para a máquina de escrever, e lá foi ele evocando o cadáver brutal: Adolf. Aquele do bigodinho, lembram? Aquele da franjinha na testa — o que suspeito ser um pleonasmo. "Peguem o judeu e tragam aqui." Trouxeram. "Um tiro na testa dele." Deram. "Agora tragam mais." Trouxeram. "Câmara de gás com eles." Levaram. Um judeu, depois dez, depois duzentos, depois milhões. Todos iguais a mim, que sou Pinto de Oliveira e que portanto não devo lamentar ter apenas 469 anos de história. A trajetória do meu sangue começa na Bíblia.

Mas são justamente as palavras que devem ser bombardeadas. Quem deu o primeiro tiro? "Foi ele." "Não, foi ele." Exatamente como nas brigas entre duas crianças: "Vou fazer dois círculos no chão. Este aqui é a minha mãe. Aquele ali é a tua. Se você for homem, cospe na minha." Pensamento mágico. Freud. Cavernas. Exorcismo contra bisões. Esquizofrenia alcandorada na política. Orgulho. Vaidade. Desprezo pelo *Eclesiastes*. Crucificação de um pobre amante do Cosmo. Homens morrendo de sede no deserto do Sinai. Flores do deserto (Israel, Yael) ameaçadas pela inveja. A atiradora solitária do Vietnã. O menino sem uma perna, apoiado numa muleta de bambu, no Vietnã. As bombas voadoras destruindo Londres. A catedral de Colônia que se ergue gloriosa entre as ruínas que desmentem categoricamente a sua glória. Estrondo e fúria, no meio dos quais esperamos *Godot le Feu*.

Pobre Ionesco!

5.7.67

Desvario e método

Então o sueco chegou de automóvel ao cemitério, tirou o caixão da mala, deu um tiro na cabeça e foi logo enterrado na sepultura que comprara algum tempo antes. "Desvario embora, tem lá o seu método", diria Machado de Assis, aliás parafraseando Shakespeare. É preciso fazer as coisas bem-feitas, e o mundo iria muito melhor se todas as pessoas e todas as instituições tomassem providências adequadas para chegar aos fins desejados — ainda que essa meta fosse a própria destruição.

No Vietnã, por exemplo, tudo está previsto para conduzir o Sudeste asiático à paz e à prosperidade. Jogam-se as bombas, destroem-se as pontes, as matas são fustigadas. Em seguida, as contas são feitas e chega-se à conclusão curiosa de que não se obteve nem a paz nem a prosperidade. É de amargar! Mas não há de ser nada: recorreremos aos cães ferozes. Se ainda assim não houver progresso, jogaremos uma ou duas bombas atômicas sobre objetivos determinados. Esperaremos que os outros lancem contra nós as suas correspondentes duas bombinhas. Tão logo os quatro cogumelos se dissipem, diremos: "Nós jogamos duas bombinhas e vocês jogaram duas bombinhas. A doutrina da represália graduada foi respeitada. Agora, não podemos continuar trocando petardos atômicos, porque isso significa o fim da humanidade. Sentemo-nos, portanto, àquela mesa, e negociemos."

Isto, é claro, partindo da presunção de que pretendemos levar o caixão ao cemitério e ficar só nisso. Imagina-se que não pretendemos estourar os miolos. No caso de um gesto precipitado e irreparável... digamos, por exemplo, que os vietcongues continuem amolando a vida da população pacífica (assim dita) do Vietnã do Sul. Neste caso, já tendo a graduação da guerra chegado ao estágio atômico, seria lícito retroceder e continuar lutando nos velhos métodos? Voltar às matas, aos pântanos, quando já experimentamos a eficácia dos nossos foguetes? Seria um contra-senso; esteticamente falando, representaria uma derrota. A continuar assim, poderíamos passar pela humilhação suprema de uma Terceira Guerra Mundial com espingardas, punhais e canhões de piratas. E depois disso seria impossível impedir o prosseguimento do processo, de modo que acabaríamos chegando ao ponto em que se faria necessário inventar a pólvora para possibilitar uma verdadeira guerra, uma guerra para valer... E tudo começaria outra vez, com dois irmãos vivendo lado a lado, na santa paz do Senhor. Seria a paz, a paz! A menos que um dos irmãos se chamasse Caim, e o outro Abel.

27.7.65

Posições

Na crise do Oriente Médio, fico naturalmente a favor do Estado de Israel, lamentando embora a continuação da desinteligência entre israelenses e árabes. Eles bem que poderiam (penso eu) fumar o cachimbo da paz em torno da mesa-redonda. Já que não há solução à vista para essa guerra feita de duelos esporádicos de artilharia e de atos terroristas, seria melhor discutir em altos brados, com palavrões se necessário, mas dispensando o uso de armas.

No caso da Checoslováquia, sou decididamente contrário à União Soviética. Todos os dias me sinto humilhado como um tcheco, e leio os despachos de Praga como quem recorre a uma ração inevitável de angústia.

No caso da Romênia, que desafia os dirigentes soviéticos, estreitando suas relações de amizade com os Estados Unidos, admiro a coragem dos governantes romenos e louvo o senso de humor com que eles se conduzem no plano internacional. A visita de Nixon, francamente, foi planejada para o mundo inteiro morrer de rir. Nunca o Kremlin ficou em situação mais ridícula.

No caso do Vietnã... Cala-te, boca! Não. No caso do Vietnã, sempre me pareceu que os americanos deviam sair de lá; aliás, é o que eles estão fazendo agora. Tudo indica que os americanos entraram numa fria.

Quanto a Biafra, embora esta seja uma guerra que só estudei superficialmente, meu coração palpita, infeliz, diante das criancinhas que são pele sobre osso, e que morrem de fome uma após outra. Acho que a Cruz Vermelha tem o direito (e o dever) de levar comida e remédio para esse povo que, afinal de contas, nada tem a ver com a guerra civil travada por militares e mercenários.

Compreendo a insurreição dos guetos negros dos Estados Unidos, a rebelião da juventude branca, o suicídio florido e pacífico dos hippies. Ainda espero ver Ted Kennedy na presidência — se bem que preferisse mil vezes Norman Mailer na Casa Branca! Mailer, o maluco, candidato de maconheiros; por que não? Estamos cansados de governos catastróficos feitos por homens de bem: Hitler, Mussolini, Stálin — estão lembrados? E tantos outros! Um espírito satânico e cínico, tal o de Mailer, poderia perfeitamente resultar numa excelente experiência política.

Por tudo isso, e por muito mais, me interesso e procuro tomar posição. Afinal, sou um adulto de certo modo implicado na formação moral da comunidade, e portanto, agindo assim, não faço mais do que a minha obrigação.

Mas... E as escaramuças na imensa fronteira entre a China e a Rússia? Os jornais abrem manchetes para relatar os novos incidentes, com trocas de tiros, numerosas vítimas e prisioneiros. E eu leio essas notícias com um sentimento estranho. Parece que isso não me diz respeito. Para começar, é muito longe, lá no fim do mundo. E os povos que se defrontam, sinceramente, pouco fascínio exercem sobre mim. São comunistas estabelecidos e arrogantes. Aquela guerra é lá com eles — é Marx brigando com Mao, Kruschev com Stálin, Lin Piao com Lin Pião...

Penso apenas — esta anedota é antiga — penso apenas no espírito de Marx descendo das alturas sobre uma nuvem, para lançar aos dois exércitos em luta a sua nova palavra de ordem: "Proletários do mundo inteiro, dispersai-vos!"

15.8.69

A morte de um herói

"Para os românticos, a vida é uma obra. Porque se sentem, por motivos diversos, em desacordo com o mundo tal qual é, esforçam-se para se transformar em personagens de um mundo que não existe. Tomam atitudes. Essas atitudes são difíceis de manter. Foram adotadas em momentos em que representavam infelicidades autênticas. O êxito, depois a glória, fizeram-nas menos sinceras. O poeta, que sente o desacordo e sofre, é levado a lamentar a falta do clima febril que lhe permitiu produzir uma obra-prima. Procura reconstituir em torno de si a atmosfera sentimental que parecia convir ao seu temperamento. Daí uma estranha busca da infelicidade, que é também uma busca da coragem. Quem não teme as conseqüências fatais dos seus atos e mesmo as acolhe com um amargo prazer, torna-se mais facilmente um herói."

Eis uma coincidência curiosa. O retrato acima corresponde ao de Che Guevara, desde que trocou a medicina pelo fuzil, seguindo-se os dias gloriosos da Sierra Maestra, a vitória, a revolução implantada, Guevara homem de Estado lamentando "a falta do clima febril que lhe permitiu produzir uma obra-prima", e finalmente o cadáver de feições delicadas e olhar interrogativo e desafiador, mesmo na morte. Mas eu acabo de transcrever, adaptando-o, um trecho de André Maurois sobre Lord Byron, na famosa biografia agora traduzida e lançada no Brasil pela Nova Fronteira.

A insatisfação de Che era primeiramente existencial, sartriana. Como Sartre, não se julgava com direito à felicidade, num mundo como este que todos nós conhecemos. Habitava-o, por conseguinte, uma angústia destrutiva, à qual precisaria solucionar-se no próprio sacrifício. A disciplina marxista, a crença na revolução cubana, a amizade de Fidel, nada disso mostrou eficácia no momento em que foi necessário construir. Guevara era a marreta que derruba a casa velha, não tinha a vocação do operário que constrói o prédio novo. Na carta aos pais, escrita há dois anos, ele zombava de si mesmo:

"Outra vez sinto sob meus calcanhares a espinha dorsal do rocinante. Volto à estrada com meu escudo." Em conseqüência, acrescenta ele, "uma vontade que poli com deleite de artista sustentará pernas flácidas e pulmões cansados. Eu o farei".

E fez.

Desafiava primeiramente a sua asma, sua fragilidade física. Era generoso, valente, insaciável. Sua proclamação lida na Reunião de Havana mal dissimula um sólido amor ao sangue e à guerra, tenha esta um ponto final na vitória ou na derrota.

Dele se dirá para sempre que teve uma existência exemplar.

13.10.67

Carlinhos com o papa no mundo horrível

Não há inocentes. Isto nos dizem os palestinos, justificando o que houve no aeroporto de Lod.[1] Não há inocentes. Todo mundo é culpado. De quê? De tudo.

Estou doente. Estou doente do coração e do estômago. No estômago, apliquei uma injeção de álcool que se deve considerar brutal até mesmo quando o paciente (ou aficionado) se chama Carlinhos Oliveira. No coração, esta advertência — "ninguém é inocente" — me inoculou uma angústia igualmente insuportável. Era quarta-feira, meio-dia, os jornais à minha frente, a montanha de cadáveres, o sangue derramado no aeroporto de Lod, em Tel-Aviv. Em jejum, pedi uísque. E outro. Na sexta-feira acordei ao meio-dia, com remorso de estar ainda vivo. Que faço no Antonio's, se não sou inocente?

Entro em agonia. Convalesço. Recupero-me. Entrementes, Paulo VI declara que este nosso mundo está ficando "horrível" — palavra assombrosa na boca de um papa — e me ocorre passar-lhe um telegrama lembrando os excelentes vinhos que há no Vaticano: "Respeitosamente, sugiro a Sua Santidade uma bebedeira federal, quando não ecumênica."

Há uma nuança na minha simpatia sempre proclamada pela causa israelense: ela abrange também a causa palestina, pois tenho por evidente que são conseqüências gêmeas de uma mesma tragédia — opinião que compartilho com alguns amigos judeus, e que encontra defensores

[1]Um grupo do Exército Vermelho japonês, ligado a palestinos radicais, atacou o aeroporto de Lod, em Tel-Aviv, matando 24 pessoas e ferindo 76.

entre personalidades políticas em atividade no próprio Estado de Israel. O problema palestino, em suma, tem sua própria configuração, independente do problema mais geral, em que entram os árabes. Mas não se trata disto.

Em Lod, o terror fez sua irrupção na aldeia global. Japoneses treinados no Líbano abrem fogo de metralhadoras e lançam granadas sobre uma centena de pessoas cuja única vinculação com o conflito árabe-israelense é estarem desembarcando — naquele preciso instante, e não em outro qualquer — no aeroporto internacional de Tel-Aviv. São turistas, entre eles 14 porto-riquenhos em romaria aos lugares santos cristãos. Quatorze americanos de Porto Rico, com suas máquinas fotográficas a tiracolo, suas malas, pisando solo estrangeiro com a melhor das intenções. Súbito, as metralhadoras matraqueiam, as granadas explodem. O rosto da morte vem do Japão: mas como, se estamos em Israel?

Morreram ignorando que a revolução na aldeia global está em marcha. Seus heróis são arregimentados em qualquer parte do mundo, e se dispõem a matar e morrer em qualquer lugar. Considera-se o território israelense um campo de batalha permanente — e, por conseguinte, quem faz turismo em Israel se coloca voluntariamente na linha de fogo. Esta é, contudo, apenas uma circunstância tática. Considerada estrategicamente a situação, os fatos recentes mostram que a Alemanha Ocidental (grupo Baader-Meinhof), o Japão (Exército Vermelho), a Itália (Brigadas Vermelhas) e qualquer aeroporto, internacional ou doméstico, se encontram também efetivamente na linha de fogo.

No plano da guerra psicológica, a comunicação imediata facilita a tarefa dos terroristas, atingindo obviamente o telespectador, o ouvinte de rádio, o leitor de jornais, esta pobre humanidade, enfim o que determina o aparecimento de um novo tipo de franco-atirador, cujos objetivos e razões são solitários, mas cujas ações se inspiram no modelo global. São eles o seqüestrador solitário que quer dinheiro, o *chicano* que deseja queixar-se diante da televisão, o vândalo que arrebenta a Pietá a marteladas, e outros, e outros.

Já se vê que Carlinhos Oliveira tem excelentes motivos para chocar sua taça na taça de Paulo VI. Sendo isto aqui um globo meio amassado nas pontas, e o problema nomeado global, a questão seguinte há de ser colocada assim:

— Se meu vizinho me declara, não digo culpado, mas não-inocente; e se os não-inocentes, nós dois, ou bem marchamos juntos para liquidar um terceiro vizinho, ou bem nos liquidamos um ao outro, ou ainda conseguimos do nosso terceiro vizinho a adesão à nossa filosofia, e os três avançamos unidos na direção de um quarto, a fim de eliminá-lo, e assim por diante; que é que eu devo fazer — eu, Carlinhos Oliveira?

— Mundo horrível! — exclama Sua Santidade.

— Perfeitamente — digo eu —, mas o problema pode e deve ser examinado mais de perto.

7.6.72

Eu, sentadinho

Uma vez eu estava sentadinho, todo pequenino, e ninguém queria nada comigo. Eu bem que queria ser feliz. Queria, por exemplo, fazer do Brasil um grande país, independente das estatísticas. Mas eu? Aquele garotinho sentadinho, que ninguém queria nada com ele?

Sentadinho e com um banjo. Sou o melhor tocador de banjo do mundo, pois nunca fui provado. Estou experimentando a minha megalomania, e tirarei dela tudo o que ela puder oferecer: não tenho medo de nada. Que loucura!

Meu cérebro desmilinguiu-se. Estou claro como quando tinha zero ano de idade. Zero ano. Zero — uma idéia que não entra na cabeça de ninguém. Zero! Vamos partir daqui? Vamos pedir perdão aos nossos inimigos, como dizia Jesus? Vamos enfrentar a nossa esquizofrenia, a nossa paranóia, a nossa vaidade, a nossa iniludível catatonia? Vamos ser felizes, ou não? Quero ser incluído entre os poetas malditos.

Agora, falando com delicadeza, devo lembrar que minha formação é surrealista e que bebo muito. Estou sofrendo de uma forma como nunca houve: não aconteceu nada. Estou aqui, sentadinho, sofrendo por nada. Como é que se pode compreender a psicologia de um japonês que vai matar pessoas em Israel? Minha profissão é a psicologia, o conhecimento da alma dos homens. Mas como é que se pode compreender a psicologia de um japonês que vai matar pessoas em Israel? Quem foi a mãe dele, o pai, os irmãos, os vizinhos? Que monstros são esses que surgem escorados numa ideologia? O que é uma ideologia? O que é uma identidade? Eu não sei, mas tenho que descobrir: é minha profissão.

Agora, falando com brutalidade: qual a diferença entre o terrorista do Aeroporto de Lod e Hitler? Qual a diferença? A diferença seria a ideologia... é assim? Então, qual será a diferença entre uma ideologia malsã e outra que não o seja? Estaremos à mercê dos loucos e dos psiquiatras, ambos sustentados pelo sistema? Quando eu falei em Hitler vocês não pensaram: "Stálin." Estamos fritos.

Qual será a ideologia em vigor? A dos gorilas? A dos guerrilheiros? A dos idiotas? O fato é que os melhores homens resolveram morrer. Estamos num necrotério. E psicologia não se aplica apenas a quem nos agrada. Psicologia, digo eu, é filosofia. Estamos pensando o drama. Pensar o drama dói. Como é que foi que aquele japonês matou tanta gente? Como é que foi? É só apertar o gatilho? Se for assim, minha psicologia há de entrar pelo cano.

Outra coisa. Nada tenho a ver com Revolução (dita) de 64, nunca pedi favor a ninguém, não sou favorável à repressão, mas também não sou favorável ao terrorismo e estou disposto a discutir, no plano filosófico, todas as idéias.

17.7.72

Podes crer, amizade

Alguém ultimamente me envia cartas anônimas, escritas em letra nervosa, e que demonstram de forma clamorosa o desespero em que se encontra o autor. Faz-se uma apreciação apaixonada da situação político-social no Brasil e no mundo, e cabe sempre no texto uma ameaça de morte dirigida a mim. Aproveito a oportunidade para me situar, ainda uma vez, em meio à amargura e desvario destes nossos dias.

Minha índole é pacífica, e minha turma, a do deixa-disso. Não quer isto dizer que viva indiferente ao drama global. Sempre que se apresenta a ocasião, entro no debate e registro os meus temores e desesperanças. Mas só como observador e vítima em potencial. Sinto-me mais um porto-riquenho ingênuo atravessando o aeroporto de Lod do que um idealista lutando por suas idéias, sejam de direita ou de esquerda.

Quando o movimento da multidão apresenta características de insanidade, quando os suicidas surgem anunciando que se decidiram a morrer, mas antes mandarão para o túmulo uma penca de outros viventes, consola-me o poder que tenho de provar o veneno em dose atenuada, isto é, recorrendo ao humor negro. Neste ponto, ficam todos contra mim, o centro, o clero, o presidente da Escola de Samba Unidos da Fogueira... Mas, se o humor é negro, e sendo seu assunto e alvo uma tragédia que a todos amedronta, eu não poderia esperar senão incompreensão.

Quem quiser me compreender a fundo deve ler antes os surrealistas e os existencialistas. Com os surrealistas, aprendi a rir de tudo e de todos: quanto mais sagrado o objeto, mais eu o vejo em seu aspecto cretino, em sua escandalosa presunção. E com os existencialistas aprendi a estar sempre um passo aquém de minha totalidade de homem, a ser sempre uma paixão inútil, sem destino, sem pátria e sem descanso. No caso específico do terrorismo internacional, meu coração fica com o Albert Camus de *Os justos*; e quanto ao uso de armas para resolver problemas entre homens, tenho horror, como García Lorca, a todo objeto feito para matar.

Sou, se me permitem, um indivíduo profissional. Mas a minha existência, feita de papel, está à disposição daqueles que virão depois de nós, e creio firmemente que, contemplando o traço breve de minha passagem por este planeta, eles verão nele algo mais do que um movimento desordenado e solitário. Sou um tipo interessante, em suma.

Covardes são aqueles que exorcizam sua angústia atribuindo-a a uma conspiração do vizinho. Podes crer, amizade.

26.6.72

Todo o poder aos loucos

O Estado de Israel, independente e soberano, foi proclamado a 14 de maio de 1948, pelo visionário David Ben Gurion — cujo sobrenome quer dizer "filho de leão" —, enquanto as tropas inglesas se retiravam da Palestina que até então ocupavam. No momento seguinte começaria a guerra entre árabes e judeus, que dura até hoje. Eram cinco exércitos árabes, bem equipados, contra um simulacro de força armada israelense cuja existência efetiva dependeria da chegada, por meios rocambolescos, de todos os apetrechos que caracterizam um verdadeiro exército. Nessa luta desigual, os árabes pretendiam simplesmente destruir o Estado recém-nascido. Ben Gurion, por seu lado, estava determinado não apenas a vencer o inimigo como a apossar-se do máximo de território que lhe fosse possível. As fronteiras desenhadas pela ONU, com a Grã-Bretanha influindo, conforme ocorre sempre que os imperialistas se afastam, eram inviáveis.

Dessa carnificina espantosa resultaria um novo tipo de judeu errante: o palestino. Espantosa, vejam bem, quando a contemplamos hoje, 30 anos depois. Na época, o inferno era a pátria de todos os homens — a configuração apocalíptica, por assim dizer natural, do planeta em que vivemos. A Europa renascia dos escombros da Segunda Guerra Mundial; Hiroshima não podia ser pensada, sequer imaginada, pois o horror dela decorrente pairava além dos limites do pensamento e da imaginação.

As crianças palestinas expulsas de suas casas, lançadas na estrada, recolhidas em campos de refugiados, são hoje os *fedayins*. Considero satisfatório, embora tosco, este rascunho dos antecedentes do drama do Oriente Médio. Examinemos agora os fatos do dia.

Os *fedayins* — em número de 11, mais e menos — desembarcam fortemente armados numa praia deserta, em Haifa. Seqüestram dezenas de civis, homens, mulheres e crianças, e seguem de ônibus para Tel-Aviv. Trata-se de um comando camicase. Diante da estrada bloqueada por forças israelenses, saltam do veículo e contra eles dirigem o fogo de suas bazucas e granadas. Israel, que tem pelas costas milhões de inimigos, toma consciência de sua relativa fragilidade defensiva também diante do mar.

Represália ou não, a resposta israelense não demora. Todo o sul do Líbano é brutalmente castigado. Até Beirute vão os aviões judeus, e ali soltam suas bombas. O Líbano vem de uma guerra civil que não terminou, estando a cozinhar em fogo brando enquanto os guerreiros descansam, sob a proteção um tanto suspeita da Síria.

Menahem Begin, que na juventude foi o mais feroz e desapiedado terrorista da resistência clandestina judia (antes da fundação do Estado que agora dirige), usa pela primeira vez uma palavra, "extermínio", endereçada aos palestinos. Estes escutam outra palavra: "genocídio". A única pessoa que, no meio do caos, conserva um certo equilíbrio, é o presidente do Egito. Anwar Sadat condena o atentado terrorista, mas lamenta que os israelenses não tenham tido um pouco de paciência. Sadat quer a paz, não há dúvida. O Estado de Israel permitirá que ele a alcance? Talvez; mas não se alcançará paz alguma na base do olho por olho, dente por dente.

No magnífico livro *Ó Jerusalém*, de Dominique Lapierre e Larry Collins, encontramos este poema escrito durante a guerra de 1948: Este país de homens valentes/ É o dos nossos antepassados./ Os judeus não têm nenhum direito/ Sobre esta terra./ Como poderia eu dormir/ Quando ela se encontra nas mãos do inimigo?/ Há uma coisa que brilha no meu coração,/ É a minha pátria que me chama.

Escrito por um herói palestino, Abdel Kader, esse poema pode ser subscrito por qualquer poeta-herói de Israel. Basta tirar "Os judeus não têm nenhum direito sobre esta terra" e botar em seu lugar: "Os palestinos (ou os árabes)" etc. O dia da paz seria aquele em que o judeu e o palestino escrevessem tais versos a quatro mãos, proclamando que todos eles têm direito a uma parte daquela terra.

Mas os acontecimentos atuais excluem a compaixão. Em outros trechos do livro, ainda referindo episódios de 1948, os autores relatam:

"Havia um único lugar que parecia ter escapado a esse caos de ódio e rancor: um pequeno estabelecimento perto de Jerusalém onde um grupo de árabes e judeus viviam juntos na paz e na fraternidade. O suíço Jacques de Reynier, delegado da Cruz Vermelha Internacional, depois de ter visitado esse paraíso de indiferença à loucura exterior, deixou o asilo psiquiátrico de Jerusalém suspirando: Bem-aventurados os loucos!"

Trinta anos depois, parece razoável continuar confiando na velha *boutade*, segundo a qual o louco é um homem que perdeu tudo, menos a razão.

17.3.78

Shalom! Paz!

Recebi algumas cartas bastante agradáveis. Os leitores apóiam certas posições que venho tomando. Um A.A. (Alcoólico Anônimo) reconhece que seu colega, a quem chamei "Alcoólico Atrevido" semanas atrás, ultrapassou os limites da intolerância. Outro me manda uma coletânea de contos de O. Henry e mais alguns textos de Hemingway e Scott Fitzgerald sobre Paris. A mensagem fala em paz, amor... A assinatura resultou incompreensível. Mas tudo bem.

Eu precisava desse apoio por causa da violenta paulada que levei um dia desses, em forma de manifestação escrita, assinada por um cidadão de nome estrangeiro que deve ser judeu. Era uma carta cruel, fanática, foi publicada na seção de cartas aqui do *JB*. Era principalmente um texto inteligentíssimo, e me interessei pela psicologia do autor. Um homem de ação, sem dúvida alguma, militante da facção pró-Israel mais radical. Primeiro, me desmoralizava, alegando que sou leviano e não devo meter o meu nariz onde não sou chamado, ou seja, no Oriente Médio. No segundo parágrafo, ameaçava boicotar meu nome e minha figura, proibindo-me de trabalhar em determinada empresa dirigida por conhecida (e estimadíssima) personalidade da colônia judaica do Rio de Janeiro... Não falei que era um homem de ação? Pensei: "Esse cara deve ser palestino, pretendendo me encolerizar, me endoidecer de raiva, a ponto de reagir contra todos os judeus." Em seguida, mais calmo — porém estudando fervorosamente o texto do meu imprevisto desafeto — pareceu-me que ele se encaixa na definição magistral de Ira Levin, o insuspeito autor de *Os meninos do Brasil*: "Banzer, o senhorio... teria dado um magnífico anti-semita, não fosse o fato de ser judeu..." Era isso!

Contudo, fiquei triste. Há anos me ponho ao lado dos israelenses. Na hora do pega-pra-capar — a Guerra dos Seis Dias, a do Yom Kippur — sem sombra de leviandade, liguei-me em espírito e publicamente ao destino do poderoso e jovem Estado de Israel. Tenho cartas, numerosas, de judeus agradecidos, inclusive alguns que referem como perderam todos os familiares e todos os amigos nas câmaras de gás. Naquelas duas guerras e em outras ocasiões em que a coisa ficou preta, estive sempre ao lado dos judeus. Cheguei inclusive a exigir uma migalha que fosse da culpabilidade metafísica do povo alemão, conforme a proposta de expiação desenvolvida pelo filósofo Karl Jaspers. E lá vinham as cartas — *shalom!* — comovidas, gratas, a me transmitir imensa alegria, a certeza de saber que o povo de Israel não se deixará nunca mais humilhar e exterminar por nenhum poder neste mundo.

Entretanto, lá veio aquele senhor a me humilhar, ofender, ameaçar, desmoralizar. Resultado: ninguém, ninguém, ninguém se lembrou da minha aliança moral, militante, com o povo de Israel. Não se pronunciou nenhum daqueles que, outrora, haviam manifestado gratidão.

Voltarei ao assunto — é vasto, é minha paixão, tenho sangue judeu nas veias, ponho um chapéu na cabeça e viro um judezinho inconfundível... Hoje me limito a transcrever o apelo dos industriais israelenses, divulgado em Jerusalém na semana passada:

1. A paz é preferível ao Grande Israel. — 2. O término do conflito e o estabelecimento de relações normais são mais importantes que a manutenção de colônias judaicas nos territórios ocupados. — 3. A contínua dominação de 1 milhão de árabes é contrária à idéia do sionismo e põe em perigo os preceitos democráticos de Israel. — 4. As negociações sobre território e fronteiras devem se pautar apenas em questões de segurança.

São as mesmas teses defendidas pelo Movimento Paz Agora, cujas atividades são perfeitamente aceitáveis dentro do território israelense. Essas pessoas são contrárias à política de Menahen Begin; eu também sou. E contra a política soviética, no caso dos dissidentes em geral e especialmente no daqueles que desejam ir viver em Israel.

Por favor, senhores! Ao terminarem de ler esta crônica, não se esqueçam imediatamente de que ela foi escrita! Do contrário, serei obrigado a passar a vida repetindo a lamentação furiosa de Machado de Assis: "Arre! É preciso explicar tudo!"

Quanto ao cidadão que me humilhou, insultou, insinuou que eu era um puxa-saco dos Bloch, mas que perderia prestígio com o Adolpho porque ele, o missivista, tomaria as devidas providências... Esse não perde por esperar. Vou escrever uma narrativa — aliás, já estou escrevendo — na qual aparece um judeu nazista, indivíduo fanático, mas não inverossímil, conforme acabamos de verificar em Ira Levin. E darei a esse judeu imaginário o nome daquele senhor que se enganou a meu respeito, pois eu venho depois do holocausto, e ninguém me fará curvar a cabeça, ninguém me conduzirá feito um carneirinho para a câmara de gás, ninguém me cuspirá na cara, ninguém escreverá um número indelével no meu braço, nunca mais, nunca mais, eu juro que nunca mais!

24.7.78

O julgamento de Adolf Hitler

Pois bem, admitamos que Hitler esteja vivo. E que tenha sido localizado, identificado e seqüestrado pelos judeus que o procuravam implacavelmente há 24 anos.

Ei-lo: Adolf Hitler. Velho, alquebrado, sujeito a um terremoto constante, um braço atrofiado. Não mais o bigodinho à Carlitos nem o cabelo em pastinha na testa. Dentro de uma redoma de vidro à prova de balas, ele contempla estupefato os homens que o contemplam estupefatos. Estamos em Tel-Aviv. O processo vai começar.

Todas as nações, principalmente as grandes potências, têm algo a perguntar ao rei dos réus. As grandes potências, nos bastidores do julgamento, manifestam com certo embaraço uma determinada aflição. É preferível, dizem, que alguns atos e fatos sejam estudados com calma, sem o conhecimento da opinião pública. Israel aproveita a ocasião para demonstrar sua maturidade, reconhecendo a importância do sigilo nos negócios entre Estados. Nisto entra uma boa dose de maliciosa indulgência: alguns interrogatórios serão secretos.

Mas o longo, dramático, abominável, horripilante, magnífico inquérito se desenrola quase todo diante da televisão, do rádio e dos jornais. Não se passa um dia sem que uma nova nódoa se acrescente ao sombrio legado da humanidade. Milhões de mártires são sacrificados de instante a instante, as câmaras de gás funcionam ininterruptamente, a ferocidade e baixeza do homem resplandecem no anfiteatro como se um sol impoluto pudesse nascer de um pântano infecto. As vítimas, os filhos das vítimas, os irmãos das vítimas, os netos das vítimas, os amigos das vítimas sentem que as suas feridas voltam a pulsar com a intensidade de outrora, como se um demônio especialmente cruel houvesse transformado os seus corações em gongos, para castigá-los sem descanso com uma banqueta de espinhos. É a primavera da memória, tudo refloresce: o medo, a cólera, o ódio, a indignação, o remorso, a vergonha, a humilhação, a loucura, o pesadelo. É, sem sombra de dúvida, o Juízo Final.

Finalmente, se estabelece a culpabilidade apocalíptica do réu. Adolf Hitler esboça um sorriso amarelo — uma simulação convincente de triunfo e desdém. Tudo o que podem fazer é repeti-lo, é matá-lo, aplicando-lhe o mesmo remédio por meio do qual ele próprio se desembaraçara de milhões de pessoas.

A doutrina do castigo insuficiente, mãe da tortura, revela subitamente a sua ambigüidade. Que é que se pode fazer com Adolf Hitler? Enforcá-lo? Arrancar-lhe os olhos? Cortá-lo em pedaços? Em suma, olho por olho, dente por dente, até o fim dos tempos? Sangue derramado sobre sangue derramado sobre sangue derramado, *ad nauseam*? Quem sugere uma solução que ponha um ponto final a esta história, liberando para sempre a nossa consciência desta nódoa, deste remorso, desta vergonha? Quem nos salvará? Quem nos transformará? Devia haver uma lei, mas uma lei da natureza, determinando que Adolf Hitler estertorasse com um ricto de terror e arrependimento, e não com aquele semblante sardônico que ele ostenta agora e com o qual pretende ir para o inferno. Dir-se-ia um sábio que nos ensinasse a derradeira lição.

Agora somos nós os culpados. Agora nós somos Adolf Hitler. O processo se imobiliza por falta de veredicto.

Mas lá no Céu onde estão os inocentes, aquele Céu que existiria mesmo que Deus não o tivesse inventado, um garoto com asas, depois de brincar com um globo terrestre, fazendo-o girar em torno de si mesmo, saiu voando alvoroçado e feliz, a gritar.

— Heureca! Heureca!

Os outros anjinhos largaram tudo o que estavam fazendo e igualmente alvoroçados começaram a voar em torno dele, ansiando por conhecer a origem daquele escândalo.

Aquele anjo escandaloso tinha uma história. Tinha sido, há muitos e muitos anos, um garoto judeu do gueto de Varsóvia. E quando chegaram os nazistas com suas metralhadoras ele foi o primeiro da fila. Estava com um capote surrado e um boné. Calças curtas, mostrando as perninhas magras. Mãos cruzadas na nuca. O mundo inteiro veria depois o retratinho dele nessa situação, com as mãos cruzadas na nuca ao pé da metralhadora do nazista, encabeçando uma legião de crianças e adultos, condenados ao fuzilamento, aos trabalhos forçados e às câmaras de gás.

— Heureca! — disse ele. — Ninguém tem o direito de matar Adolf Hitler enquanto não terminarem as guerras. O único castigo adequado é obrigá-lo a ouvir o som da paz! Dia e noite escutando o barulho monstruoso produzido pelo silêncio dos canhões e das metralhadoras e das bombas, o barulho que nunca se ouviu na Terra! O estrondo das asas dos anjos em vôo! Paz! Hitler enlouquecerá, e será esse o seu castigo, por ter escutado unicamente, durante toda a vida, o silêncio da guerra.

Os outros anjinhos ficaram entusiasmados com a idéia. Mas custa muito para uma idéia ser transmitida do Céu à Terra.

1.4.69

Doidos, estadistas etc.

Nada sabemos sobre a loucura social. Principalmente, nada sabemos sobre a loucura que se socializa — a distribuição eqüitativa de uma visão enlouquecida do mundo. Conspiração, é como ela se chama quando se organiza contra uma determinada autoridade, uma determinada ordem estabelecida, por consentimento ou à força, numa determinada sociedade. Psicose coletiva é o nome que recebe quando se manifesta sem ter um plano preconcebido.

A ignorância em que nos encontramos a respeito de tais coisas — e de tantas outras — advém da divinização do poder. O Estado continua falando em nome de Deus, ainda hoje, na ausência dos antigos monarcas por direito divino. O Deus do qual o Estado tira a sua legitimidade não é esse, que a fé revela, a dúvida leva em consideração e a revolta renega; falando aos cristãos: não é o vosso Deus. A autoridade do Estado se fundamenta no conceito "Deus", com *d* maiúsculo, cujo significado é acessível a qualquer pessoa. O principal atributo do Estado, o único que não sofre contestação, e por conseguinte o único que é tido por sagrado, como algo vindo de Deus, é o de ser "guardião de segredos". O segredo de Estado é a grande mistificação; enquanto houver segredo de Estado não haverá liberdade entre os homens. O Estado, com efeito, não pode guardar segredos, visto que o Estado não existe abstratamente. O Estado em Cuba é Fidel Castro. O Estado em Moscou é Brejnev. O Estado nos Estados Unidos é Ronald Reagan.

Em Moscou, nos tempos de Stálin, o Estado era Stálin. Em Berlim, nos tempos de Hitler, o Estado era Hitler. O poder de Stálin, como o de Hitler, se exercia sobre tudo e sobre todos, o que incluía os psiquiatras, os médicos em geral, os comandantes de Exército, e ainda as pessoas de senso comum na corte imperial em que se transforma todo e qualquer recinto onde o poder do Estado se exerce: o engraxate de Stálin (e de Hitler), o barbeiro, o chofer, o camareiro que limpava a alcova de Stálin, o cozinheiro...Todas essas pessoas tiveram conhecimento direto da progressiva descaída de Stálin no lamaçal da mania persecutória. Eles viram Stálin enlouquecer. Os generais de Hitler e todos os demais freqüentadores de sua intimidade viram Hitler enlouquecer — mas num caso e no outro, nenhum deles ousou abrir a boca. Dizer que tal atitude de Hitler é a atitude de um doido, equivale a dizer que o Estado enlouqueceu. Porque Hitler é o Estado. O III Reich (ou seja, o Estado alemão na época) é uma emanação de Hitler. O Estado soviético sob o poder de Stálin é Stálin. Assim, se Stálin enlouquece, e se Hitler enlouquece, ambas as loucuras se escondem sob o manto dos segredos de Estado. Romper esse segredo, anunciar ao povo que o rei está louco, é crime de alta traição, crime de lesa-pátria, tentativa de solapar os fundamentos do Estado — um impulso deicida. Querer admitir que a pessoa que encarna o Estado é louca, implica evidentemente sugerir que o próprio Estado enlouqueceu. Mas o Estado é Deus e Deus não enlouquece. Deus tem sempre suas razões (Razões de Estado). Deus é infalível. Stálin morre, o Estado vive. Hitler se suicida e o Estado desmorona: a loucura do III Reich revelou-se no fato de perder a guerra. A loucura de Hitler se evidenciou num simples erro de estratégia: se atacasse a Rússia, mas firmasse um pacto de não-agressão com a Inglaterra, poderia ter vencido, e neste caso Stálin se suicidaria e o Estado russo desmoronaria. Diríamos então que Stálin era louco — mas de Hitler não diríamos nada, a menos que ele morresse, conforme sucedeu a Stálin. Em suma: só se pode admitir que um doido é rei depois que ele perde o poder, por deposição ou por morte.

O critério para aferir a loucura ou sanidade de alguém não pode ser usado na aferição da loucura ou sanidade daqueles que detêm o poder no Estado. Por conseguinte, não há um único homem livre no planeta que habitamos.

Dizem que um chefe de Estado, por mais protegido que esteja, não consegue evitar que um rebelde solitário lhe tire a vida. Mas ninguém tentou tirar a vida de Hitler. Ninguém tentou tirar a vida de Stálin. Houve conspirações, uma das quais quase levou Hitler para o inferno. Mas as conspirações são feitas por pessoas que querem substituir um Hitler por outro; é tudo farinha do mesmo saco, loucura do mesmo teor. Insistimos na figura do tiranicida solitário. Por que ninguém sequer feriu Hitler, ninguém sequer baleou Stálin de raspão? Pelo seguinte: sob Hitler e sob Stálin, os assassinos estavam no poder, e saciavam seus instintos homicidas no assassínio sistemático de povos, comunidades e indivíduos. O assassínio sistemático é um dos mais sólidos privilégios do Estado. Onde não há pena de morte, onde há democracia relativa, não quer dizer que a situação não possa mudar de repente, levando o Estado a recorrer ao citado privilégio. O Estado só não mata porque, e enquanto, não quer.

Se não podemos estudar a loucura do Estado, enquanto ela se manifesta e produz desastres cívicos, podemos no entanto observar como se cristalizam simultaneamente, em oposição ao Estado, a loucura de alguns e um novo sistema. Podemos acompanhar Hitler e Stálin antes de serem Hitler e Stálin: eram ambos terroristas vociferadores, ambos prisioneiros do Estado anterior, ambos solitários, ambos clandestinos, ambos iluminados, ambos completamente doidos! E por serem doidos, e não por serem iluminados, é que chegaram ao poder — o comunista para Stálin e o nazista para Hitler. Uma vez lá chegados, só podem ser destruídos pela conspiração, que é uma loucura, ou pela guerra, que é outra loucura, ou finalmente pela morte natural — que neste caso, o de Stálin, nada mais é que uma horrenda injustiça. Também teria sido uma horrenda injustiça a morte natural de Hitler.

Onde estão agora os doidos que querem influir no rumo do Estado? Que por serem doidos se acham no direito de chefiar o Estado; e que, por não o chefiarem, voltam sua violência contra a ordem estabelecida, ou seja, a emanação concreta do Estado que é a sociedade sobre a qual ele impera. Onde estão?

18.5.81

Nós, Papa Doc

Passei meu domingo saboreando uma sinistra iguaria: o relato de Hector Precht Bañades sobre a execução de 19 oficiais do Exército haitiano. Gostei especialmente do ritual organizado pelo presidente François Duvalier — Papa Doc, para os íntimos — a fim de valorizar a carnificina. Os condenados estavam amarrados em estacas, no pátio sob o sol feroz; diante deles, formando o pelotão de fuzilamento, seus melhores amigos e camaradas; atrás destes, os Ton-ton Macoute, prontos a fuzilar o pelotão de fuzilamento ao menor sinal de rebeldia ou fraqueza; finalmente, um pouco mais afastados, os 300 convidados especiais de Papa Doc assistiam a tudo. Mestre-de-cerimônias, maestro ou sacerdote, o presidente Duvalier subitamente desce a mão com todo o peso na direção dos seus joelhos — e a fuzilaria começa: É tudo muito rápido, brilhante e eficaz, se bem que um dos condenados, esquecendo o papel que ali estava representando, tenha tentado estragar tudo com um "Viva Duvalier" que não fora previsto.

Depois disso, o ditador vai para a televisão, anuncia ao povo a morte dos traidores da pátria e exclama: "Meu poder é ilimitado, absoluto!" E ninguém se julgou autorizado a contestá-lo. Papa Doc é de fato um dos homens mais poderosos atualmente em atividade. Começando a vida como simples médico provinciano, acabou conquistando a presidência e instalando um regime de terror que funciona com maravilhosa precisão. Todos os seus inimigos, mais cedo ou mais tarde, são assassinados; todos os seus amigos também. No entanto, há embaixadores estrangeiros no Haiti; nações vizinhas ou distantes mantêm relações de amizade com esse pequenino, poético país. Nada se pode fazer contra o tirano, visto que os povos jamais se demonstraram capazes de impedir que os loucos se transformem em seus chefes. E também não há nenhuma lei impedindo que um chefe de Estado massacre os seus súditos — sabem por quê? Porque quem dita as leis é o chefe de Estado, ora bolas!

Muitas pessoas delicadas se assustam diante de cidadãos respeitáveis como Mozart "Gaguinho" e seu irmão Alfredo Teixeira Dias, que mataram Luz del Fuego. Neste fim de semana, Alfredo cavou o quintal de sua casa a fim de convencer a Polícia de que realmente cultivava cadáveres ali. O primeiro corpo já fora desenterrado; há outros cuja localização Alfredo não lembra ao certo. As pessoas delicadas ficam ainda mais delicadas quando tomam conhecimento de coisas assim. Quando, por exemplo, um matador solitário dizima uma família de nove membros, no Canadá, fala-se muito em fim do mundo, sinal dos tempos e outras bobagens. Ora, basta dar uma rápida olhada na história dos homens para verificar que o mundo sempre foi assim. Mesmo a história de nossos dias é tecida com esses fatos. Todo mundo sabe que neste exato momento há mais bombas caindo sobre o Vietnã do que palavras nesta crônica.

Os governantes fazem o que querem e não adianta chorar, porque não resolve. Na Checoslováquia, um escritor reclama contra uma determinada atitude política oficial e tem a sua cidadania cassada; na Grécia, duas atrizes célebres protestam contra um golpe de Estado e sofrem o mesmo castigo. Se você reclama, automaticamente o consideram como não tendo nascido no país em que na verdade nasceu. Em toda a extensão deste planeta, os homens são governados pelo arbítrio e pela violência.

Os bons sentimentos, o honesto desejo de bem servir e diversas outras virtudes de que nos falam os velhos catecismos devem ser considerados anacrônicos. São taras, aberrações que roem os corações ingênuos. François Duvalier não é uma exceção; é a regra, a rotina. Os 19 oficiais fuzilados deviam ser desenterrados e novamente fuzilados. Papa Doc somos todos nós.

22.8.67

Chile

No momento a atenção do mundo está voltada para Santiago do Chile e não nos furtaremos a esta ansiedade. Parece uma Copa do Mundo: as pessoas andam com o radinho de pilha colado na orelha e recusam compromissos sociais que coincidam com o noticiário da televisão. Mas de Santiago não chegam palavras nem imagens: o Chile está fechado, seqüestrado. O resgate exigido, além do sangue derramado, é nada menos que a "democracia" — a bela, controvertida e persistente democracia ocidental e cristã, com ou sem eleições, com presidente constitucional ou não.

Andei namorando o Chile, de longe, desde que Salvador Allende subiu ao poder. Queria ver a democracia em funcionamento, aquela em que antagonismos irreconciliáveis se confrontam. Pensando igualmente nos bons vinhos e nas mulheres (as chilenas, em minha opinião, são as mulheres mais bonitas deste hemisfério), planejei cuidadosamente uma viagem aos Andes. Mas, justamente por causa da maldita política, achei melhor ficar aqui mesmo. Em Santiago encontraria fatalmente alguns antigos amigos, alguns conhecidos e numerosos patrícios que ora comem o pão do exílio por convicção ou lastimável equívoco. Eu teria que discutir política dia e noite; e como não me sinto à direita, nem à esquerda, nem em parte alguma, no calor da discussão, exasperada pelo vinho, alguém inevitavelmente me chamaria "alienado", sem falar nos neuróticos de esquerda (conheço dezenas deles) que me lançariam o supremo insulto: seria eu um agente do Dops, disfarçado em jornalista... Em suma, oculta sob a minha intenção manifesta de fazer turismo estaria eriçado o meu verdadeiro propósito, consistente em cultivar uma paranóia cíclica e, algumas vezes, fascinante.

Como disse, o melhor que faço é ficar aqui mesmo, pois seja como for, o Brasil, afinal de contas, é o único país que tenho. Mas não impede que o meu coração bata com os corações chilenos, primeiro impelido pela esperança, e agora pelo infortúnio. Alguma coisa morreu em nós, morreu em mim, assassinada pela bala que liquidou Salvador Allende. O sonho de uma região luminosa, situada além de imemoriais e despropositadas iniqüidades, espatifou-se. Neste nosso mundo sinistro até mesmo a generosidade amedronta. Posso dizê-lo assim, sem disfarce, porque estou entre aqueles que contemplam sem ilusão a outrora maravilhosa marcha do mundo para o socialismo. Foi maravilhosa; hoje, para dizer o mínimo, é inquietante. Sei muito bem que o meu destino, no regime comunista, é o campo de concentração e o manicômio; sei muito bem que meus irmãos se chamam Sakharov, Soljenilzyn, Amalrik, Daniel... Mas o socialismo de Allende, pelo menos até onde foi possível discernir, não apresentava esse aspecto malsão. Havia nele algo irremediavelmente latino, e portanto condenado ao sol, à festa e à controvérsia. Marchava-se, aparentemente, para um carnaval cujas escolas de samba cantariam as glórias de Marx e Lenin. Um carnaval marxista-lenininista, mas antes de tudo carnavalesco. Os povos gostam de corromper, no bom sentido, os sistemas de governo sob os quais se vêem subitamente acachapados — a não ser quando tais povos por desventura nasceram vizinhos de uma União Soviética mal-humorada, sombria e arrogante.

Órfãos tutelados por mão de ferro, seguem agora os chilenos para um amanhã sem horizonte visível. A ferocidade da rebelião vitoriosa torna evidente o erro principal de Allende, que foi espalhar o pânico na classe média. A destruição do Palácio de la Moneda parece obedecer a uma compulsão satânica. Desse longo e impiedoso martelamento de bombas e balas de metralhadoras, desproporcional ao objetivo perseguido, sobressai algo que tem relação com a embriaguez do torturador: está-se destruindo não a casa, não a carne, mas uma idéia que desejamos extirpar dos cérebros humanos. Em outras palavras, para os chilenos soou a hora da tragédia — e as tragédias só nos pedem um sentimento, o mais elevado e doloroso: compaixão.

14.9.73

Tangoterapia

> — Francisco Bellagamba, um dos nove psiquiatras desaparecidos nos últimos dias em Buenos Aires, foi detido por um grupo de civis armados durante uma sessão de terapia com alguns pacientes, que tiveram de ficar deitados durante a operação.

Cada qual entregue a si, os neuróticos ficaram assim: estatuados na loucura de que andam à procura. Mas o si estilhaçado era ainda a saúde, um escudo contra a postura de pátio de hospício. Quebrado, em pânico, o ser se recusava a qualquer nova compostura, mesmo demencial. Cada qual falando em si, por si e contra si. Violinos deliravam sem controle: a luta levara dali o maestro e sua batuta.

Borges — Cadáveres voam. Cadáveres embalsamados despertam na espanhola cripta. Cadáveres repousam invisíveis na plaza de Mayo. Cadáveres seqüestrados aguardam que suas viúvas e órfãos providenciem o resgate. Corpos amontoados nos baldios, algemados, torturados, incendiados. Um jovem é fuzilado no obelisco, à luz do dia. Ninguém mais pode fugir de casa; foi-se o tempo da aventura. Quem foge some; quem some desaparece; quem desaparece, ou caiu na mão sinistra, ou caiu na mão destra. Mais vale um pássaro na mão que dois mortos voando.

Júlio — Quando eu era pequenino, mamãe virou uma grande e bela borboleta e voou para a Europa. Quando eu era pequenino, papai virou um chapéu de feltro e foi visto num cabaré da Boca, pendurado no cabide. Nessa noite a sanfona gemia o último tango em Buenos Aires.

Mafalda — Papai lê Goethe. Mamãe é vendedora de casacos de camurça. Papai acredita no Deus de Pascal, na música de Mozart, na cruz de

Santo Inácio de Loyola entrançada com baioneta. Por isso fiquei neurótica. Pelo lado paterno sou aristocrata, no piano me perco nos exílios e idílios suspirosos de Chopin... Pelo lado materno sou pobre, populista, revoltada, feminista...

Juan Pablo — A mulher que eu amava, Maria, era casada com um cego. Nós nos amávamos perdidamente. Depois, matei-a. Prostituta! Como se pode confiar na mulher que é capaz de trair um cego?

Borges — Onde estão os machos d'antanho? Os machos da esquina de Corrientes e Esmeralda! Onde estão eles? Onde foi parar o machismo, argentino como a milonga, e as traidoras de cetim e cílios postiços?

Mafalda — Eva Perón é a cara de Carlos Gardel. Não se parecem gêmeos. Quem vê não duvida: Evita e Gardel são a mesma pessoa. O macho deixou de ser macho e a fêmea deixou de ser fêmea. A alma argentina sofre uma crise de identidade. De mais a mais, os cadáveres não têm sexo... Sete terroristas de esquerda, espalhando a morte, propagam ao mesmo tempo a reunião proporcional de Eros e Psique: cinco homens, duas mulheres. À direita são só homens; os machões reagem. Me dêem uma bomba-relógio, por Deus! Eu a porei debaixo do colchão e, em poucos minutos, tudo isto irá para o inferno!

Borges — Cadáveres hermafroditas, esquecidos milongueiros, múmias bailarinas, fotografias de cabelos brilhantinados numa letra de tango! Perdi papai tão cedo...

Júlio — ... e mamãe, transformando-se em grande e bela borboleta, voou por cima do Atlântico! E depois voltou, mumificada e incógnita, num avião de carreira.

Juan Pablo — No tempo dos faraós e das pirâmides, os embalsamadores eram condecorados: viviam atarefados; as civilizações desmoronaram; e hoje, só aqui, seus descendentes encontram oportunidade de emprego. No meio-tempo, morreram todos de fome. Hosana! As múmias dos embalsamadores estão mumificando os faraós do século XX!

Mafalda — Não sou menina sapeca. Não sou neurótica. Sou um *pibe* sem futuro. Meu sexo me ludibria. Cansada de explosões, torturas, fuzilamentos, escolho a apatia catatônica. Não falar! Não ouvir! Não ver! Não comer! Não sentir! Não viver! Vegetar!

Juan Pablo — Mas que dirão os cientistas políticos? Eles estudarão tua imobilidade, teu desinteresse, tua anorexia, tua surdez, tua mudez, tua cegueira... E depois decidirão que és, não há dúvida, uma catatônica de extrema esquerda!

Borges — Sonhei que um tirano solucionou o problema da sociedade humana, proclamando a República dos Psicóticos, nomeando ministros-psiquiatras, distribuindo choques elétricos três vezes por dia à população, sem ônus para o cidadão... E o Hospício funcionou. Foi um déspota esclarecido, esse que sonhei...

Júlio — Mas mamãe é uma questão de taxidermia... Mães como a minha necessitam de taxidermistas... Não se esqueçam de que ela virou borboleta, uma grande e maravilhosa borboleta por livre e espontânea vontade...

Juan Pablo — Mas o que houve? Está acontecendo alguma coisa?

Mafalda — Não ouço nada, não vejo nada, não digo nada, não sinto nada...

Borges — E na verdade não aconteceu nada. É simplesmente "a história de Caim que continua matando Abel".

19.9.76

Coisa indigesta

Meu primeiro movimento foi escrever uma sátira arrasadora: *10 mil agentes da CIA*. Ficaria claro, no meu texto, que os 10 mil cubanos asilados na embaixada do Peru em Havana eram não apenas delinqüentes comuns, elementos anti-sociais e homossexuais, como também traidores da pátria socialista corrompidos pelo dólar americano.

Meu segundo movimento foi de humilhação: vi Fidel Castro na capa da *Manchete* e, ao pé de sua foto desfigurada, a legenda: *Cuba — Ame-a ou Deixe-a*. Pensei: "Meu Deus. Será que meu anticomunismo é do gênero rancoroso, como o de Adolpho Bloch?"[1] Adolpho tem suas razões abissais: nasceu na Rússia e veio de lá menino de cabeça feita; os bens de sua família foram expropriados pelos revolucionários de Outubro e ele sofreu a diáspora. Mas eu não nasci na Rússia, minha família nunca teve dinheiro e, de índole e por princípio, sou esquerdista. Ademais amo o povo russo, cuja alma épica, para o bem e para o mal, aprendi a soletrar nos livros de Dostoiévski, Tolstói, Gógol, Górki. E sei que partindo de Dostoiévski, imbricando em Bakunin, atravessando os terroristas de 1905, chegaremos à conclusão inevitável de que o marxismo canalizou no sentido positivo as energias ferozes desencadeadas no seio desse povo de profetas, visionários e loucos assumidos. Sem Marx, sem Lenin, sem Trótski, o território russo estaria hoje possivelmente devastado por paixões desumanas.

Quanto a Fidel Castro, este é o homem que desvirtuou a *minha* revolução. Admito que grande parte da culpa cabe aos Estados Unidos; pro-

[1]Dono da revista *Manchete*, na qual o autor trabalhava de vez em quando.

clamo que a estupidez dos estadistas norte-americanos é responsável pela situação atual, quando o caminho novo do socialismo se defronta com o mal-entendido ou a má-fé: seria uma ação meramente tática, uma burla, escondendo o desenvolvimento lógico dos movimentos de libertação no sentido do comunismo ditatorial. Que não se pode mais suportar a miséria circundante, que é preciso rebelar-se, nisto eu creio. Que, no entanto, a alternativa seja a ditadura do proletariado (na verdade, o império da minoria burocrática sobre a multidão desiludida e impotente em seu desespero), nisto não creio, e os fatos me dão razão. Os fatos, não o seu desenvolvimento constringido pela pressão do imperialismo capitalista. Se me disserem que dentro de dois anos o Irã será uma república soviética, admito: os americanos não entenderam nada e os comunistas lá estão, minoritários, fortemente armados, esperando a morte de Khomeini para empolgar o poder; no momento seguinte, pedirão a ajuda *fraternal* de Moscou. Em outro cenário, veremos neste momento a repetição da Checoslováquia, da Hungria e do Afeganistão.

É marxista dizer que a História só se repete como farsa. Mas esta verdade só vale para os países não marxistas. Na Hungria, na Alemanha Oriental, na Checoslováquia e agora no Afeganistão, fica-se avisado de que, quando há ditadura do proletariado, a história se repete sempre da mesma forma, com o chão juncado de cadáveres e o *status quo* mantido a ferro e fogo.

Me proponho questionar o meu anticomunismo. Mas não seria mais proveitoso que Fidel Castro questionasse o seu comunismo? Há simetrias indigestas nesse episódio dos 10 mil amontoados na embaixada do Peru em Havana. Citemos apenas a mais sinistra: os primeiros refugiados aguardados pelo governo peruano ficarão, em Lima, alojados no parque recreacional Tupac Amaru. Ora, de Tupac Amaru vem a palavra "tupamaro", designando os guerrilheiros urbanos uruguaios que foram cientificamente dizimados pelos militares ultradireitistas. Sabemos desde o princípio que os Tupamaros eram formados por estudantes inflamados, desesperados católicos, profissionais liberais e idealistas sem ideologia. Os comunistas tinham participação, mas não eram maioria, e nem, até certo ponto, contaram com a solidariedade do Partidão uruguaio. Houve um racha. O

Partidão propunha outros meios de alcançar o poder. Esse drama, com desenho idêntico, se representou aqui no Brasil.

Em fins dos anos 70, um grupo de intelectuais e artistas brasileiros foi a Havana e de lá voltou fazendo a propaganda do regime castrista. Estou esperando que esses intelectuais e artistas se manifestem agora, diante dos 10 mil (mulheres grávidas, crianças) amontoados como bichos em território *estrangeiro*, território livre: a embaixada peruana. Na mesma ocasião em que os nossos rapazes e moçoilas se banhavam na liberdade cubana, os intelectuais e artistas europeus, veteranos esquerdistas militantes, faziam finalmente a denúncia da ditadura stalinista vigorante em Cuba. Na Europa, desilusão; no Brasil, esperança — ou burla. Mas o fato traumático — 10 mil na embaixada peruana — ainda estava por vir. Doravante, não haverá mais inocentes úteis: só canalhas. A não ser que eles venham dizer de público o que pensam, que venham comparar sua *vivência* cubana com o espetáculo constrangedor dessa multidão refugiada no exíguo espaço do *mundo exterior*, representado, repitamos, pela embaixada do Peru.

20.4.80

O caos visto do Pinel

O garotão é recém-chegado; a gatinha está em fase de recuperação. Pertencem à geração dita televisiva, que cresceu bombardeada por uma infinidade de informações selvagens, numa aldeia global dilacerada de conflitos. Falam uma linguagem de poucas e misteriosas palavras, que é ao mesmo tempo o símbolo mais evidente de seu desamparo e o escudo com o qual se defendem dos golpes do mundo. Encontram-se no pátio à noitinha, depois do jantar. A gatinha lhe pergunta o que está se passando no mundo, e o garotão se põe a responder:

— Um bode preto, xará. Não dá mais para entender. Kissinger fez nova presença no Oriente Médio, transando com a patota do Egito, de Israel, da Síria, mas todo mundo lá está fissurado, sabe como é? Aquilo não é mais grilo, já é mesmo paranóia. Ao mesmo tempo, o Príncipe Norodon Sihanouk, que andava malocado em Pequim, atacou o marechal Lon Nol com a turma do Kmer Vermelho, e o mapa do Camboja caiu aos pedaços. Nisto, fundiu de vez a cuca do pessoal do Vietnã do Sul. O vietcongue achou que estava na hora de quebrar o pau para valer, e foi mesmo avançando, bombardeando, metralhando, incendiando, torrando mesmo o saco do inimigo. O vietcongue, que nem é mais vietcongue, que já tem carteirinha de Governo Revolucionário Provisório. O vietcongue foi ocupando as províncias e botando pra correr as tropas do presidente Nauyen Van Thieu. Foi aí que o povo deu no pé. O povo meteu o pé na estrada e se mandou. Ficou todo mundo numa visual, olhando o céu de Da Nang, espiando os aviões americanos que chegavam com armas e arroz. Da Nang era o único lugar onde eles podiam estar. Mas isso não durou muito. Teve uma hora que o *Jornal Nacional*, lá deles, anunciou que Da Nang também não estava numa boa, que os vietcongues já andaram malocados nos arredores, e portanto só pelo ar é que eles podiam fugir. Fugir, você sabe, é fugir do medo, daquele sufoco que a gente sente quando vê tanta granada explodindo, tanto prédio desmoronando, tanta criança ensangüentada no meio da rua... Foi quando pintou o último vôo de Da Nang para uma sociedade alternativa. Pousou um Boeing-727 e nego declarou: "Só tem esse, não tem mais outro." Da Nang está feito o aeroporto de Congonhas, que depois da meia-noite nego vai ter que ir mesmo é de ônibus. Aí, deu aquela explosão de gente. Tinha uns 100 milhares de zilhões de velhas, de coroas, de gatinhas, de criancinhas, tudo no maior pânico, rodeando o Boeing e querendo entrar. Era tanta gente que a porta ficou pequena e ninguém conseguia entrar primeiro. Aí, apareceram os Hac Bao, vulgo *Pantera Negra*, que são as feras da guerra, que arrancam o olho do vietcongue, que estraçalham qualquer pessoa que eles achem com pinta de comunista. Pois olhe... Na hora do pega-pra-capar, esses é que estavam doidões de pavor. Viram aquele avião dando sopa e não conversaram. Foram gritando: "Quero ver mamãe! Quero ver mamãe!" O povo todo na frente — mulheres, crianças etc. — e eles gritando: "Arreda que eu vou nessa, que essa é uma boa! Arreda, bicho! *Nós vai sartar* nessa agora, ou nunca mais!" Mataram velha a chute, tiraram cabeça de criança no tapa... Quanta covardia! Entraram, o povo que teve chance entrou atrás, o avião lotou, e quem não conseguiu lugar se pendurou no trem de aterrisagem... E lá se foi o Boeing naquela de horror... Podes crer...

O garotão suspirou, tendo concluído seu relato. A gatinha procurou assimilar moralmente as atrocidades que acabara de ouvir. Estava quase na hora de voltarem à sonoterapia, por isso o garotão quis saber ainda:

— Chocante, não, xará? Você concorda comigo?

— Concordo, na melhor, gatinho — respondeu ela, e sentenciou: — Essa é que é a verdadeira Barra-Lúcifer... Podes crer... Essa é que é a verdadeira Barra-Lúcifer!

2.4.75

Hiroshima e nós

Ocorreu há 30 anos, exatamente no dia 6 de agosto, sobre Hiroshima, o lançamento da primeira bomba atômica. No mundo inteiro o fato é recordado; no mundo inteiro, todas as vozes são unânimes. Ninguém está a favor da bomba. Mas ao mesmo tempo o mundo se aproxima, ou nada faz para afastar-se de uma nova imolação. A conferência do desarmamento, em Genebra, jaz paralisada. Os arsenais nucleares crescem.

A psicologia da guerra se resume no conflito entre dois indivíduos. Conheço essa experiência; qualquer pessoa a conhece. Meu amigo X estava amargurado por causa de um texto meu (aliás bastante infeliz) no qual os seus conterrâneos eram satirizados. Se as minhas palavras tinham sido intempestivas, a amargura dele pareceria, de qualquer modo, ingênua, e ele não a confessou. Mas nessa noite X bebeu muito vinho, e, quando já não podia responsabilizar-se pelas suas paixões, iniciou aquela série de insultos. Minha paciência nessas ocasiões é ilimitada. Sou por natureza da turma do deixa-disso. Mas a agressividade de X aumentava na razão direta do brilho das minhas ponderações, e chegou o momento supremo da tensão. Ainda assim, outros amigos presentes conseguiram evitar o pior.

Mas foi uma noite amarga, na qual lamentei a minha paciência. Uma noite de insônia, e depois, ainda, um dia de raiva ansiando por liberação. Senti na boca o gosto sanguinolento; o ódio, essa jóia rara na minha experiência, brilhava no meu coração. Até que um outro amigo, aliás perito em paixões humanas, me iluminou: "Mas vocês dois chegando às vias de fato?", disse ele. "Mas isso seria a guerra atômica!" Eu compreendi nesse momento que a verdadeira parábola, a mais universal, seria aquela em que unicamente um homem sem ódio poderia atirar a primeira pedra. Conclusão melancólica e, mais do que isso, cheia de graves conseqüências espirituais, pois a minha religião não permite que os sentimentos sejam camuflados. E, também, conclusão capaz de abrir diante de mim um novo horizonte de conhecimentos e indagações. Como por exemplo imaginar, partindo desse incidente cotidiano, o preciso instante em que Hitler decidira institucionalizar o seu medo e o seu rancor.

O resultado é aquele sentimento de culpa de que nos fala Arthur Miller, em *Depois da queda*: um sentimento que se derrama até mesmo no coração de um judeu parado diante de Dachau. De modo que eu me dizia: "Não apenas sou responsável pelos extermínios nos campos de concentração e pelo lançamento da primeira bomba atômica, como por todos os massacres ocorridos em todos os tempos, e por todos aqueles crimes coletivos que ainda venham a ocorrer. Minha consciência de ser um homem é um modo de me saber culpado. E se me resta alguma esperança... ei-la: seria preciso transferir a responsabilidade pelo pecado original para tudo aquilo que se revista do prestígio da eternidade; e então combateríamos tudo aquilo que não fosse terrestre, toda ânsia de imortalidade."

1.8.75

Uma explosão na cabeça

“Porque se pode escapar a uma catástrofe, mas não se pode evitar a repercussão interior de qualquer estrondo ou espetáculo irredutível, eis que já nos configuramos, nós os jovens prematuramente senis, na forma desses bichos desnudos e espantados perante a nuvem muito resplandecente que antecede a chuva de poeira.”

Assim, baseado em anotação de minha própria autoria, datada de 15 anos atrás, hoje posso avaliar muito bem os estragos causados pela bomba que explodiu em Hiroshima em 1945, e na minha cabeça no alvorecer dos anos 60.

Até ali eu vinha vindo na mais perfeita inocência — ou, para ser sincero, era um bestalhão enfatuado, vaidoso, aguardando com impaciência a minha vez de pegar uma carona no bonde da glória, que eleva, honra, consola e não sei mais o quê. Nos destroços da guerra apanhava só as cintilações — heroísmo, a coragem, os materiais com que se fabricava a grande literatura, o grande cinema, o grande romance. Havia crueldade, horror, sofrimento sem fim, e solidão e fome e medo — mas tudo humanamente aceitável.

Só quando se abriu diante de meus olhos o espetáculo dos campos de extermínio do nazismo é que comecei a sentir por toda parte aquele fedor que tudo impregna — aquele fedor que, conforme ninguém ignora, exala de uma montanha de almas apodrecidas.

Deixei passar o bonde da glória, cujo destino já não me interessava, e interpretei furiosamente Karl Jaspers, que em sua filosófica modéstia oferecia ao povo alemão, em seu conjunto, a monstruosa culpabilidade decorrente das ações nazistas. Disse-lhe: “Por que só o povo alemão,

Herr Jaspers? Eu também quero um pedaço — e dos grandes — dessa culpabilidade!"

Visitei logo em seguida Hiroshima, a cidade esmigalhada como uma pulga entre unhas, e na qual, oito dias depois do holocausto, milhares de flores se abriram, inaugurando uma primavera literalmente surrealista.

Chegara então para mim, e o demonstrei no primeiro parágrafo, o tempo da humilhação cósmica. Eu já não era bom da cabeça, pois vinha travando uma luta feroz com meu catolicismo. Agora vocês imaginem com que deleite ergui o punho contra as constelações. Deus me dera o argumento definitivo. Ele era um problema solucionado. Um personagem de Dostoievsky explicaria a situação desta maneira: "Se há Hitler em algum lugar, só pode estar dentro de mim."

Enfim... Quando Caim matou Abel, conforme nos ensina o padre Antonio Vieira, matou não apenas Abel mas toda a humanidade que proviria de Abel. De maneira que a humanidade que nós temos, a única, é essa mesma que estamos vendo, desde que o irmão malvado sobreviveu e procriou por cima do cadáver do irmão bondoso. Portanto, há que viver, nem que seja de outra maneira — ou seja, podemos pegar outros bondes, que muitos passam pelos caminhos de nossa juventude: o anarquista, o surrealista, o existencialista.

18.8.75

Idi Amin "Charadada"

Vou botar uma charada
Que quem souber decifrar
Ganha prêmio na Inglaterra,
Diploma-se em paz e guerra
E famoso há de ficar
— quem é Idi Amin Dada?

Da de dado, dá de dá,
Qual pronúncia lhe dará?
Ou seja, tal camarada,
Conforme a rima a ser dada,
Foi irmão da macacada
Ou filho augusto de Alá?

Mas isso não vale nada,
Discutir Dada ou Dada,
Pois na raiz do problema
Outro será nosso tema.
A resposta procurada
É: quem é esse tal Dada?

Do corpo inteiro não resta
Discussão a ser travada.
Todos sabem quem é gigante
Retinto e tronitruante,

Pugilista da pesada.
Mas a alma — como é esta?

Os feitos de Amin Dada
Resumindo narraremos.
Decida então o leitor
Se ele é da paz e do amor
Ou do "todos morreremos
Na carnificina armada".

Com 10 milhões de habitantes
E a capital em Kampala,
Uganda é nação pequena
Enfiada entre Zaire e Quênia.
Abrindo caminho a bala,
Amin chegou triunfante.

Conhecendo já a fera,
Muita gente deu o fora.
Quem ficou caiu aos quilos
No lago dos crocodilos.
Amin achou que era hora
De mostrar quem ele era.

Nomeou uma princesa
Lá na ONU embaixadora.
Mas logo flagrou-a nua
Num banheiro de senhoras
Com um louro também nu.
Desgraçada dessa Alteza!

Um professor de Kampala,
Inglês de sangue e professo,
Escreve o livro do ano

Chamando Amin de tirano.
Dada resume o processo:
"Que morra em chuva de bala!"

"Galo é quem manda na rainha",
diz Dada, que mais se aferra
A cumprir a execução.
E só concede o perdão
Porque chega da Inglaterra
O "no, please" da rainha.

Agora ele está com tudo.
Chefe da Organização
da Unidade Africana,
Casou com moça bacana,
Tem todo o poder na mão.
E o resto do mundo, mudo.

Depois de tanta matança,
Agora matem a charada.
O rei de Uganda é malvado
Ou será considerado
Herói da África amada?
Um verdugo ou uma criança?

10.8.75

Os meninos de Uganda

O mês de agosto nos leva a recordar a última guerra mundial, que terminou nesse mês em 1945, e a destruição de Hiroshima e Nagasaki por bombas atômicas. Trinta e cinco anos depois, a Agência Sygma distribui aos jornais do mundo as imagens fotográficas de um incidente cotidiano em Uganda. Esse incidente é lento e melancólico como o deslizar de uma folha de árvore no outono e sua queda no chão. Apenas não são folhas que caem de árvores, e sim crianças que se estendem no chão e docemente morrem. Um momento antes, eram esqueletos vivos, revestidos de pele negra; seus grandes olhos negros, foscos e espantados contemplavam a terra, o céu, a colina, o casebre; de entre seus lábios murchos, arregaçados como os punhos de negra camisa amarfanhada e ressequida, os brancos dentes e as negras gengivas se projetavam para fora da boca. Todo aquele que vai morrer de fome, caso ainda possua dentes firmemente pregados na arcada dentária, torna-se dentuço como uma caveira. Há multidão de cadáveres dentuços em Uganda.

Não caiu ali uma bomba atômica. Não passaram exércitos com seus obuses e lança-chamas. Uganda é país-membro das Nações Unidas e, eventualmente, sofre os estragos decorrentes de uma política interna selvagem. Tanto na ONU como dentro de suas fronteiras, os negócios do Estado são geridos por políticos, militares, diplomatas, burocratas; em resumo, profissionais adultos. Mas quem rola no ar como folha seca e quem tomba no chão como fruto murcho são as crianças de Uganda. São essas crianças, geralmente da etnia karamajong, que vão perdendo as carnes, os músculos, as gorduras, o brilho inteligente dos olhos, o viço do rosto, a ligeireza dos gestos, e se estendem no chão com seus esqueletos revestidos de uma tão fina e baça pele negra, que um observador poderia contar-lhes os ossos um por um, a olho nu, desde a articulação dos dedos até à conformação do crânio. Elas se estendem assim, na terra, no cisco que reveste o solo, e se extinguem.

Até hoje a humanidade recorda com vergonha e remorso a bomba que caiu sobre Hiroshima. Até hoje, os povos civilizados se lembram dos judeus, carcaças animadas por um tênue fio de vida, que sobreviviam nos campos de concentração nazistas. Hiroshima é reconstruída. Os judeus ganham sua pátria. As armas, as bandeiras, os templos, os hinos, as escolas, os teatros, os parlamentos renascem. Os adultos reocupam os postos onde lhes agrada trabalhar, entre a guerra e a paz, entre os tratados de não-agressão e o funcionamento dos altos-fornos. Mas ninguém se ocupa das crianças que vão morrendo de fome e doença no Terceiro Mundo. Todos esperam que o Terceiro Mundo se desenvolva, graças ao trabalho árduo dos seus habitantes adultos. Todos reconhecem a independência dos países do Terceiro Mundo, e escutam reverentes os seus hinos nacionais, e lhes dão direito de voto na Assembléia Geral da ONU. As crianças, porém, não votam, não delimitam fronteiras, não compõem hinos, não bordam estandartes, não fazem alianças de mútuo interesse econômico e estratégico, não pendem para esta ideologia ou aquela. As crianças querem comida e não lhes dão comida. Elas emagrecem. Elas se tornam esqueletos revestidos de pele. Elas ficam dentuças como caveiras. (Outras começam o martírio perdendo os dentes.) Seus pequenos sexos murcham; seus intestinos roídos de vermes despejam um simulacro nauseabundo de fezes. Elas se esvaem nesses líquidos pútridos. Ao sol, ressecam. E se extinguem.

O Brasil não é Uganda, mas acontecimentos assim podem ser assinalados, a qualquer momento, nos Alagados (Bahia), nas caatingas nordestinas, nos cafundós de colinas hirsutas do Espírito Santo, nas favelas sobre palafitas ao longo do nosso litoral, na floresta amazônica, nas favelas tributárias das montanhas de restos alimentícios despejados pelos ricos bem nutridos do Rio e São Paulo. O grande tumulto do Brasil que se constrói acelerado nos impede de ouvir os gemidos humildes da pequena nação que se estiola e se extingue à sombra do nosso amado país-continente.

Vejo a foto de um menino de cócoras, catando frutinhas pouco nutritivas e comprovadamente venenosas no meio do infecundo capim, em Uganda. Um monte de ossos acocorado, recoberto de pele transparente e esturricada, catando coisinhas de comer, não de alimentar. Esse ainda está vivo. Quer dizer, esse ainda estava vivo quando foi fotografado. Depois de revelada, a foto foi escolhida num escritório refrigerado; em seguida, negociada com os representantes da imprensa mundial; finalmente, ei-la publicada num semanário brasileiro. Passaram-se dias, talvez semanas. A julgar pela aparência desse esqueleto de cócoras, o menino não sobreviveria mais que dois ou três dias. Decerto já morreu. Mas que importa? Outros iguais a ele, e não só em Uganda, continuam andando de cócoras à procura de carocinhos que enganam a fome, não alimentam mas dão a ilusão de que o apetite esmoreceu. O próprio apetite morre antes que se estique, defunta, a pessoa que de crônica fome padece.

É esse o mundo em que vivemos, o belo planeta azul visto da Lua. A tentação do espírito, confrontado com tal espetáculo, é sonhar com a generosa, a piedosa solução de uma chuvarada de bombas atômicas.

24.8.80

Com o xá

— Eh! Você aí! Cronista alienado da Zona Sul! Estou vendo você, seu malandro, colocando um saquinho de chá na xícara...

— E daí? Faço isso constantemente. Balzac não bebia café forte? Pois então. O caricaturista Chaval, aquele gênio na percepção do absurdo, reduziu o problema balzaqueano à sua expressão mais simples. Balzac era um senhor gordo que bebia café no Café Balzac, em Paris. Balzac não era sério. Não pode ser sério um sujeito que atende pelo nome de Balzac e, não contente, vive bebendo café no Café Balzac. De vez em quando lhe dava aquele impulso provocado pela cafeína e ele se punha a escrever romances maravilhosos, densos. Quanto a mim, me satisfaz meu chá de saquinho — bem aguado. Daí resulta uma literatura aguada. Mas nunca ninguém me pegará tomando café no Café Balzac!

— Eh! Idiota! Ninguém está discutindo se bebedor de café tem mais talento que bebedor de chá. Balzac é um paredão de livros na estante, e tudo bem. Mas, e o chá? E a xícara? E o xis do problema?

— Ah! Já vejo. O xá do Irã! Xá, xícara, xiita... Alguma coisa pode estar explodindo agora mesmo lá em Teerã. É isso?

— É isso, malandro! Aquele negócio lá vai explodir, enquanto você fica aí bebendo chá. Já não te preocupam os dramas do mundo?

— Ora, os dramas do mundo! E eu tenho algo a ver com os dramas do mundo? O xá do Irã, eu bem que avisei, não estava procedendo direito. Aquele homem largou a primeira mulher porque dela não lhe vinham filhos, está lembrado? Como se chamava ela? Esqueci. Esquecemos. Ela saía muito na capa da *Paris-Match*. Depois ele casou com a Farah Diba. Farah Diba também saía muito na capa da *Paris-Match*. Belos tempos! Era tudo uma questão de saber se a imperatriz ia ou não ia engravidar. Mas agora tudo mudou; ficou chato ser xá do Irã. O nome dele é Reza Pahlavi, e é esse mesmo o conselho que daqui lhe enviamos: "Reza, Pahlavi! Ajoelhou, tem que rezar!"

— Eh! idiota. Quem se ajoelha é o outro, aquele velho barbudo que vive nos arredores de Paris. Um velho magro, alto e barbudo. Você pode entrar na tenda a qualquer hora do dia ou da noite que lá estará ele, ajoelhado no tapete persa. É um aiatolá.

— Um aiatolá? Que diabo é isso? Um velho ajoelhado? Ah, já sei. Mulher só pode entrar na tenda vestida da cabeça aos pés. As jornalistas fêmeas só podem chegar perto dele vestidas da cabeça aos pés. Já os jornalistas machos são recebidos de paletó e gravata. E o velho, o poderoso velho, indaga: "Droga de mundo complicado. Se o aiatolá reza, por que o Reza Pahlavi não aiatolá?" Foi aí que começou a confusão. O povo se reuniu nas praças de Teerã e abriu suas faixas de protesto, anunciando ao mundo que o xá não está com nada. E o xá mandou bala no povo. Bala de revólver, de bazuca, de metralha. Bala com bala. Balacobaco. Balzac. O presidente Carter ficou meio atrapalhado, por causa que sua política dos direitos humanos colidia com os interesses estratégicos — se não for o contrário. Houve uma colisão, não tenho dúvida: daqui de minha janela posso ver um Fusca derrapado e, alguns metros adiante, um Corcel enfiado no poste. Houve uma colisão! O presidente Carter pensou também no petróleo, que anda em falta, e ficou bastante atrapalhado. Como é que você vai tomar chá com o xá das Cinco se o xá achata o povo a golpes de chumbo e fogo? Como é que vai ser agora?

— Eh imbecil! Você não entendeu bulhufas! O Carter já tirou o corpo fora, o Brejnev decidiu ficar espiando a uma distância razoável, e agora o povo ameaça dar a resposta. Bala com bala. Bala contra bala. Balacobaco. Balzac. Aquilo vai explodir como se fosse um barril de qualquer coisa que não seja pólvora... Essa imagem, "explodir como um barril de pólvora", gastou-se pelo uso.

— E o xá se refugiou na ilha de Klah, aborrecido por ver que o povo, esse povo ingrato, já não recebe de braços abertos uma generosa chuva de balas! É isso?

— Justamente isso, zé-bobão! Agora você está bem informado. Pode tomar sossegado o seu chá de saquinho...

— E que tudo o mais vá para o inferno! Inclusive Balzac, o Café Balzac e os tiranos que desprezam, humilham e assassinam seus respectivos povos — quando não os povos alheios...

10.12.78

Lugar do xá é no Irã

Os estudantes iranianos ocuparam a embaixada dos Estados Unidos em Teerã e fizeram reféns. Anunciaram que desocupariam o local e libertariam os seqüestrados assim que o governo americano lhes devolvesse, para julgamento, o xá Reza Pahlavi, juntamente com a fortuna que ele roubou dos cofres iranianos e depositou em diversos bancos ocidentais. Este é o problema, e não há outro. Quem quiser discutir em vão, terá centenas de pontos de interrogação, a começar pelo mais estúpido: esses estudantes serão realmente estudantes? O problema não é quem são eles, e sim se Carter admite ou não devolver o xá.

Um usurpador que se fez tirano para se eternizar no poder: eis o xá. Depois de assassinar seu povo nos cárceres da polícia política (Savak), passou a assassiná-los em plena rua, à queima-roupa e ante as câmeras de televisão. Destronado por um movimento mais religioso que político, fugiu. Encontrou guarida em diversos lugares, sempre por obra e graça do governo norte-americano, que tem por ele estima e gratidão. Quando se diz "governo norte-americano", leiam-se os nomes de algumas pessoas determinadas: Nixon, Rockefeller, Kissinger e Carter. Não se leia nunca "povo norte-americano". A estima e a gratidão que esses senhores demonstram pelo xá talvez se justifique em documentos que o público desconhece, arquivados que foram sob a rubrica "segredos de Estado". A suprema imoralidade dos nossos dias são esses famigerados segredos de Estado.

As perguntas fundamentais são estas, e precedem as respectivas respostas:

1. Khomeini representa o povo iraniano? Sim.
2. Khomeini tem o direito de reclamar a devolução do xá, para julgamento? Sim.

3. O governo norte-americano está na obrigação de fazer a vontade de Khomeini? Consideremos.

Se Hitler estivesse vivo, os israelenses teriam o direito de julgá-lo em seu território? Sim ou não. O mundo poderia reivindicar esse direito. Voltaria a funcionar o Tribunal de Nuremberg. Mas é indeclinável responder sim, se a pergunta for simplesmente: Hitler deveria ser julgado?

Reza Pahlavi não é Hitler, mas é igualmente um tirano assassino. Tudo o que ele fez foi feito no Irã. A consciência do mundo não pode conviver com esse seu atual repouso nababesco, embora atribulado, no Egito, nos Estados Unidos, no México e outra vez no Egito. Nós não podemos conviver com sua impunidade. Nós somos a favor do julgamento e da condenação à prisão perpétua de Idi Amin Dada e do imperador Bokassa I (e único). Pelos mesmos motivos, queremos Reza Pahlavi atrás das grades. Só assim ele poderá ser perdoado.

Dizem que o pobre homem está com câncer. Mas que câncer é esse, senhores jurados, que só se manifesta depois que esse homem se põe em retirada? E por que não poderia passar o resto de seus dias numa prisão-hospital iraniana? Desde quando, do ponto de vista penal, o câncer é circunstância atenuante? Se apanharmos o *Mão Branca* (essa ficção jornalística que deu certo) e o homem assim alcunhado estiver com câncer na laringe, ficará tudo por isso mesmo? Deixá-lo-emos em paz? Nada disso. Mas reconheço que sou utopicamente exagerado. Basta dizer que sonho com o dia em que a ciência humana será capaz de ressuscitar os tiranos falecidos de morte natural (Franco, Stálin) ou suicidados (Hitler), a fim de que possam ser julgados e condenados à morte pela humanidade, pela honra da humanidade, para que ninguém mais pense que tudo se justifica pelo fato de sermos condenados à morte de nascença. Admito a prisão perpétua: acho um castigo mais cruel que a morte; mas não admito a impunidade, nem mesmo a impunidade metafísica. Se dependesse de mim, de meus anseios pessoais e tresloucados de justiça, Hitler seria arrancado de entre os mortos, devidamente ressuscitado, convenientemente recomposto, e finalmente trancafiado até que uma segunda morte o levasse.

O povo iraniano tem o direito de receber de volta o xá genocida. O governo norte-americano (não o grande povo americano), ao proteger o xá, deixa-se infectar pelos crimes que ele cometeu. O governo norte-americano é co-réu nessa magnífica pendenga. O presidente Jimmy Carter deveria fazer duas coisas, enquanto há tempo: entregar o xá aos iranianos e renunciar. Sua conivência com um criminoso notório e sua incompetência como chefe de Estado ficaram confirmadas no grotesco episódio da invasão de território iraniano. O seu falso humanitarismo ficou nu: ele finge estar querendo libertar os súditos dos Estados Unidos, seqüestrados na embaixada em Teerã, quando sua intenção verdadeira é não devolver o xá. Os reféns foram seqüestrados porque ele deu guarida a Reza Pahlavi. Os reféns são efeito, e não causa. Devolva-se o xá, e tudo ficará nítido.

Estou fazendo a leitura linear do discurso do aiatolá Khomeini. Concordo com esse discurso. E me sinto diretamente comprometido no drama: afinal de contas, sou um animal ocidental, e quando Carter apertar o botão, quem vai explodir sou eu. Está certo: todos nós explodiremos. Mas eu não quero ir para o inferno por causa dos estragos feitos pelo imperialismo americano na alma do povo iraniano. Vejo essa alma popular ardendo, clamando por justiça, e esse clamor ressoa no meu coração, e minha alma se queima nesse incêndio. Vejo bem que a alternativa para a obstinação de Jimmy Carter (sua recusa obstinada em devolver o xá) é nada menos que o caos no Irã, seguido do assassínio de Khomeini e da ascensão irresistível dos comunistas ao poder em Teerã. Chega de fazer besteira, senhor presidente dos Estados Unidos! Chega de entregar o ouro aos bandidos! Os homens que pensam na solidão, que tomaram o partido da individualidade, admiram a democracia americana, mas o complexo industrial-militar dos imperialistas do Ocidente lhes causa tanto horror quanto seu correspondente, sua versão justaposta, sediada em Moscou. Lugar de iraniano é no Irã — e nisto se inclui prioritariamente o arqui-inimigo do povo. Reza Pahlavi — que o câncer não o devore antes que a consciência dos homens o castigue!

2.5.80

Escrito com raiva

Uma bomba assassina manda para o túmulo a perfeita inocente num triste episódio: a veterana secretária da OAB no Rio, dona Lyda. Nós nos declaramos justamente indignados. Um tiro de bazuca manda pelos ares, e direto para o inferno, o corrupto ditador Somoza, genocida na Nicarágua, refugiado no Paraguai. A nossa alegria é insopitável. Se digo nós, digo eu. Na ocasião desses dois acontecimentos, estando em férias, não me manifestei aqui, mas tive lazer suficiente para me ocupar do problema por todos os lados.

A consternação ante a morte da secretária, a indignação ante o ato terrorista não se discutem, são movimentos imaculados do coração e da inteligência. Já a alegria diante do espetaculoso justiçamento de Somoza, nela incluída uma indisfarçada simpatia pelos justiçadores, eis um movimento do meu coração que me perturba, que me parece manchado por não sei bem o quê. Deixemos o caso da OAB, onde não há dúvida que nossos sentimentos e pensamentos pulsaram no bom lado, e consideremos a questão nicaragüense-paraguaia.

Anastasio Somoza, fruto de uma dinastia de usurpadores do poder, ladrões dos cofres públicos, torturadores de inocentes, assassinos de multidões, era não obstante um ser humano. Desde que se apossaram da Nicarágua, os Somoza se entregaram com volúpia à pilhagem e ao massacre. Até o auxílio internacional destinado às vítimas de um terremoto foi parar nos cofres dessa família que, este caso comprova, considerava que até os cataclismas naturais eram provocados pelo demônio para ressarcir os Somoza do incalculável prejuízo decorrente de lhe terem vendido suas almas. O terremoto e o proveito dele tirado, em prejuízo do povo, têm muito a ver com as profundas da humana danação, é pura demonstração de satanismo. Entretanto, Anastasio Somoza era um ser humano.

Fiz uma lista de pessoas que, por mim, tanto faz que sejam assassinadas. Em primeiro lugar, Pol Pot, o genocida cambojano. Qualquer defensor dos direitos humanos, em qualquer parte do mundo, concordaria com a minha enumeração de assassináveis. Mas haveria controvérsia e sofismas se lhe dissesse: "Neste caso aqueles que defendem os direitos humanos podem perfeitamente explodir alguns palácios tristemente célebres, situados em cidades tristemente assinaladas." Matar o tirano é um direito do cidadão — já diziam os antigos. Mas há nuances.

Somoza já não estava no poder. Mas nenhuma pessoa decente podia conviver com a idéia de que, em Assunção, ele seguia levando impunemente a sua vida canalha. Ex-ditador protegido por um velho ditador (que, acolhendo Somoza, teve um "gesto humanitário"...), Somoza nos humilhava por ter escapado impune aos seus crimes. Não serei hipócrita, mesmo porque já publiquei diversas vezes o meu pensamento quanto a este tipo de questão. Sou, por exemplo, contra o câncer que matou o xá do Irã. Eu gostaria de ver o imperador enjaulado em Teerã, como Eichmann foi enjaulado em Tel-Aviv. A jaula de Eichmann era de outro tipo "humanitário": construída à prova de balas, destinava-se a evitar que o matassem antes de pronunciado o veredicto legal do Estado de Israel. Depois do veredicto, Eichmann foi enforcado. A anos de distância, em Tel-Aviv se repetiam e confirmavam as sentenças ditadas no Tribunal de Nuremberg. Mas se sou contra a pena de morte, como é que posso viver enforcando pessoas? Como posso ser contra a pena de morte se a minha assinatura estava simbolicamente inscrita no petardo que explodiu Somoza, nas balas de metralhadora que o estraçalharam? Encurtando a conversa, todos esses atos de justiça resultam de alguma forma inúteis se considerarmos que nada, mas nada mesmo, impede que neste exato momento estejam alcançando o poder sobre os povos alguns homens perfeitamente iguais a um Hitler, um Stálin, um Somoza, um Idi Amin, um Bokassa, um Pahlavi — e todos aqueles outros, distantes ou próximos de nós latino-americanos, que os defensores dos direitos humanos estão fartos de conhecer e temer, assim como estão fartos da própria existência desse gênero de indivíduos no seio da nossa incorrigível porém amada humanidade. Nosso ímpeto homicida é um fato no fundo de nossos corações. As coisas são o que são.

Porque não queremos viver nessa contradição, devemos lutar pelo advento de um tribunal internacional legalmente reconhecido por todos os povos e todos os governos. O esboço desse aparato legal é o Tribunal Bertrand Russell. Seria uma corte de Justiça instalada em território neutro e destinada a julgar e condenar os poderosos do mundo, começando pelos chefes de Estado e indo até a última escala da hierarquia do poder. O funcionamento dessa utopia deveria começar pela abolição dos segredos de Estado.

A corte de eminentes juízes que imaginamos exerceria vigilância permanente sobre os negócios dos Estados, auxiliada nisto pelas diversas organizações que, em toda parte, procuram aplicar a Declaração dos Direitos Humanos. Haveria penitenciárias para castigar todos os reis, presidentes, primeiros-ministros etc. que ousassem transgredir qualquer artigo da dita Declaração dos Direitos Humanos. A aplicação correta desse direito do povo humano (todos os povos) ao julgamento e condenação *ad perpetuam* dos seus opressores exigiria que estes últimos tivessem o privilégio e a vergonha de continuarem vivos. Aqueles que cometessem o suicídio, como Hitler, ou fossem vitimados pela doença, como Stálin, seriam assim mesmo julgados e condenados *post-mortem*, e seus cadáveres, embalsamados, recolhidos à fantástica penitenciária com que estou sonhando.

Em caso de declaração de guerra abstrusa, tipo Irã-Iraque, ambos os governantes seriam imediatamente recolhidos ao Depósito de Presos Poderosos, despojados de seu direito ao exercício do poder governamental (por evidente incompetência) e mantidos em prisão enquanto os dois povos em involuntário litígio organizassem os mecanismos de sua reconciliação. Restabelecida a paz, os chefes enfrentariam o julgamento de seus respectivos povos, que poderiam condená-los ao ostracismo ou, na pior hipótese, os devolveriam à humanidade representada pelo Tribunal Bertrand Russell.

Estou sonhando, mas não estou brincando. A única solução que vejo para os desastres políticos, no mundo atual, seria o restabelecimento de um consenso universal que só pode ser formulado com alguma ironia: todo chefe de Estado e todo chefe de governo são suspeitos de desejarem o massacre de seus povos, bem como a infelicidade geral, e por este motivo serão mantidos sob a mais estrita vigilância. Ser um governante equivaleria a consentir que o palácio de dentro do qual se governa fosse universalmente considerado o sítio de uma prisão domiciliar.

Basta de loucos, basta de fanáticos encabeçando as massas entontecidas pela propaganda. Queremos algo mais que uma democracia, aquela onde os representantes populares são eleitos por todos e por cada um. Queremos que todo postulante aos cargos supremos de cada nação sejam submetidos a uma rigorosa avaliação de sua personalidade. Que eles, por desejarem o poder, sejam considerados insanos até prova em contrário.

13.10.80

Um pecado imortal de Lenin

Isael, a companheira do poeta Edu Luna, é também intelectual e ficou uma fera quando insinuei que o comunismo já era. Ela acha que comunismo não é isso que se vê hoje na União Soviética e em Cuba. Diz que essas experiências nos falam de um comunismo desvirtuado. Acredita que o mundo marcha para o comunismo — o verdadeiro. Não tenho como opor argumentos a essa futurologia empática. Ficarei impassível, igualmente, se alguém me disser que o Messias está chegando, os jupiterianos estão descendo, o holocausto nuclear é inevitável e a maconha vai ser empacotada e vendida nos botequins pela Souza Cruz.

Mas o comunismo tal como se apresenta hoje, usando e abusando do vocábulo de que se julga legítimo portador, há que examiná-lo como um fato bruto, um fato planetário, um dado do mundo real que não se pode escamotear. Estou interessado em discutir o que fez esse comunismo (e não um sistema vindouro) do homem que pretendia resgatar à miséria, elevar à própria dignidade e, no processo, transformar em outro indivíduo — o Homem Novo.

"Não se pode tolerar que um cidadão, só por ser proprietário de uma oficina gráfica, se ache no direito de imprimir propaganda contrária ao governo dos proletários." Assim falou Lenin, não exatamente com tais palavras. Desta forma se resolvia o problema da liberdade de imprensa em sociedade comunista, ou ditadura do proletariado. A linotipo pertence ao Estado. O linotipista é um operário. O operário usa a linotipo para produzir a propaganda do regime político, nascido do determinismo histórico, que atende aos interesses dele, operário-linotipista. Lenin *dixit* — e estamos conversados.

Admitamos, porém: um homem não tem só propriedades, quando as tem. Há coisas que pertencem ao homem individual. São os seus pertences. A escova de dentes, a cueca, o par de meias, o pente, e nesta ordem, o caderno, o lápis. Suponhamos que o proletário-linotipista não esteja satisfeito com as suas condições de trabalho, com o salário que lhe pagam, com a política do governo (qualquer governo), com o próprio regime comunista — ou que, indo mais longe, esteja até mesmo zangado com o silêncio dos astros, a ausência evidente de Deus. Ele não vai usar a linotipo do Estado-patrão para se queixar. Seria uma atitude antileninista. Mas ele pode pegar seu caderninho e escrever sua revolta. E pode emprestar seu caderninho ao colega de trabalho. O colega de trabalho pode gostar; pedirá licença para copiar, e passará adiante o discurso do primeiro proletário insatisfeito. Em breve, toda a oficina estará sabendo que alguém, na fábrica, vive infeliz. Provavelmente todos os operários na fábrica estarão infelizes — no mínimo, pelo fato de que a felicidade não é um artefato industrial. Quando se produz a felicidade nas fábricas, o nome dessa ilusão é consumismo e estamos no estágio superior da decadência do capitalismo. Nada a ver, aqui, com o comunismo: temos diante de nós o seu exato oposto. A infelicidade, portanto, escapa ao controle do capitalismo tradicional e do capitalismo de Estado. O contrário da infelicidade — a felicidade, será sempre uma conquista do espírito solitário e singular, representando, ó bela *trouvaille*!, a mais-valia transcendental.

Com aquele discurso sobre oficinas gráficas e revolução popular, Lenin apenas disparou o mecanismo. As conseqüências viriam depois de sua morte, quando Stálin começou a fazer coisas que infelicitavam não apenas o linotipista, não apenas o jornalista, não apenas os trabalhadores ligados à produção de mensagens impressas, mas a sociedade proletária em geral. Grosso modo, podemos enunciar que Stálin foi o primeiro assassino saído da linha de produção do comunismo. O conhecimento da parafernália ideológica marxista nos autoriza a ir adiante, indefinidamente, assim: o assassínio é tão marxista quão leninista, tão stalinista quão fidelista, tão maoísta quão brejnevista. Não importa que lhe dêem o nome de "violência revolucionária": o resultado são cadáveres. E nem estou negando validade moral a tal violência: apenas constato. Não se trata de ir às origens e pedir, por amor à lógica, a volta do czar.

Homem de letras, jornalista, ligado por vocação, necessidade e prazer à imprensa escrita, ainda assim aceito que em tese Lenin tenha razão. Mas as conseqüências de seu bom senso revolucionário foram, e são, catastróficas. O operário que escreve no seu caderninho particular as suas queixas particulares corre o risco de ser denunciado, processado, julgado e condenado pelo crime de divulgar propaganda contra-revolucionária.

Assim, Lenin começou expropriando a propriedade dos capitalistas. E terminou expropriando a individualidade dos seus concidadãos. Lenin expropria os bens de produção e seqüestra as almas dos indivíduos. Quer transformar o homem, eliminando-o. Quer obrigar o poeta a escrever odes ao Divino Stálin, esse assassino fabricado pela ditadura do proletariado, assassino de fino acabamento, como um sapato, um dólmã militar, uma faca de cortar pão, uma chaminé, um samovar.

Isael, Isael, que discurso lamentável pronunciou V. I. Lenin no dia em que confundiu a palavra impressa com o pensamento humano! Quando igualou, lançando ambas ao opróbrio, a crítica burguesa, a revolução proletária e a visão do indivíduo lançada sobre o seu próprio destino!

Neste ponto, sou anticomunista militante. Em outros pontos também. Mas, quanto a este ponto, alinhei meus argumentos. São emocionais. Eu sou emocional. Nunca me vangloriei de ser um animal racional: sempre procurei no coração aquelas razões que a própria razão desconhece.

Eis aí. E tem mais. Vamos em frente.

21.4.80

Adeus a um eu idiota

Cá estou eu questionando o meu anticomunismo. Filho da ralé que, penosamente, chegou à classe média quase burguesa, consegui subir na sociedade ainda mais alto que a minha família. Não sou rico nem pobre, mas me admitem na grãfinalha, na alta e tradicional burguesia, entre os políticos poderosos, os banqueiros, os industriais. Nesse sentido, e só nesse, venci na vida. Triste vitória. Meu coração continua fraternalmente ligado à ralé, ao contrário da minha família que se apega com unhas e dentes (e é justo) ao prestígio social.

Mas se estou do lado da ralé, como posso ser anticomunista? Pergunto isso ao leitor e a mim mesmo. Examino, então, os comunismos existentes de fato. O eurocomunismo não conta, pois é formado por comunistas que ainda não tomaram o poder; os acontecimentos históricos recentes não nos autorizam a acreditar na sinceridade deles. Falo então dos comunismos instalados. Por exemplo: Cuba.

A revolução cubana começou na montanha, era heróica, era romântica, infundiu grandes esperanças à minha geração de artistas. Um grupo de jovens armados morreu, matou e venceu. Por questões de estupidez imperialista, esses revolucionários vitoriosos foram compelidos a uma radicalização, virtualmente suicida. O mundo quase explodiu por ocasião da crise dos mísseis nucleares colocados por Kruschev na ilha de Fidel Castro. Entrementes, houve um banho de sangue. Ladrões, assassinos, proxenetas, traficantes de tóxicos, exploradores dos jogos de azar, torturadores do antigo regime, burgueses empedernidos — foram todos encostados ao paredão e fuzilados. Os sobreviventes fugiram e fizeram uma anti-Cuba, em Miami, Estados Unidos.

Até aí, as carnificinas nos ferem o coração mas não vemos alternativa para os heróis da Sierra Maestra. Porém começou a chamada primeira etapa — o socialismo que leva ao comunismo. Modelo: o soviético. Estilo: o de Stálin. Cacoete institucionalizado: o culto à personalidade de Fidel Castro.

A monstruosa vaidade de Fidel Castro fez dele uma contracaricatura do cômico Cantinflas. A contracaricatura é a caricatura levada a sério — e apoiada na força das armas, legitimada pela chamada "legalidade revolucionária". Fidel reunia seu povo nos estádios e lhes falava por seis horas seguidas. O escritor Jorge Semprún, veterano militante comunista franco-espanhol, atualmente desiludido e em luta aberta contra a mistificação de que foi vítima e cúmplice por longos anos, declara em entrevista à *Veja*:

— Para mim, o personagem (Fidel) ficou desmistificado no momento em que abriu a boca. Castro utiliza um tipo de retórica política que abomino de maneira quase visceral. É o tipo de orador que fala como se fosse um deus: dirige a palavra a um bando de pobres coitados, explicando a cada um como deve se comportar.

Semprún prossegue, cada vez mais impiedoso e sincero. Mas não diz (nem lhe perguntaram) isto: depois de explicar a cada um como deve se comportar, Fidel cobra a fidelidade ao comportamento ditado. Quem não se adaptar à sua pedagogia vai para a cadeia, o cárcere, ou os campos de reeducação — o miniarquipélago Gulag. Poetas, escritores, intelectuais conheceram esse inferno. Os sobreviventes falam. Os documentos estão à disposição de quem não queira ser inocente útil por falta absoluta de caráter. (Estou-me referindo, agora, aos artistas e intelectuais brasileiros que voltaram de Cuba fazendo a apologia daquela ditadura ignóbil, no mesmo instante em que os admiradores europeus de Fidel Castro finalmente se decidiam a falar a verdade, abrir o coração, atestar que era tudo uma burla gigantesca, tão nojenta quanto aquela que alcandorou a figura de Stálin, genocida adorado, não obstante, por homens de suprema inteligência e pervertida compaixão.)

Mas é fácil condenar assim a revolução cubana. Todos sabem isso. Só não sabe quem quer ser pulha. Difícil é, contemplando o meu coração de 20 anos atrás, admitir que desde o princípio me equivoquei. Pelo seguinte: na Sierra Maestra, havia um bando de intelectuais armados. Esse pequeno grupo derrubou o famigerado ditador Fulgêncio Batista. Esse mesmo grupo, depois de libertar o povo, impôs sua própria lei a esse mesmo povo. O fato de ter empunhado a arma passou a valer como prova de competência política. E se é assim — e foi assim mesmo — o governo de Fidel Castro se assenta, desde o princípio, sobre um regime militarista! Por que não vi isso há mais tempo? Por que não percebi que Pinochet, Videla e Fidel são a mesma pessoa? Só porque uns são de direita e o outro é de esquerda? Na verdade, todos eles, quando não podem mais argumentar democraticamente, recorrem ao discurso brutal do ferro e do fogo. Em que momento a minha esperança se deformou, a minha fé virou fanatismo, a ponto de eu querer cuspir na farda do general Pinochet e, ao mesmo tempo, fingir que não via o uniforme verde-oliva de Fidel Castro? Por que acreditei tão longamente que Fidel era um líder civil? Pelo seguinte: porque sou um idiota. Não posso nem quero dar outra explicação.

Seguiremos discutindo esse estranho problema. É estranho, com efeito, porque não se costuma voltar à origem das próprias crenças e das próprias paixões, embora inclinando-se *a priori* a renegá-las. Seguiremos discutindo o problema específico do meu (e não do vosso) anticomunismo e procuraremos, com honestidade, decidir de uma vez por todas se sou de fato um homem de esquerda ou se, no fundo, faço o jogo dos exploradores (de direita) do povo oprimido. Estou em crise, sem dúvida. Mas, no momento, me consola não ser mais um idiota satisfeito de mim.

23.4.80

Dia claro, consciência escura

O primeiro sol do verão ilumina o mar. Os adolescentes ocupam o areal. Um vento ranzinza, gélido, disputa com o calor a penugem dos jovens braços. Num banco, na calçada, há um homem amargurado.

Sob a claridade de novembro, vestido à maneira de um andarilho inveterado, o homem avalia os corpos que tem diante dos olhos e os pensamentos que correm atrás deles. Por fora é tudo claro; por dentro, tudo escuro.

— Procura-se uma literatura secreta, um enigma... (Freme no ar azul a clamorosa ausência de gaivotas.)

As meninas crescem. Os seios eclodem macios. Os pensamentos se atropelam na cabeça do homem, sacudindo-o em soluços sorrisos alucinados:

— Estupidez... Tirania... Haverá uma União Soviética em 1984? Estupidez... Nada pode ser mais idiota do que um intelectual moscovita discutindo a liberdade de opinião em algum país latino-americano... As prisões abertas, o livre debate... Ah! Estupidez...

Esse homem vinha de uma discussão dramática. Um homem vivido, pai de homens feitos, queixava-se assim:

— Nossa geração não conhece o ódio. A geração de brasileiros a que pertencemos não conhece o ódio. Sabemos que tal palavra corresponde a um sentimento, mas ignoramos o sentimento correspondente. É como se tivéssemos um filtro contra o rancor. Com o tempo, a coisa passa; não fomos feitos para saborear o gosto do sangue. Mas é preciso legar essa incapacidade, essa pobreza que enriquece, aos nossos filhos e netos. Precisamos defender a cordialidade, agora que há tanta gente interessada em esmagá-la...

E agora aquele homem estava sentado num banco, diante do mar, amargurado, perplexo, entregue por fora ao gosto da vida — a visão da juventude elástica, do corpo humano que amadurece ao sol — e por dentro atormentado pelos fatos recentes. Era um escritor e devia escrever. Mas escrever o quê? Fazer a apologia da inocência corporal? Ensinar às meninas de biquíni as riquezas que trazem em si mesmas? Gritar contra o tempo que passa?

— Não — dizia ele. — Não e não. Devo escrever sobre a condenação de Amalrik aos trabalhos forçados. Na fórmula clássica deste século que temo antes de tudo a consciência individual: — um escritor escrevendo sobre um escritor que escreve sobre um escritor. Os chefes de Estado em Notre-Dame apenas demonstraram que uma nova classe, de número reduzidíssimo, está disposta a assumir o controle de toda a humanidade. Acabaram-se os indivíduos! ou, se não acabaram, é preciso massacrá-los. Haverá uma União Soviética em 1984? E haverá alguém lá dentro, alguma pessoa? Ou seremos todos iguais? Qual é a vantagem de ser democrático o sistema, o não comunista, se as pessoas são presas da mesma forma — apanhadas no meio da rua e desaparecidas, isto pelo fato de nada terem feito? Em nome de que monstruosa hipocrisia estou eu aqui lamentando a sorte de um intelectual soviético?

Fremia no ar azul a clamorosa ausência das gaivotas. As meninas exibiam corpos contrafeitos, corpos em formação. O pobre homem estava amargurado; andava bebendo muito, o pobre homem; alheio ao ódio, era no entanto um mestre da indignação. Estava indignado, não há dúvida, mas por quê? Porque os artistas de Moscou, quando se recusam a admitir o que lhes parece errado, são carimbados como doidos e trancados numa clínica psiquiátrica? Que é que tem a ver um latino-americano com semelhante inferno?

Ah, as meninas... A sensualidade... O mar cinzento... Do lado de fora dos olhos era tudo luminosidade, erotismo, saúde, porém do lado de dentro estava tudo escuro.

20.3.79

O texto deste livro foi composto em Sabon, desenho tipográfico de Jan Tschichold de 1964 baseado nos estudos de Claude Garamond e Jacques Sabon no século XVI, em corpo 11/15. Para títulos e destaques, foi utilizada a tipografia Frutiger, desenhada por Adrian Frutiger em 1975.

A impressão se deu sobre papel off-white 80g/m² pelo Sistema Cameron da Divisão Gráfica da Distribuidora Record.